AF325527

GÉOGRAPHIE GÉNÉRALE

AMÉRIQUE — AUSTRALASIE

PAR

H. PIGEONNEAU

PROFESSEUR D'HISTOIRE A LA SORBONNE
VICE-PRÉSIDENT DE LA SOCIÉTÉ DE GÉOGRAPHIE COMMERCIALE

OUVRAGE REVU PAR

E. GUILLOT

AGRÉGÉ DE L'UNIVERSITÉ, PROFESSEUR D'HISTOIRE ET DE GÉOGRAPHIE
AU LYCÉE CHARLEMAGNE, ET DE GÉOGRAPHIE COMMERCIALE
A L'ÉCOLE SUPÉRIEURE DE COMMERCE

PREMIER CYCLE
CLASSE DE SIXIÈME

SIXIÈME ÉDITION
revue et corrigée
contenant 21 cartes et 35 figures intercalées dans le texte

PARIS

LIBRAIRIE CLASSIQUE EUGÈNE BELIN

BELIN FRÈRES

RUE DE VAUGIRARD, 52

1903

Tout exemplaire de cet ouvrage non revêtu de notre
griffe sera réputé contrefait.

PROGRAMME OFFICIEL DE GÉOGRAPHIE

(31 mai 1902)

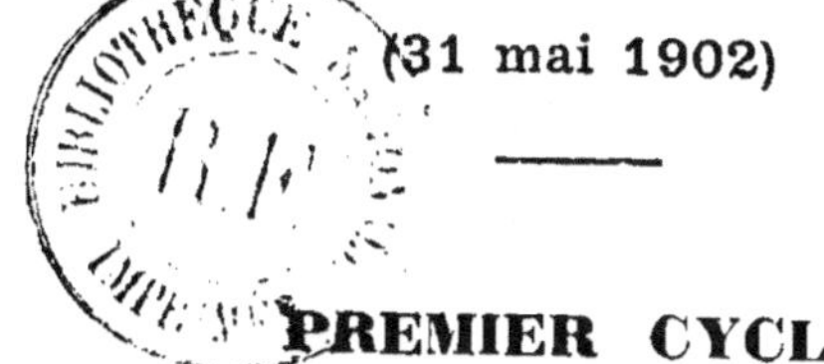

PREMIER CYCLE

CLASSE DE SIXIÈME

GÉOGRAPHIE GÉNÉRALE. — AMÉRIQUE. — AUSTRALASIE.

I

Géographie générale. — *Le Globe.* Simples notions sur les pôles, l'équateur, les zones terrestres. Répartition des terres et des mers.

Le relief. La montagne, le plateau, la plaine. Volcans.

La mer. Les mouvements de la mer; influence des courants; la vie dans les mers.

L'atmosphère. Les mouvements de l'atmosphère; action des vents.

La pluie. La circulation des eaux; le fleuve.

Le climat. Climat maritime et climat continental.

La côte. Principales formes du rivage.

La végétation et la vie animale. Types principaux. Le désert.

L'homme. Notions élémentaires sur la répartition de la population, des langues et des religions. Principales races. La vie civilisée et la vie sauvage.

II

Les terres polaires. — Notions élémentaires.

Amérique. — Notions de géographie physique. — Notions de géographie politique et économique (n'insister que sur le *Canada*, les *États-Unis*, le *Mexique*, le *Brésil*, le *Chili*, la *République Argentine*).

Relations avec l'Asie, l'Océanie et l'Europe. Immigration.

Australasie. — Australie. Nouvelle-Zélande. Principaux archipels de l'Océan Pacifique.

CLASSE DE SIXIÈME

GÉOGRAPHIE GÉNÉRALE

AMÉRIQUE. — AUSTRALASIE

LIVRE PREMIER

NOTIONS GÉNÉRALES

CHAPITRE PREMIER

**Notions de géographie mathématique.
Construction des cartes.**

Objet de la géographie. Ses grandes divisions. — La géographie a pour objet, comme son nom l'indique, la description de la terre. Elle comprend quatre divisions principales :

1° La **géographie mathématique** ou **astronomique** qui étudie la planète que nous habitons considérée comme corps céleste et par rapport à l'ensemble de l'univers ;

2° La **géographie physique** (naturelle) qui étudie la terre considérée en elle-même, et telle que la nature l'a faite ;

3° La **géographie politique** qui s'attache aux œuvres de l'homme, comme la géographie physique à celles de la nature ;

4° La **géographie économique** qui a pour but de faire connaître les produits de l'agriculture et des industries extractives ou manufacturières, d'indiquer la nature des échanges qui constituent le commerce, d'étudier les voies de communication, routes, chemins de fer, canaux, lignes de navigation fluviale et maritime, télégraphes, et les marchés qu'elles rattachent entre eux.

I

Sphéricité de la terre. Les globes et les cartes. — La terre est une sphère ; les anciens le savaient déjà. Thalès et Pythagore l'enseignaient dès le sixième siècle avant Jésus-Christ ; au quatrième siècle, c'était la doctrine adoptée par tous les mathématiciens ou astronomes : quelques-uns avaient même essayé d'évaluer d'une manière purement conjecturale la circonférence du globe. Le premier qui appliqua à la mesure de la terre des procédés scientifiques, fut le géographe alexandrin Eratosthènes (276-194 av. J.-C.). Il mesura un arc terrestre de 5 000 stades, de Syène à Alexandrie en Égypte, et calcula, d'après cette opération, que le globe devait avoir 250 000 stades de tour (environ 46 millions de mètres). Les observations de l'astronomie et de la géodésie (1) modernes ont rectifié ce calcul, déjà contesté par

Fig. 1. — Sphéricité de la terre.

les anciens, en réduisant à 40 000 kilomètres la circonférence de la terre, et en démontrant qu'elle n'est pas, comme on le croyait autrefois, une sphère parfaite. Elle est légèrement aplatie aux pôles et légèrement renflée à l'équateur. La circonférence de la terre étant de 40 millions de mètres, le rayon mené du centre à l'équateur mesure 6 377 398 mètres : mais le rayon mené du centre aux pôles ne dépasse pas 6 356 080 mètres ; il s'en faut donc de 21 318 mètres qu'elle ne soit complètement sphérique.

Il résulte de la forme même de la terre que les globes terrestres en sont la seule représentation exacte, ou à peu près exacte ; mais ce sont des instruments difficiles à construire et à manier, et dont les dimensions, quelque vastes qu'on les suppose, ne permettent pas de donner assez de développement à la géographie particulière des diverses contrées. Il a

1. Science de la mesure de la terre (γῆ, terre; δαίω, je divise).

donc fallu trouver moyen de représenter, le moins imparfaitement possible, sur une surface plate, l'image d'une surface sphérique, problème qui ne comporte que des solutions incomplètes, et qui consiste à rechercher non l'exactitude absolue, mais la moindre somme de déformations et d'erreurs.

Eratosthènes paraît avoir été un des premiers qui ait songé à appliquer à la construction des cartes un système fondé sur les données de l'astronomie admises de son temps.

La géographie astronomique dans l'antiquité. Rotation diurne de la sphère. L'axe du monde et les deux pôles. — Les anciens se représentaient le ciel comme une sphère creuse animée d'un mou-

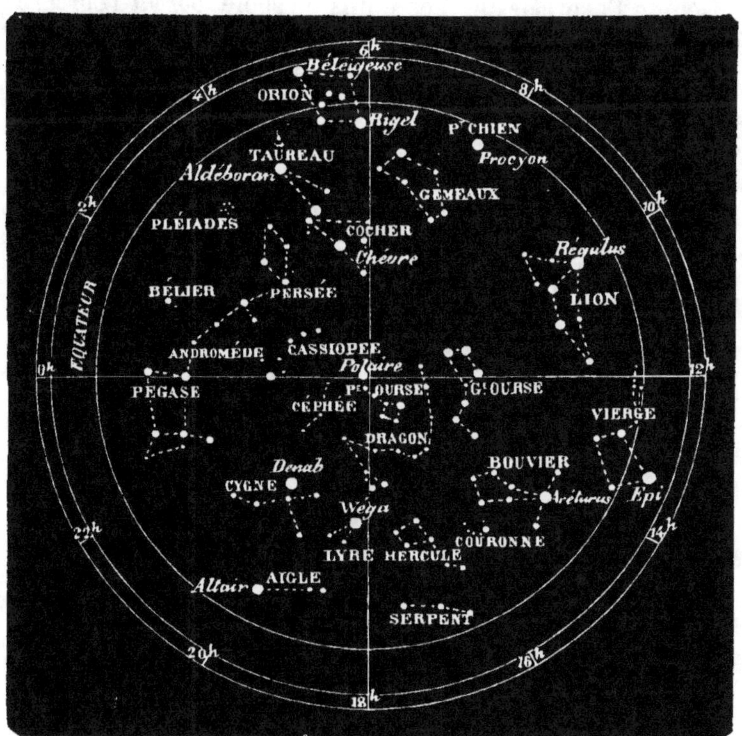

Fig. 2. — Planisphère céleste.

vement de rotation sur elle-même et entraînant dans ce mouvement le soleil et les astres, tandis que la terre, immobile au centre de la sphère, voyait en vingt-quatre heures défiler devant elle toute l'armée céleste.

Avec leur esprit rebelle aux pures abstractions et leur langue étincelante d'images, les Grecs comparèrent la ligne verticale autour de laquelle semblait s'opérer ce mouvement de rotation et qui aurait traversé la terre de part en part en passant par son centre, à l'essieu d'un char ou à l'arbre d'une machine ; ils l'appelèrent l'*axe* (*axis*) du monde et donnèrent aux deux extrémités de l'axe, le nom de pôles ou pivots (en grec πόλος, en latin *polus* ou *cardo*). L'un des deux pôles étant voisin d'une étoile toujours visible dans notre hémisphère et qui fait partie d'une constellation appelée *Arctos* (la Petite-Ourse), ils le désignèrent sous le nom de pôle *arctique* et donnèrent celui de pôle *antarctique* à l'extrémité opposée de l'axe céleste. Les noms de pôle *boréal* (*Borée*, le vent du nord), de pôle *septentrional* (*septem triones*, les sept étoiles de la Petite-Ourse) et de pôle *Nord* (1) correspondent à

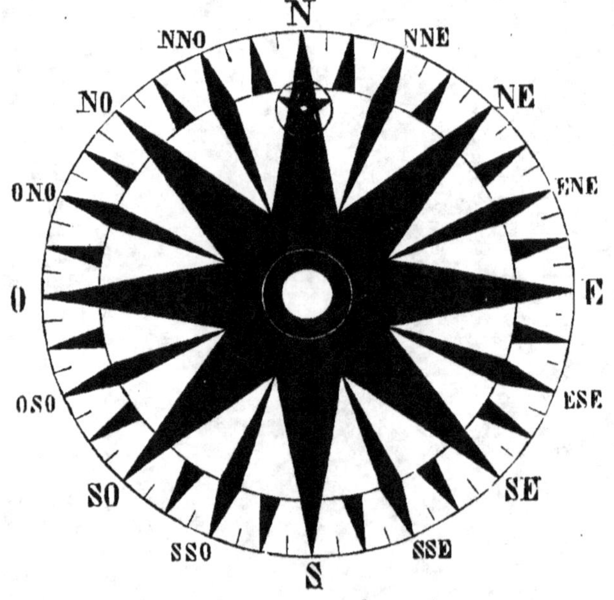

Fig. 3. — La rose des vents.

celui de pôle *arctique ;* ceux de pôle *austral* (*Auster*, le vent du sud), de pôle *méridional* (*meridies*, midi) ou de pôle *Sud* à celui de pôle *antarctique*.

Les points cardinaux. — Quand un observateur

1. *Nord, sud, est, ouest* sont des mots germaniques.

regarde le pôle Nord et tourne le dos au pôle Sud, le côté du ciel où les astres paraissent se lever est à sa droite, celui où ils paraissent se coucher à sa gauche. Les Grecs nommèrent Ἔως (aurore) la région du levant, Ἑσπέρα (soir) celle du couchant, mots dont la signification se retrouve dans l'*Orient* et l'*Occident* des Latins, l'*Est* et l'*Ouest* des modernes. Tels sont les quatre points *cardinaux* (*cardo*), les quatre pivots sur lesquels le globe céleste semble tourner dans sa révolution diurne.

L'horizon. — Quand un observateur placé en un point quelconque de la surface terrestre se tourne successivement vers les quatre points cardinaux, sa vue décrit un cercle qui paraît marquer la ligne de séparation entre le ciel et la terre. Ce cercle s'appelle l'*horizon* (ὁρίζω, je borne). Le point de l'horizon qui correspond au pôle arctique sera le nord, celui qui correspond au pôle opposé le sud, ceux enfin qui répondent à la région du levant et à celle du couchant, l'est et l'ouest.

Les méridiens. — C'était l'observation des phénomènes dus à la rotation diurne qui avait permis aux précurseurs inconnus des astronomes de l'Orient et de la Grèce, de déterminer les points cardinaux; ces mêmes phénomènes conduisirent leurs successeurs à imaginer les *méridiens*, grands cercles faisant le tour de la sphère, passant par les deux pôles et se coupant tous suivant une ligne verticale qui n'est autre que l'axe du monde. Supposons un observateur placé en un lieu quelconque de notre globe : au moment où le soleil atteint au-dessus de sa tête le point le plus élevé de la courbe apparente qu'il décrit en vingt-quatre heures autour de la terre, il est midi pour lui, minuit pour son antipode. L'expérience et le raison-

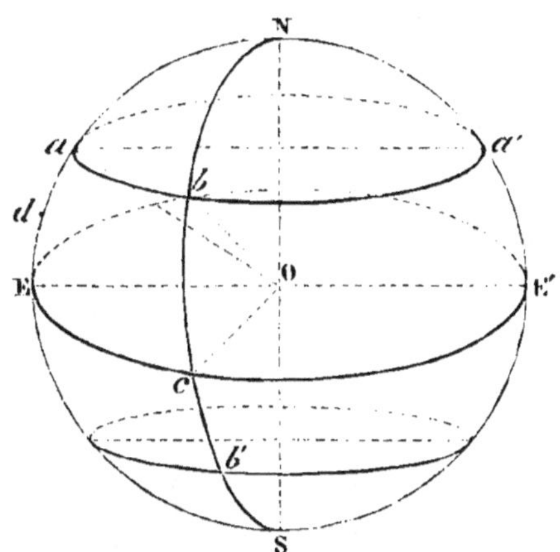

Fig. 4. — Sphère céleste.

nement sont d'accord pour démontrer qu'il est également midi ou minuit pour tous les points du globe situés **sur un grand** cercle passant par les deux pôles et par le point arbitrairement choisi où se trouve l'observateur. De là le nom de *méridiens* ou lignes de *midi* (μεσημβρία, *meridies*) donné à ces grands cercles égaux et dont on peut concevoir un nombre illimité. C'est donc en observant le mouvement de rotation de la sphère en vingt-quatre heures, c'est-à-dire les phénomènes du *jour* et de la *nuit*, qu'on a déterminé les premiers éléments d'un canevas de la carte du globe ; c'est par des observations analogues faites sur le mouvement de déplacement du soleil sur la sphère céleste qu'on a été conduit à tracer d'autres lignes qui viennent couper les premières et qui complètent ce canevas.

Révolutions de la lune et révolution apparente du soleil. — Dès la plus haute antiquité, on avait remarqué que tous les astres n'ont pas le même mouvement : les uns suivent dans le ciel une route invariable ; les autres, comme le soleil et la lune, décrivent une orbite qui varie chaque jour, et ne repassent qu'à des intervalles plus ou moins longs par les mêmes points de la sphère céleste. On appelle les uns étoiles fixes, les autres *planètes*, c'est-à-dire astres voyageurs. Parmi les planètes, celles qui dès l'origine durent fixer l'attention des habitants de la terre, étaient la lune et le soleil. On observa que la révolution de la lune autour de la terre s'accomplissait en trente jours moins quelques heures ; cette révolution servit à mesurer les *mois*.

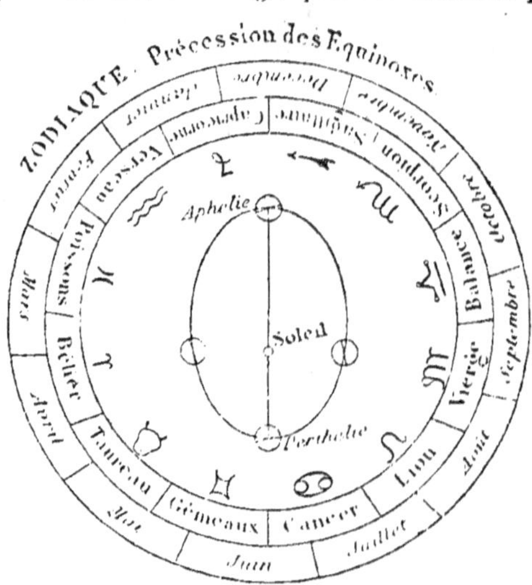

Fig. 5. — Le zodiaque.

Celle du soleil, dont la durée est d'un peu plus de 365 jours, devint la mesure de l'*année*.

Écliptique. — La courbe que le soleil semble décrire dans sa révolution annuelle est une ellipse très peu allongée et qui se rapproche beaucoup d'un cercle. Elle a reçu le nom d'*écliptique*, parce qu'il ne saurait se produire d'éclipses de lune ou de soleil que quand la lune se trouve dans le plan de l'orbite solaire.

Zodiaque. — Les diverses positions que le soleil paraît occuper successivement sur l'écliptique correspondent à un certain nombre de points invariables qu'occupent réellement dans le ciel des groupes d'étoiles fixes ; les anciens l'avaient remarqué et c'est ainsi qu'ils avaient tracé le *zodiaque* et ses douze signes.

Obliquité de l'axe du monde par rapport à l'écliptique. — Si le plan de l'écliptique était perpendiculaire à celui de l'axe du monde, la durée des jours serait égale à celle des nuits pendant toute l'année, il n'y aurait pas de saisons et le soleil enverrait toujours à chaque partie du globe terrestre la même quantité de lumière et de chaleur. La succession des saisons et l'inégalité des jours et des nuits étaient la preuve de l'obliquité de l'axe par rapport au plan de l'écliptique.

Les équinoxes. L'équateur. — Deux fois seulement dans l'année, quand le soleil paraît passer dans le ciel à distance égale des deux pôles, la durée du jour est la même que celle de la nuit dans toutes les parties de la terre. Les Grecs donnèrent à ces points le nom d'ἰσημερία (égalité du jour), les Latins celui d'*æquinoctium*, *équinoxe* (égalité des nuits), et imaginèrent de tracer par les deux points des équinoxes un grand cercle (E'-E) coupant la sphère en deux parties égales,

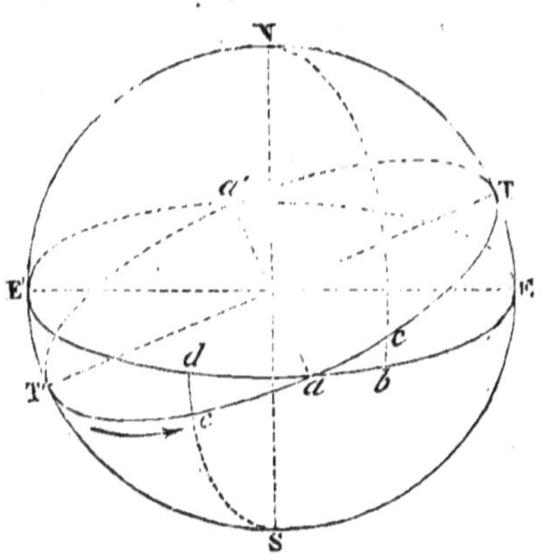

Fig. 6. — Écliptique.

perpendiculaire au plan de l'axe du monde (N-S) et qu'ils appelèrent l'*équateur* ou la ligne *équinoxiale*.

Précession des équinoxes. — Les deux points équinoxiaux (a'-a) se déplacent lentement dans le ciel comme s'ils marchaient au-devant du soleil, par un mouvement qu'on appelle *précession des équinoxes*, et qui a pour effet d'avancer chaque année l'époque du passage du soleil à l'équinoxe du printemps. Il en résulte que les divisions du zodiaque ne répondent plus aux constellations dont elles portent le nom (1).

Les solstices. Les tropiques. Les saisons. — Grâce à l'inclinaison de l'axe du monde et à l'angle que l'écliptique fait avec l'équateur, le soleil paraît tour à tour

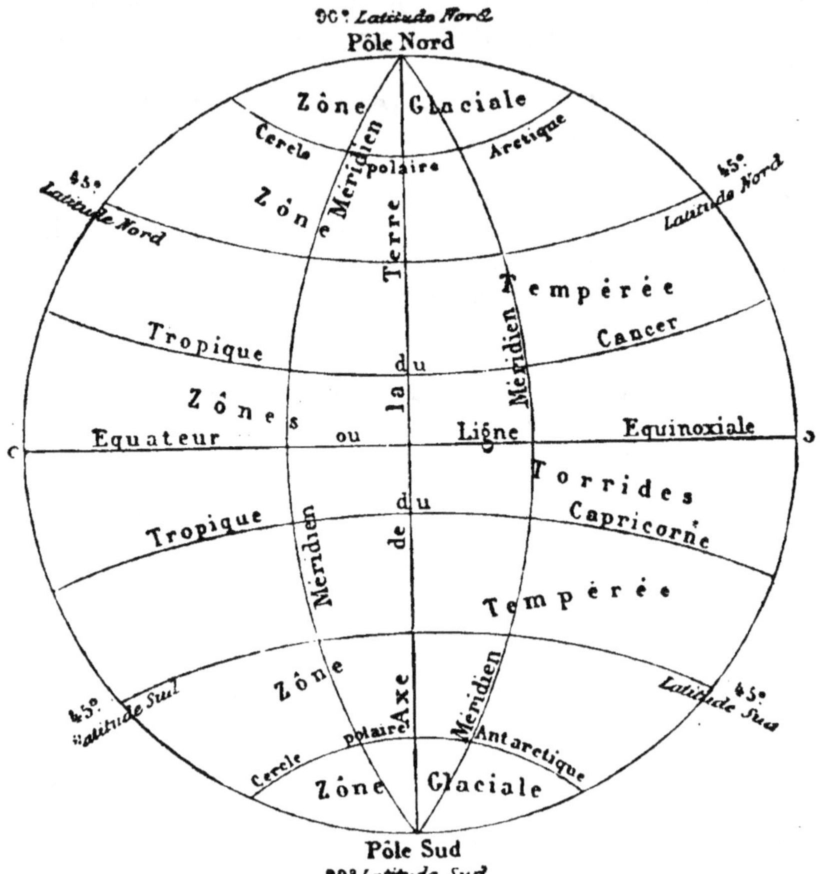

Fig. 7. — La sphère terrestre.

monter vers le pôle nord et redescendre vers le pôle sud. Quand il traverse l'équateur en venant de l'hémisphère austral et en se dirigeant vers l'hémisphère boréal, le *prin-*

1. Le point d'intersection de l'écliptique et de l'équateur, ou nœud des équinoxes, avance chaque année d'un arc d'environ cinquante secondes.

temps commence pour la moitié du globe terrestre située au nord de l'équateur, *l'automne* pour l'autre moitié et les rayons du soleil éclairent à la fois les deux pôles. A mesure qu'il s'élève dans l'hémisphère boréal, les jours grandissent au pôle nord, les nuits s'accroissent au pôle sud (1) et la chaleur qui augmente dans notre hémisphère décroît dans l'hémisphère

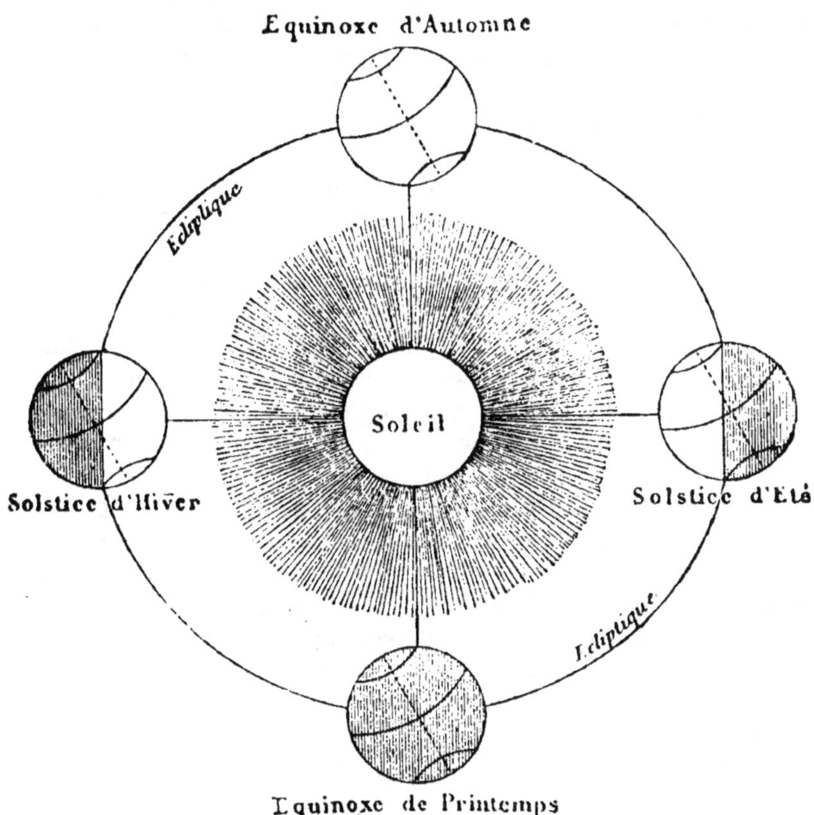

Fig. 8. — Les saisons.

opposé. Quand l'astre atteint le point le plus septentrional de sa course apparente, il semble s'arrêter avant de revenir sur ses pas : c'est le *solstice* d'été pour les régions que nous habitons et le *solstice* d'hiver pour l'autre hémisphère. Enfin, quand il paraît redescendre vers le sud et traverser de nou-

1. Aux pôles mêmes, il y a six mois de jour et six mois de nuit.

veau l'équateur, l'*automne* commence pour nous et le *printemps* pour l'autre moitié du globe.

Par les points des solstices on a imaginé de faire passer deux cercles parallèles à l'équateur et qui ont reçu le nom de *tropiques* (τρέπω, je tourne). Celui qui est situé au nord de l'équateur est le tropique du *Cancer*; celui qui est situé au sud, le tropique du *Capricorne*, noms que donnaient les anciens aux deux constellations que le soleil traverse quand il atteint le plus haut et le plus bas point de sa course apparente.

Cercles polaires. — Enfin, on a donné le nom de *cercles polaires arctique* et *antarctique*, aux deux cercles parallèles à l'équateur, situés à la même distance des pôles que les tropiques de la ligne équinoxiale, et marquant vers chaque pôle les points où le soleil est visible pendant vingt-quatre heures au solstice d'été et invisible pendant vingt-quatre au solstice d'hiver de chacun des deux hémisphères.

Zones. — Les cercles polaires et les tropiques partagent la sphère en cinq *zones* (Ζώνη, bande): une zone *torride* entre les deux tropiques, deux zones *tempérées* entre les tropiques et les cercles polaires et deux zones *glaciales* entre les cercles polaires et les pôles.

Canevas de la carte du globe. — Les points, les lignes et les cercles que nous venons d'énumérer et qui répondent, les uns au mouvement de rotation diurne de la sphère, les autres aux mouvements annuels du soleil, ont les mêmes propriétés et les mêmes rapports entre eux, soit qu'on les considère dans la sphère céleste, soit qu'on les rapporte à la sphère terrestre où ils se reproduisent avec une similitude absolue. L'*équateur* et les *cercles parallèles* qu'on peut multiplier à l'infini complétaient le canevas commencé par le tracé des *méridiens*.

Division de la sphère en degrés. Longitudes et latitudes. — Il restait à trouver des divisions fixes, pouvant elles-mêmes se subdiviser indéfiniment et s'appliquer à la construction des cartes, quelle qu'en fût l'échelle. Le système qui a prévalu est celui de l'astronome alexandrin *Hipparque* qui vivait au deuxième siècle avant Jésus-Christ. — Il partagea la sphère en 360 degrés en prenant pour base 360 divisions égales de 700 stades portées sur l'équateur et dont chacune se subdivise en 60 minutes, 3 600 secondes, 216 000 tierces, etc... Par les deux pôles et par chacun des points où ces 360 divisions coupent l'équateur, on a tracé 180 grands cercles qui ont reçu le nom de *méridiens* ou *cercles de longitude*. — Un *degré de longitude* est donc l'intervalle entre deux demi-cercles méridiens mesuré sur l'équateur ou sur un cercle de la sphère parallèle à l'équateur, et la *longitude* d'un lieu est l'écart qui existe entre le méridien de ce lieu et un premier méridien convenu et choisi comme point de départ.

Les méridiens étant de grands cercles égaux entre eux et sensiblement égaux à l'équateur, on peut porter sur les cercles de longitude 360 divisions égales à celles qu'on a tracées sur l'équateur, et, par les points où ces 360 divisions coupent le méridien, faire passer 180 cercles parallèles à l'équateur, ayant leur centre sur un des points de l'axe du globe, plus petits à mesure qu'ils se rapprochent des pôles et dont les deux derniers sont réduits à leur point central, c'est-à-dire aux points mêmes qui marquent les deux pôles. On les a nommés *parallèles* ou *cercles de latitude*. Un *degré de latitude* sera donc l'arc du méridien compris entre deux de ces parallèles, et la *latitude* d'un lieu sera la distance de ce lieu à l'équateur mesurée sur l'arc du méridien qui le traverse compris entre l'équateur et le parallèle du lieu.

On voit que l'intervalle entre les cercles de latitude demeure constant, sauf la légère différence produite par l'aplatissement de la terre aux pôles, tandis que l'écart des cercles de longitude décroît régulièrement de l'équateur aux pôles où il est réduit à zéro, puisque tous les méridiens viennent s'y rencontrer.

II

Mouvements vrais de la terre. — Tels sont les principes sur lesquels repose, depuis les travaux des Alexandrins, la construction des cartes planes ; les découvertes de l'astronomie moderne ne les ont pas modifiés. Quelques anciens avaient déjà soupçonné que les phénomènes attribués aux mouvements apparents de la sphère céleste et du soleil avaient pour cause les mouvements réels de la terre. *Copernic, Galilée, Newton* et les grands astronomes du dix-huitième et du dix-neuvième siècle ont démontré les véritables lois de la mécanique céleste, que l'antiquité avait à peine entrevues. Nous savons aujourd'hui que l'espace infini où se meuvent les astres n'est pas une sphère, que la terre n'en occupe pas le centre, qu'au lieu d'être immobile, comme se le figuraient les anciens, elle tourne sur elle-même en vingt-quatre heures, que le soleil est une étoile fixe dont le volume est 1 250 000 fois plus considérable que celui de notre petite planète, que les étoiles ne se lèvent ni ne se couchent, enfin que la révolution annuelle dont l'écliptique marque la trace dans le ciel n'est pas celle du soleil autour de la terre, mais de la terre autour du soleil. L'homme, entraîné dans le mouvement de rotation du globe qui s'opère d'occident en orient, et emporté en même temps dans les espaces célestes par son mouvement de translation, ressemble au voyageur embarqué dans un train rapide qui roulerait sans secousse et sans bruit. Le train, c'est la terre : la voie ferrée, c'est l'orbite qu'elle parcourt dans le ciel : les arbres et les maisons qui semblent s'enfuir dans le sens opposé à la marche du train, ce sont le soleil et les étoiles devant lesquels nous passons et qui nous semblent passer devant nous.

Numération des longitudes et des latitudes. — Mais la découverte des mouvements de la terre qui n'a pu faire disparaître certaines expressions consacrées par la tradition, comme le lever et le coucher des astres, la marche du soleil, etc., a laissé toute leur valeur scientifique aux constructions ingénieuses imaginées par les anciens pour servir de base à la mesure du globe et de canevas aux cartes géographiques. La division en degrés de longitude et de latitude adoptée par Hipparque est encore le fondement de la cartographie moderne. Dans tous les pays, on compte les latitudes en partant de l'équateur marqué 0 et en marchant vers les deux pôles. Chaque hémisphère comprend 90 degrés. On dira donc que le pôle sud est situé par 90 degrés de latitude méridionale (90°) le pôle nord par 90 degrés de latitude septentrionale, le tropique du Cancer par 23 degrés 27 minutes (23° 27′) de latitude nord, et le tropique du Capricorne par 23° 27′ de latitude sud, les cercles polaires par 66° 33′ de latitude nord et sud. Les longitudes se comptent à partir d'un premier méridien qui varie suivant les pays : en France, le méridien officiel (marqué 0) est celui qui passe par l'Observatoire de *Paris* ; en Angleterre, c'est celui de *Greenwich*, près de Londres; en Allemagne, celui de *Berlin*, ou de l'île de *Fer*, une des Canaries, etc... A partir du méridien choisi, on compte à l'ouest et à l'est 180 degrés de longitude *orientale* et *occidentale*. Le demi-cercle 0 et le demi-cercle 180 sont les deux moitiés d'un même grand cercle de la sphère. La distance entre deux degrés mesurés soit sur l'équateur, soit sur le méridien est de 111^{Km},111, soit un peu moins de 28 lieues kilométriques (1).

Division en grades. — Dans certaines cartes, et entre autres dans la carte de France dressée par l'état-major, on a substitué à la division en 360 degrés une division en 400 *grades* de 100 kilomètres, qui avait été adoptée lors de l'établissement du système métrique, mais qui n'a pas prévalu dans l'usage ordinaire contre l'ancien système de numération.

Détermination des longitudes et des latitudes. — Pour construire une carte, il faut donc en dresser d'abord le canevas, et ce canevas se compose des cercles de longitude et de latitude, — c'est-à-dire de lignes qu'on peut tracer mathématiquement et sans avoir recours à l'observation directe. Il n'en est pas de même quand il s'agit de fixer la position qu'occupent par rapport à ces lignes les différents points de la surface terrestre, c'est-à-dire de faire le tracé de la carte. Il faut user alors de méthodes d'observation plus ou moins délicates, et de l'exactitude des opérations dépendra celle du tracé. Pour déterminer la longitude d'un lieu, il suffit de connaître la différence des heures comptées au même instant dans ce lieu et dans celui que traverse le premier méridien. La sphère terrestre tourne sur elle-même à raison de 24 heures par 360 degrés, d'une heure par 15 degrés, de 4 minutes par degré. S'il est au même instant midi dans un lieu et midi 4 minutes dans un autre, on en conclura que la différence de longitude est d'un degré. Il suffit donc d'avoir un chronomètre bien réglé, marquant l'heure du premier méridien, et d'observer par un procédé quelconque (2) l'heure exacte du lieu où l'on se trouve pour connaître la longitude.

On a reconnu que la latitude d'un lieu, c'est-à-dire la distance qui le sépare de l'équateur, mesurée sur le méridien, est égale à la hauteur du pôle céleste au-dessus de l'horizon

1. La lieue kilométrique est de 4 kilomètres.
2. Si l'on n'a pas à sa disposition une horloge bien réglée marquant l'heure du lieu, on peut y suppléer par une observation directe. La méthode la plus ancienne, et l'une des plus simples sinon des plus parfaites, est celle du *gnomon*. On donne ce nom à une aiguille, a une baguette, à un obélisque placés dans une position verticale, et exposés aux rayons du soleil. Les variations de l'ombre du gnomon projetée sur un plan horizontal indiqueront les différentes heures de la journée.

de ce lieu. Certaines étoiles, l'étoile polaire, par exemple, qui ne se couche jamais, paraissent tourner autour du pôle céleste et, dans le cercle qu'elles décrivent, elles passent deux fois en 24 heures au même méridien, une fois au-dessus et une fois au-dessous du pôle. En mesurant à chacun de ces passages leur élévation au-dessus de l'horizon et en prenant la moyenne, on obtient la hauteur du pôle et par conséquent la latitude du lieu où s'est placé l'observateur. Par exemple, les deux hauteurs méridiennes de l'étoile polaire observées à Paris étant de 50°37′ et de 47°4′ = 97°41′, la latitude de Paris sera 48°50′.

L'orientation. La boussole. — L'orientation, c'est-à-dire la détermination des quatre points cardinaux, est une opération plus simple et d'un usage plus fréquent que l'estimation de la longitude. On l'obtient en consultant la boussole et en tenant compte de la *déclinaison*, c'est-à-dire de la déviation de l'aiguille aimantée vers l'ouest ou vers l'est, déviation variable suivant les parages où l'on se trouve et qu'indiquent des tables dressées à cet effet.

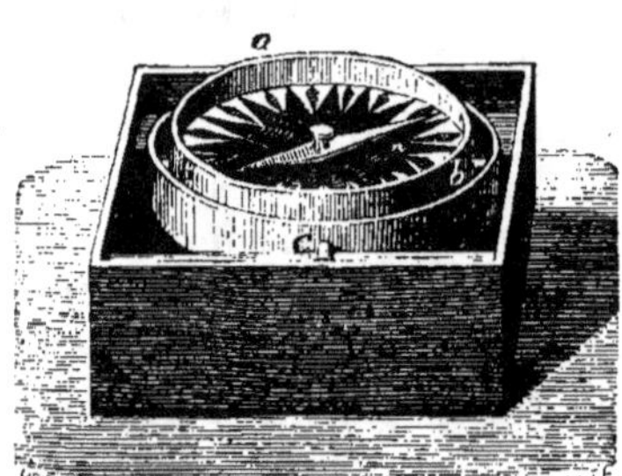

Fig. 9. — La boussole marine.

III

Noms des cartes planes. — On donne aux cartes différents noms, suivant qu'elles représentent l'ensemble ou une partie du globe, et qu'elles sont construites à une plus ou moins grande *échelle* (1).

On appelle **mappemonde** ou **planisphère** une carte qui reproduit l'ensemble de la surface terrestre. Comme on ne peut voir en même temps les deux moitiés d'une boule, on est obligé de les dérouler et de les étaler comme une nappe, d'où vient le nom de *mappemonde* (voy. la carte page 15) ou de les aplatir et de les faire ensuite tourner comme autour

---

1. Nous rappelons que l'échelle est le rapport entre les longueurs, et par conséquent les surfaces mesurées sur le terrain, et ces mêmes longueurs reportées sur la carte.

OCÉAN GLACIAL ARCTIQUE
Cercle Polaire
AMÉRIQUE
EUROPE
ASIE
AFRIQUE
OCÉAN ATLANTIQUE
OCÉAN PACIFIQUE
OCÉANIE
OCÉAN INDIEN
OCÉAN
AUSTRALIE
Tropique du Cancer
Equateur
Equateur
Tropique du Capricorne
OCÉAN GLACIAL ANTARCTIQUE
Cercle Polaire Antarctique
PLANISPHÈRE
Grandes Divisions
des Mers et des Terres
(Races principales, Zônes)
Race Blanche
Race Jaune
Races Mixtes
Race Noire
Régions inhabitées

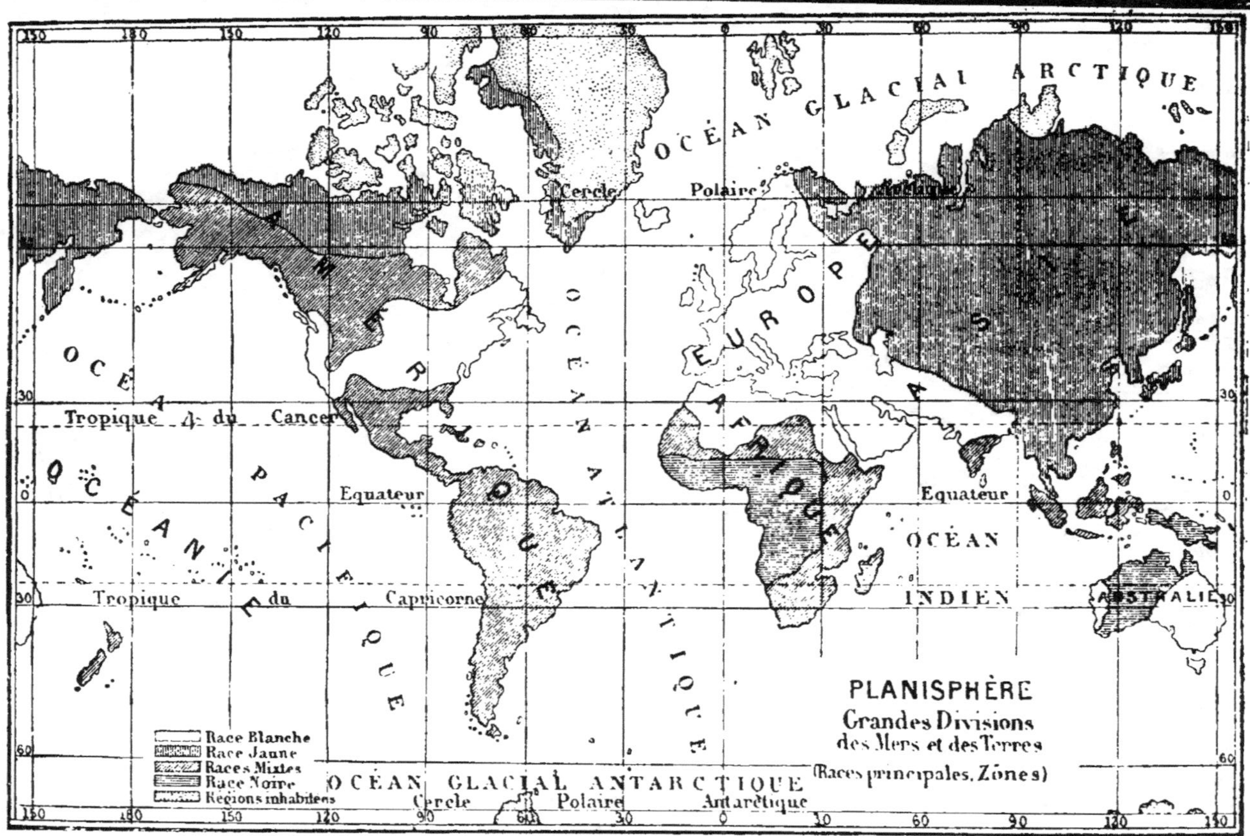

Carte I.

d'une charnière pour qu'elles se présentent à la fois sous la forme de deux cercles, reproduisant chacun un des deux hémisphères, coupés suivant le plan d'un méridien quelconque (ordinairement celui de l'île de Fer).

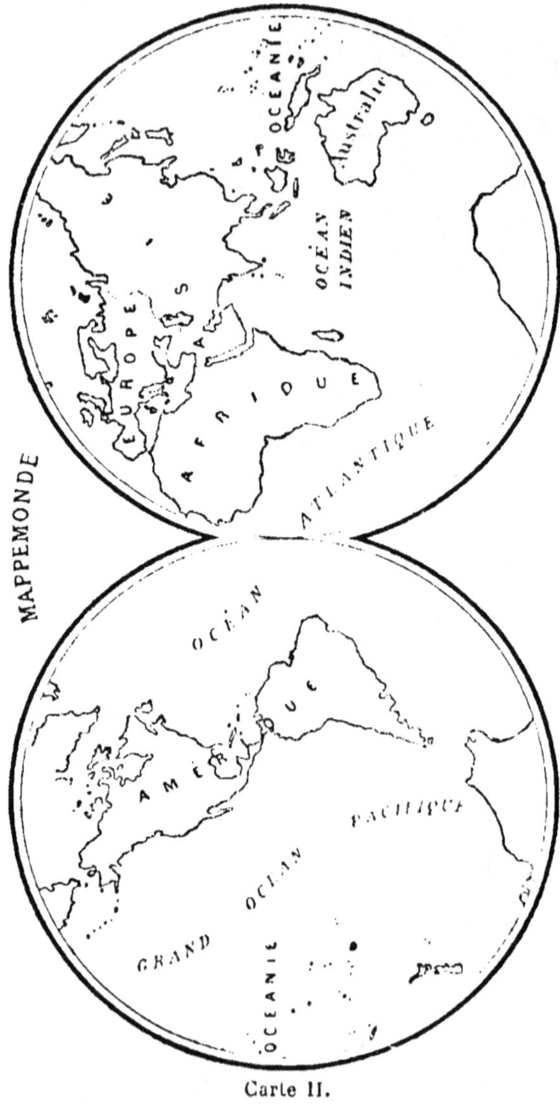

Carte II.

Les **cartes** proprement dites se bornent à indiquer à grands traits le relief du sol, les principaux cours d'eau, les voies de communication les plus importantes, les villes qui n'y sont représentées que par des points ou des figures de peu d'étendue.

Une carte est dite **topographique** quand elle donne la description détaillée d'un lieu particulier ou même de tout un pays. La carte de France au quatre-vingt millième, levée par les officiers de l'état-major, est une carte *topographique*.

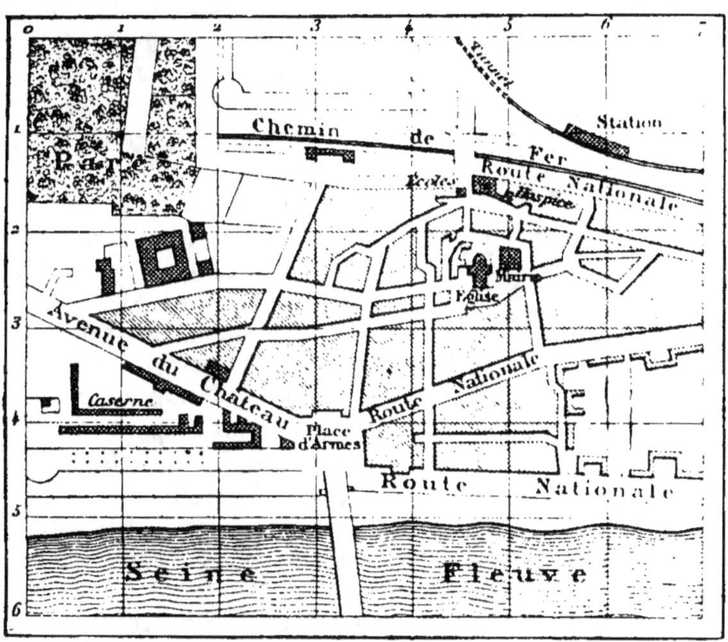

Plan à l'échelle du dix-millième — (1 centimètre par 100 mètres).

Carte à l'échelle du quarante millième (2 millimètres et demi pour 100 m.).

Carte à l'échelle du deux cent quatre-vingt millième (3 dixièmes et demi de millimètre pour 100 m.).

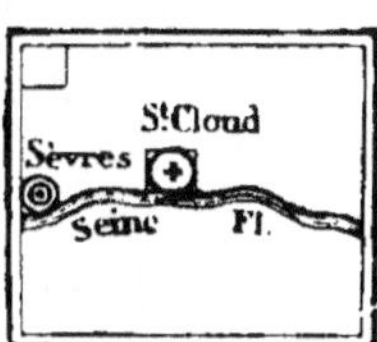

Carte III.

Un **plan** est une carte topographique à une très grande échelle : l'échelle est en général du $\frac{1}{100}$ pour les plans de bâtiments, du $\frac{1}{1\,000}$ au $\frac{1}{5\,000}$ pour les plans de forêts, de terres cultivables et les plans cadastraux, du $\frac{1}{10\,000}$ au $\frac{1}{25\,000}$, pour les plans d'ensemble.

Projections géographiques. — Nous avons déjà dit qu'il est impossible de figurer avec une complète exactitude la surface sphérique du globe sur une surface plane. Toute carte plane est donc nécessairement imparfaite, et d'autant moins exacte que l'échelle est plus petite. Le seul résultat que la science ait obtenu par les procédés les plus ingénieux, c'est d'atténuer ou de compenser les erreurs qui portent soit sur la configuration des parties du globe qu'on veut représenter, soit sur le rapport des surfaces.

« Toutes les *projections*, c'est-à-dire tous les systèmes de représentation à plat de notre globe ou de quelqu'une de ses parties (1) » peuvent se ramener à trois groupes principaux : 1° les méthodes de *perspective*; 2° les méthodes de *développement*; 3° les systèmes *conventionnels*.

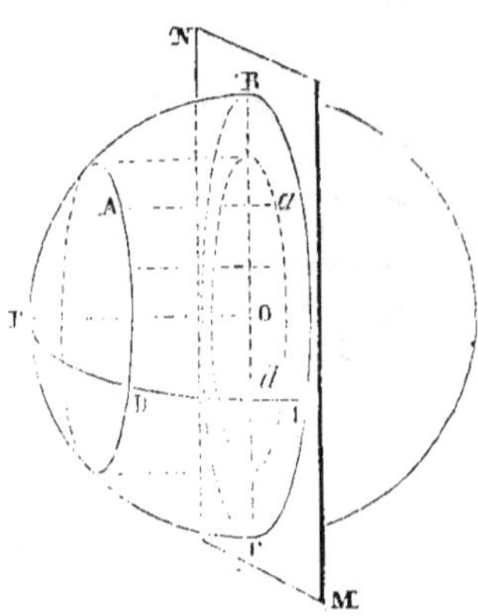

Fig. 10. — Projection orthographique.

I. Dans le premier cas l'observateur est censé considérer la sphère soit par sa face extérieure ou convexe, soit par sa face intérieure ou concave. Il est facile de comprendre que la perspective variera suivant la distance, si l'observateur se place en dehors de la sphère, et suivant le point qu'il choisira, s'il se place à l'intérieur.

Les projections perspectives les plus usitées sont : 1° la projection *stéréographique* ($\sigma\tau\epsilon\rho\epsilon\delta\varsigma$, solide; $\gamma\rho\acute{\alpha}\phi\omega$, je représente) inventée par Hipparque et connue des anciens sous le nom de *planisphère*. Elle a pour but de figurer la totalité ou une partie de chaque hémisphère sur le

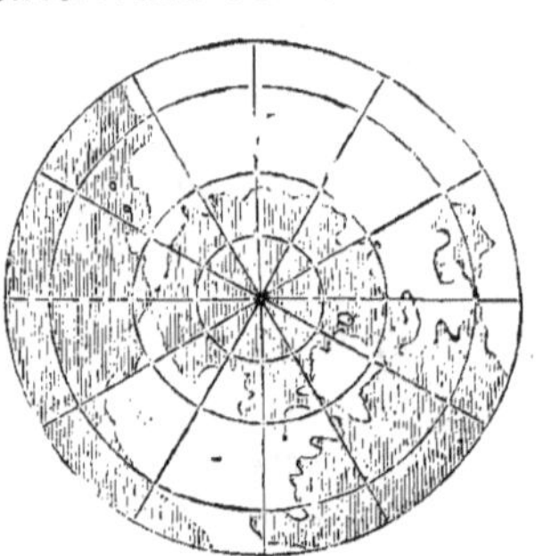

Fig. 11. — Projection orthographique de l'hémisphère nord sur le plan de l'équateur.

1. D'Avezac, *Coup d'œil historique sur la projection des cartes de géographie* (*Bulletin de la Société de géographie*, 1863, I, p. 261.)

plan du méridien (1) ; — de l'équateur (2) ou même sur le *plan* de l'horizon d'un lieu arbitrairement choisi. (Voy. la figure 12) ; — 2° la projection *orthographique* (ὀρθός droit, γράφω) où la figure est dessinée par des perpendiculaires abaissées de chaque point de la surface à projeter sur le plan de projection. On la doit également à Hipparque, qui la désignait sous le nom d'*a-nalemme* (ἀνά, λῆμμα).

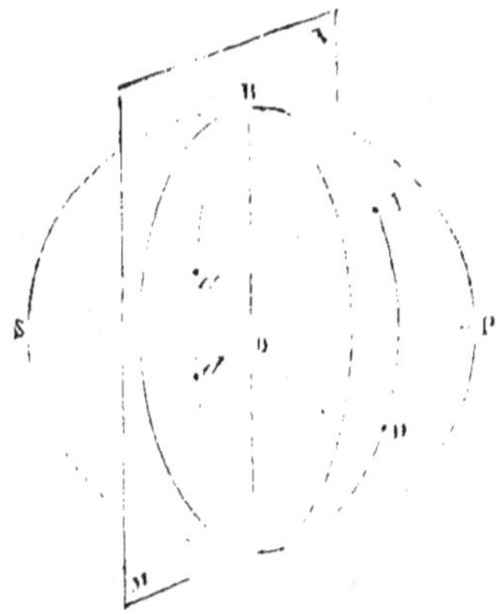

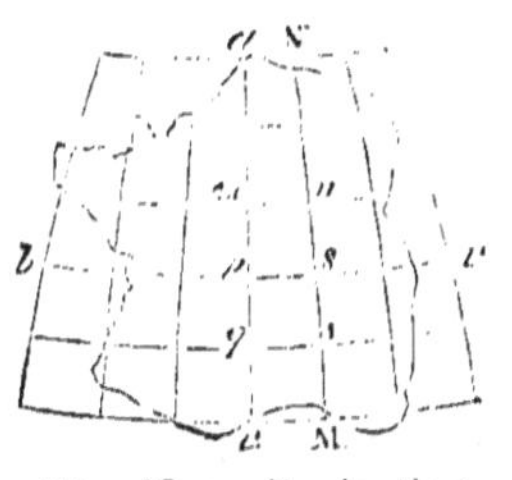

Fig. 12.
Projection stéréographique.

II. Les méthodes dites de développement consistent à substituer à la véritable figure de la sphère ou d'une de ses parties une figure qui s'en écarte le moins possible, et qui soit régulièrement développable sur un plan, un cylindre, par exemple, comme dans la projection de *Mercator* (3), où les méridiens sont représentés par des lignes droites parallèles entre elles et équidistantes, et les parallèles à l'équateur par des droites perpendiculaires aux premières, parallèles entre elles, mais dont la distance s'accroît à mesure qu'elles s'éloignent de l'équateur (voy. la carte I). La projection *conique* simple de Ptolémée (4) est également une projection par développement.

Fig. 13. — Projection
du dépôt de la guerre.

III. Les systèmes conventionnels ne sont que des méthodes plus ou moins ingénieuses de *pseudo-*

1. Le globe est supposé creux et transparent : le plan du méridien qu'on a choisi forme un tableau ou un écran également transparent à travers lequel on suppose que les rayons lumineux partis de tous les points de l'hémisphère concave qu'on veut représenter arrivent à l'œil de l'observateur, en laissant leur trace sur le tableau au point où ils le traversent. L'observateur est censé se placer dans le plan de l'équateur au point où le méridien perpendiculaire à celui qui sert de tableau coupe le cercle équatorial.

2. Dans ce cas l'œil est placé au pôle, et l'hémisphère opposé se dessine sur le plan de l'équateur.

3. Mercator était un géographe du seizième siècle, originaire des Pays-Bas.

4. Ptolémée était un géographe et un astronome contemporain des Antonins (deuxième siècle ap. J.-C.)

perspective, comme celles dites de *Flamsteed* (1), de *Babinet* (2), etc..., ou de *pseudo-développement*, comme celle de *Bonne* (3) ou du *dépôt de la guerre*, qui a servi à la construction de la carte de l'état-major.

Cartes en relief. — Une des difficultés de la cartographie plane c'est la reproduction du relief du sol que l'on est obligé de figurer par des procédés graphiques, hachures, courbes de niveau, teintes plates, qui n'en donnent pas toujours une idée satisfaisante. Voilà pourquoi on a construit des cartes en relief qui reproduisent les montagnes, les plateaux et les vallées tels que nous les voyons dans la nature; mais le relief est presque toujours exagéré, car, sur un globe de 4 mètres de tour, les plus hautes montagnes, celles qui dépassent 8 000 mètres, seraient représentées, en conservant les proportions réelles, par un grain de poussière épais d'un demi-millimètre, et sur une carte en relief de la France à l'échelle du huit cent millième (1 mètre pour 800 kilomètres), le mont Blanc n'aurait que 6 millimètres de haut. Il n'est donc possible de donner le relief **exact** que dans les cartes à très grande échelle (4).

RÉSUMÉ

I

Les grandes divisions de la géographie sont : 1° la géographie astronomique ou mathématique; 2° la géographie physique; 3° la géographie politique; 4° la géographie économique.

Les *globes* et les *cartes* sont indispensables à l'étude de la géographie.

Les globes seuls donnent une idée exacte de la figure de la

1. Flamsteed était un astronome anglais né en 1646, mort en 1717. La projection qui porte son nom avait pour véritable inventeur le géographe français Sanson (dix-septième siècle.)

2. Babinet, savant français contemporain, n'a fait que vulgariser cette projection, inaugurée au commencement de notre siècle, par l'allemand *Molweide* et désignée plus tard sous le nom de *homalographique* (ὁμαλός égal, γράφω —).

3. Bonne était un géographe français du dix-huitième siècle. — La projection du Dépôt de la guerre que Ptolémée avait déjà tracée sous le nom d'*homéotère* (ὅμοιος, égal — τηρέω, je conserve) — a été quelquefois désignée par erreur sous le nom de projection de *Flamsteed modifiée*.

4. Voy. la collection des cartes en relief à diverses échelles dressées par MM. H. *Pigeonneau* et *Drivet*. (Eug. Belin, éditeur.)

terre, qui a la forme d'une *sphère*, légèrement aplatie aux pôles et légèrement renflée à l'équateur, mesurant 40 000 kilomètres de circonférence.

Les cartes planes, au contraire, en altèrent plus ou moins les proportions réelles.

Pour construire une carte, il est nécessaire de fixer d'abord un certain nombre de points de repère et de dresser une sorte de canevas.

Tel est l'usage des lignes que nous voyons tracées sur les cartes et sur les globes : les mouvements apparents du soleil, qui sont les mouvements vrais de la terre, ont servi de points de départ pour déterminer le tracé de ces lignes déjà imaginées par les géographes anciens, Eratosthènes, Hipparque, Ptolémée.

II

La terre tourne sur elle-même en 24 heures (mouvement d'où proviennent les *jours* et les *nuits*), et décrit en même temps autour du soleil, en un peu plus de 365 jours, une immense ellipse qu'on appelle l'*écliptique* (mouvement qui détermine l'*année*). Elle n'a qu'un satellite, la *lune*, qui tourne autour d'elle à peu près en un *mois*.

On a appelé *axe* du globe, la ligne imaginaire autour de laquelle semble s'opérer le mouvement de rotation de la terre sur elle-même, et *pôles* de la terre (pôle Nord ou *arctique*, et pôle Sud ou *antarctique*), les deux extrémités de cette ligne. L'axe n'est pas perpendiculaire au plan de l'écliptique ou orbite terrestre.

L'inégalité des jours et des nuits, et la succession des *saisons* proviennent de l'obliquité de l'axe terrestre,

Les *quatre points cardinaux* sont le *nord* et le *sud* qui correspondent aux deux pôles, l'*est* ou *orient* (côté où les astres se lèvent) à droite en regardant le nord ; et l'*ouest* ou *occident* (côté où les astres se couchent), à gauche en regardant le nord.

On donne le nom de *méridien* à tout grand cercle qui fait le tour du globe, en passant par les deux pôles.

L'équateur est un grand cercle qui divise la terre en deux *hémisphères* ou moitiés de sphères, en coupant perpendiculairement tous les méridiens à distance égale des deux pôles. Il passe par le centre de la terre et par les deux points qui correspondent sur la surface du globe à ceux que la terre occupe dans le ciel au moment des *équinoxes*.

Les deux *tropiques*, celui du *Cancer*, au nord de l'équateur, et celui du *Capricorne*, au sud, sont deux cercles plus petits que l'équateur et qui passent par les deux points correspondant, sur la surface du globe, à ceux que la terre occupe dans le ciel au moment des *solstices*.

Les *cercles polaires* sont deux cercles parallèles a l'équateur et qui passent par les points que le soleil éclaire ou n'éclaire pas pendant 24 heures consécutives, au moment des solstices, suivant qu'il se trouve dans l'un ou l'autre hémisphère.

Ces différents cercles divisent la terre en cinq *zones* ou bandes : une *zone torride* entre les deux tropiques; deux *zones tempérées* entre les deux tropiques et les deux cercles polaires; deux *zones glaciales* entre les cercles polaires et les pôles.

III

En prenant pour bases les méridiens et l'équateur, on a divisé la surface du globe en 360 *degrés de longitude* ou divisions égales marquées sur l'équateur et par lesquelles passent 180 cercles méridiens, et 180 *degrés de latitude* marqués sur le méridien et par lesquels passent autant de cercles parallèles à l'équateur. Les degrés se subdivisent en 60 *minutes*, et les minutes en 60 *secondes*.

Les longitudes se comptent à partir d'un premier méridien convenu (en France, le méridien de Paris); il y a 180 degrés de longitude orientale, et 180 degrés de longitude occidentale.

Les latitudes se comptent à partir de l'équateur; il y a 90 degrés de latitude au nord de l'équateur, et 90 au sud.

La longitude d'un lieu est donc la distance qui sépare ce lieu du premier méridien, mesurée sur l'équateur, et la latitude d'un lieu, la distance qui le sépare de l'équateur, mesurée sur le méridien.

Les lignes tracées sur les cartes sont les méridiens (cercles de longitude), l'équateur, les parallèles à l'équateur (cercles de latitude), les tropiques et les cercles polaires.

Sur les cartes ordinaires, le nord est placé en haut, le sud en bas, l'est à droite et l'ouest à gauche.

Les méthodes de construction des cartes planes peuvent se réduire à trois principales : système des perspectives, système des développements et systèmes conventionnels qui se rapprochent plus ou moins des deux précédents; les *projections* les plus usitées sont la projection *stéréographique* employée pour les mappemondes et les cartes générales, la *projection de Mercator* employée pour les cartes marines, et la *projection conique* plus ou moins modifiée employée pour les cartes *topographiques*.

Exercices.

Donner par des constructions géométriques élémentaires, une idée des projections les plus connues et les plus faciles.

Reproduire à une échelle réduite le plan de la ville ou la carte du département, tracés au tableau noir.

Ecrire avec les signes convenus un certain nombre de latitudes et de longitudes énoncées en degrés et en grades. (Choisir de préférence celles de la ville où l'on se trouve.)

Lectures.

Fabre. *Le Ciel.* 1 vol. in-18.

Vidal-Lablache. *La Terre. Géographie physique.* 1 vol. in-18.

CHAPITRE II

Notions générales de géographie physique. Formation du globe. Les mers. L'atmosphère. Les climats.

I

DIVISIONS DES TERRES ET DES MERS

Les terres et les mers. — Quand on jette les yeux sur un globe terrestre, on est frappé tout d'abord de la division des terres et des eaux. La surface de la terre n'est pas unie : elle présente des aspérités, des inégalités de niveau, des creux et des reliefs. Dans les dépressions les plus profondes s'est formé un immense dépôt d'eaux salées, qui couvrent près des trois quarts de la superficie du globe (383 millions de kilomètres carrés sur 510 millions de kilomètres carrés) : c'est l'océan ou la mer. Les mers, qui n'occupent que les 3/5 de l'hémisphère boréal, couvrent au contraire près des 8/9 de l'hémisphère austral.

Au-dessus de l'Océan, qui les enveloppe de toutes parts, émergent des terres d'une étendue plus ou moins considérable. Les plus petites sont des îles, les plus grandes des continents.

Grandes divisions des terres. Les cinq parties du monde. — Les deux principales masses de terres séparées par de vastes mers sont désignées sous le nom d'*ancien* et de *nouveau continent*. Les Grecs et les Romains divisaient déjà l'ancien continent en trois parties : l'*Europe*, l'*Asie*, et la *Libye*, plus tard l'*Afrique*. Les modernes ont donné au nouveau continent, ou *Amérique,* le nom d'un de ses premiers explorateurs, le Florentin Améric Vespuce. Enfin on est convenu de regarder, comme une cinquième partie du monde, les terres disséminées dans l'Océan qui s'étend entre l'Amérique et l'Asie, et on les a nommées *Océanie*.

Grandes divisions des mers. — Bien que toutes les parties de l'Océan communiquent et forment une masse continue, les géographes y reconnaissent cinq divisions principales :

1° L'*océan Atlantique* (ainsi nommé des monts *Atlas*), entre l'Europe et l'Afrique à l'est et l'Amérique à l'ouest ;

2° L'*océan Pacifique* ou *Grand Océan*, entre l'Amérique à l'est, et l'Asie à l'ouest ;

3° L'*océan Indien*, entre l'Océanie à l'est, l'Asie au nord et l'Afrique à l'ouest ;

4° L'*océan Glacial arctique*, dans la région voisine du pôle nord ;

5° L'*océan Glacial antarctique*, dans la région voisine du pôle sud.

II

FORMATION DU GLOBE

Notions sur la formation des continents et des mers. — Pour se rendre compte des phénomènes qui ont déterminé la situation des mers, le relief actuel du sol et la direction des eaux qui l'arrosent, la géographie est obligée d'emprunter le secours d'une autre science, la géologie, c'est-à-dire l'étude de la formation du globe et des révolutions successives qui ont modifié la forme des continents, l'étendue et l'emplacement des océans.

Période des roches cristallisées. — On admet généralement que la terre était à l'origine une masse incandescente de matières en fusion. D'après cette hypothèse, les couches supérieures se refroidirent peu à peu, une croûte solide se forma, et les montagnes de la période primitive ne furent autre chose que les sillons ou les gerçures de cette croûte, analogues à celles qui se forment à la surface d'une masse de métal fondu et refroidi. Cette première enveloppe de notre globe se compose de roches compactes à texture cristalline, dont le type est le granit. Nulle trace de vie ; nuls débris de plantes et d'animaux ; la terre déserte et nue était noyée au milieu de chaudes vapeurs, réservoir des mers futures qui ne s'étaient pas encore condensées sur ce sol embrasé. Le refroidissement du sol permit aux vapeurs de se liquéfier et de remplir les dépressions de l'écorce terrestre, sans cesse agitée par les bouillonnements du foyer central, et secouée par des convulsions dont nos tremblements de terre et nos

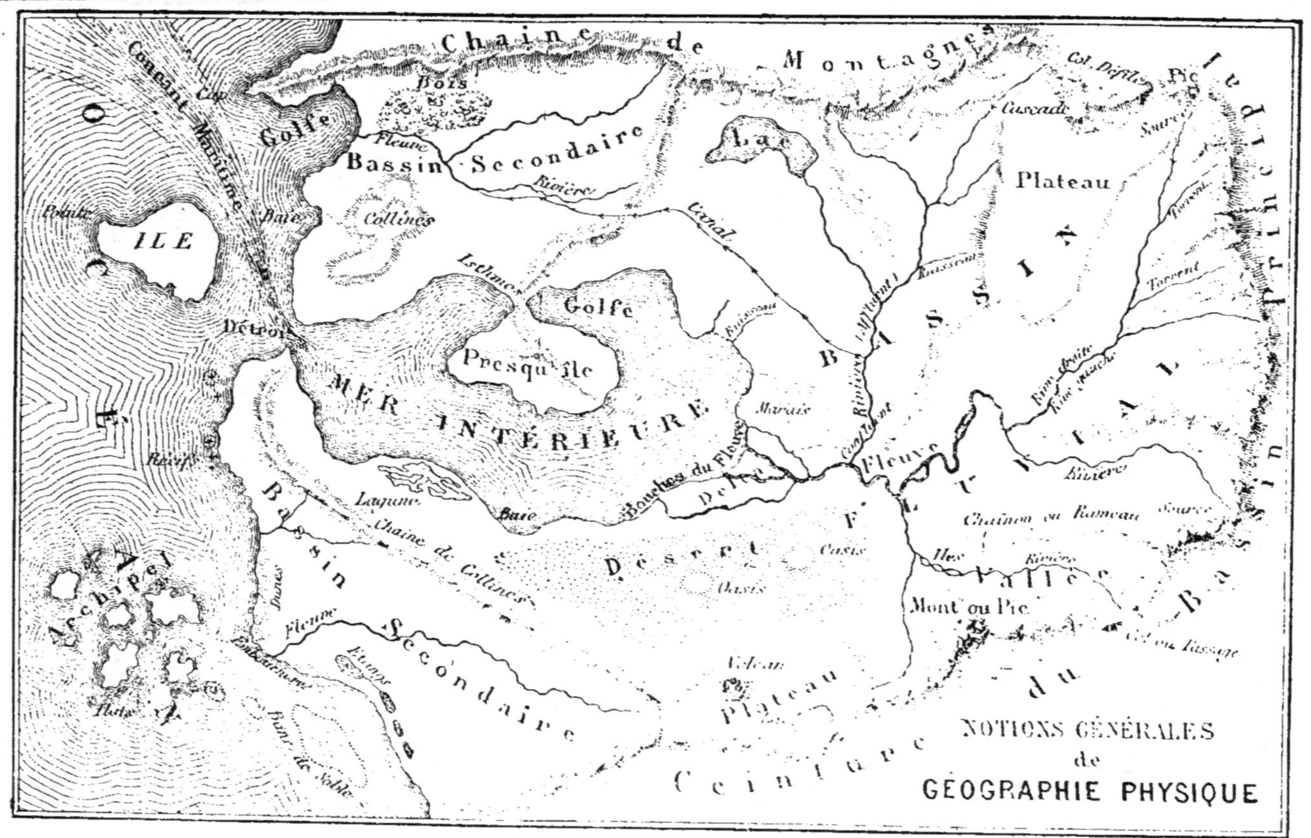
Chaîne de Montagnes
Col Défilé
Pic
Bois
Cascade
Source
Lac
Plateau
Golfe
Bassin Secondaire
Rivière
Canal
Fleuve
Collines
Isthme
Golfe
Presqu'île
BASSIN
Ruisseau
Affluent
Torrent
Torrent
MER INTÉRIEURE
Marais
Rivière
Détroit
Baie
Confluent
Fleuve
VALLÉE
Bras droit
Bras gauche
Rivière
Bouches du Fleuve
Delta
Chaînon ou Rameau
Source
Laguno
Baie
Désert
Oasis
Oasis
Île
Mont ou Pic
Col ou Passage
Courant Maritime
Cap
Pointe
ÎLE
Récif
Bassin Secondaire
Dunes
Fleuve
Volcan
Plateau
Archipel
Embouchure
Étangs
Banc de Sable
Ceinture du
Plateau
OCÉAN
NOTIONS GÉNÉRALES
de
GÉOGRAPHIE PHYSIQUE
Carte IV.

éruptions volcaniques ne peuvent donner qu'une faible idée.

Terrains sédimentaires. — C'est alors que commence une période nouvelle, marquée par l'apparition des premiers terrains sédimentaires déposés au fond des mers, mais encore dépourvus de toute trace de vie animale ou végétale, apparition que suivra celle des premiers êtres organisés. C'est dans les océans de ces âges lointains que s'élaborent les matériaux des futurs continents provenant de la décomposition des roches primitives (matières *siliceuses*, plus ou moins pures, telles que grès, sables, argiles, schistes ou roches feuilletées, etc.), et d'actions chimiques encore mal déterminées qui auraient concouru avec les dépôts des sources et l'accumulation des innombrables coquillages représentant à eux seuls presque toute la faune des premières époques géologiques à former les substances *calcaires*, telles que marbres, craie, pierres, marnes, etc.

Soulèvements. — Époques géologiques. — Si les diverses couches de terrains s'étaient formées par une action lente et continue, sans dislocation et sans bouleversements, elles devraient se superposer par étages horizontaux dans l'ordre correspondant à la date de formation, de telle façon que les couches les plus anciennes fussent les plus profondes, et que les plus récentes occupassent toute la superficie du sol. Il n'en est pas ainsi dans la nature. A mesure que l'on s'approche d'une chaîne de montagnes, on voit les couches perdre peu à peu leur direction horizontale, se tordre, se redresser et les terrains anciens apparaître à la surface, comme si, soulevées par une force inconnue, les roches primitives avaient débordé à travers une déchirure de l'écorce terrestre, en disloquant les couches qu'elles traversaient. Ces couches rompues et soulevées servent à leur tour de point d'appui à des couches qui sont évidemmment de date plus récente, et qui se sont déposées dans les mers ou dans les lacs auxquels les montagnes servaient de rivages. Ces divers phénomènes ont conduit les géologues à conclure que « chaque révolution terrestre correspondait avec l'apparition d'un ensemble de montagnes formées par soulèvement, et que chaque époque géologique correspond à la formation de nouveaux terrains déposés suivant un plan discordant avec celui des dépôts antérieurs (1). » (*Voir la fig.* 14.)

1. Charles GRAD. *Bull. de la Société de géographie*, mois de juin 1871.

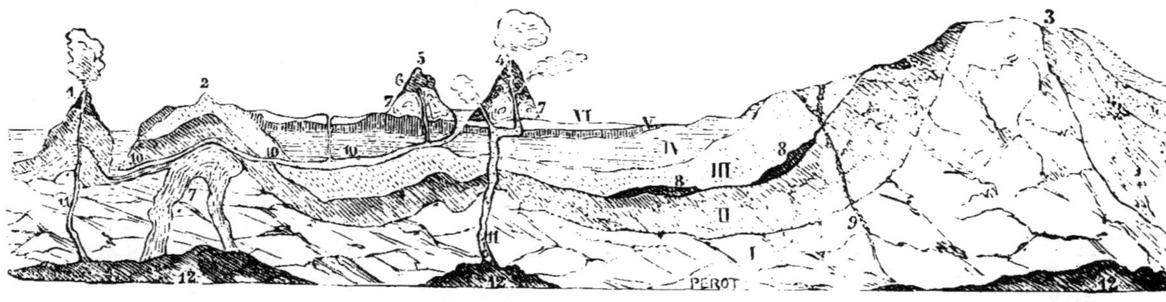

Fig. 14. — Coupe idéale terrestre.

I. Roches cristallisées.
II. Terrains primaires.
III. Terrains secondaires.
IV. Terrains tertiaires.
V. Terrains diluviens.
VI. Alluvions modernes.

1. Ile volcanique soulevée après la période de transition.
2. Terrains soulevés après la période secondaire.
3. Terrains soulevés après la période tertiaire.
4. Volcan en activité.
5. Volcan éteint.
6. Laves.
7. Basaltes, porphyres et autres roches éruptives solidifiées.
8. Dépôts de houille.
9. Faille et filon.
10. Nappe d'eau souterraine.
11. Cheminée volcanique.
12. Matières en fusion.

Ces soulèvements s'expliqueraient par la contraction progressive du globe, conséquence nécessaire du refroidissement, et par la pression qu'exerce la croûte solide sur les parties encore liquides : cette pression les force à déborder par les crevasses, ou à soulever l'enveloppe terrestre en y déterminant des boursouflures qui ne sont autre chose que nos montagnes et les parties les plus élevées de nos continents. Ces révolutions semblent s'être produites tantôt lentement, tantôt brusquement et avoir eu pour effets le déplacement des mers, l'émersion de terres nouvelles, la destruction des anciennes espèces animales ou végétales, et l'apparition d'espèces correspondant à des conditions différentes de sol et de climat. L'examen des débris fossiles d'animaux et de végétaux peut donc servir, comme la direction des couches, à déterminer l'âge des terrains.

Depuis le moment où la vie apparut sur la terre jusqu'à celui où les continents et les mers prirent à peu près leur configuration actuelle et furent peuplés par les espèces encore vivantes, on admet généralement quatre périodes subdivisées en un grand nombre d'époques géologiques.

1° **Période primaire.** — La période primaire voit apparaître après la formation des premiers terrains sédimentaires ou terrains *azoïques* (gneiss, schistes micacés, calcaires saccharoïdes), les premiers habitants des mers et des eaux douces, madrépores, coquillages, poissons et les premiers végétaux, dont les débris accumulés au fond des lacs et des marais des continents primitifs, ont formé, en se carbonisant, les dépôts de houille. Les schistes, les grès, les marbres en sont les roches caractéristiques. Cette période se termine par le soulèvement d'une partie des montagnes de l'Europe septentrionale et des hauteurs granitiques de la France occidentale, qui désormais ne disparaîtront plus sous les mers.

2° **Période secondaire.** — La période secondaire, la plus longue sans doute des grandes périodes géologiques, voit s'entasser de riches dépôts calcaires (calcaires jurassiques, marnes, craie, gypse) au fond des mers qui couvrent presque toute la superficie du globe, et que peuplent d'innombrables espèces de mollusques, de poissons, de tortues, de sauriens (1) aux formes bizarres et gigantesques. Sur les continents vivent à côté d'êtres étranges, intermédiaires

1. Ce mot dérive d'un mot grec qui signifie *lézard*.

entre le reptile et l'oiseau, des quadrupèdes appartenant à l'ordre des *marsupiaux*, et caractérisés par un repli de la peau du ventre qui forme une sorte de bourse (en latin, *mersupium*), et qui leur a valu leur nom. Cette période se termine par un soulèvement qui donne naissance aux principales chaînes de montagnes de l'Europe (Pyrénées, Apennins, Carpathes, Balkans, Alpes Orientales), et qui inaugure la période tertiaire.

3° **Période tertiaire.** — Les animaux terrestres, les oiseaux se multiplient, les fougères et les plantes des premiers âges disparaissent pour faire place à une végétation qui se rapproche déjà de celle de nos continents; à l'ombre des forêts de palmiers, de bouleaux, de chênes et de platanes, errent des espèces aujourd'hui perdues d'éléphants, de rhinocéros, de tapirs, de singes, d'antilopes, de sangliers, et d'autres herbivores, appartenant à des races éteintes qui offrent cependant d'assez grandes analogies avec nos espèces actuelles. La fin de la période tertiaire est marquée par une immense révolution qui soulève une partie du massif des Alpes et des montagnes de la France méridionale et de l'Espagne, et qui creuse le lit de la Méditerranée.

4° **Période quaternaire.** — L'âge qui précède immédiatement l'ère actuelle et qui porte le nom d'époque *diluvienne*, est signalé par l'énorme extension des glaciers et des cours d'eau et paraît s'être terminé par un phénomène grandiose auquel l'homme a assisté. Le soulèvement en Amérique de la chaîne des Andes, en Asie de la chaîne volcanique qui dessine le bassin de l'océan Pacifique, en Europe de celle qui traverse la Méditerranée, secoua les continents, lança les mers hors de leur lit, déplaça d'immenses étendues de terrain, entraîna au milieu des plaines des blocs de rochers arrachés aux montagnes, et détruisit une partie des êtres vivants. Quant à l'époque moderne, elle n'a vu se produire aucune révolution comparable à ces grands cataclysmes, mais le soulèvement ou l'affaissement lent et progressif de certaines parties des continents, les tremblements de terre, les éruptions des volcans (1), ces soupapes de sûreté du globe, semblent prouver que malgré l'épaississement de la croûte solide,

---

1. Les terrains volcaniques se rencontrent à toutes les époques géologiques. Les roches volcaniques, *porphyres*, *basaltes*, *laves*, sont des matières fondues et refroidies analogues par leur composition aux roches primitives.

le foyer intérieur, quelles qu'en soient la nature et l'origine, conserve sa redoutable activité.

Failles, cavernes, eaux souterraines. — On comprend facilement que l'écorce solide du globe, bouleversée par tant de secousses et de révolutions, ne doit pas offrir une masse compacte et sans solution de continuité. Tantôt la direction régulière des couches est brusquement interrompue par des *failles* ou fissures, qui sont quelquefois remplies de substances métalliques, et qui prennent alors le nom de *filons*; tantôt se creusent dans le sein de la terre de vastes cavités qui se rencontrent surtout dans les terrains volcaniques, dans les terrains de grès, et dans certains terrains calcaires. Souvent ces cavités sont remplies d'eau et forment de véritables lacs qui servent de réservoirs aux puits, aux sources et aux eaux courantes. Ces lacs sont sans cesse alimentés par les nappes liquides dues à l'infiltration des eaux pluviales qui passent à travers les couches perméables de la surface du sol, jusqu'à ce qu'elles rencontrent des bancs de roches ou des couches argileuses qui les arrêtent et qui servent de lit à ces espèces de fleuves souterrains.

De la formation géologique dépendent donc en même temps que la configuration et le relief des terres, le régime des eaux, la distribution des métaux et des minéraux, la stérilité ou la fertilité du sol, la nature des productions végétales, et, par conséquent, une grande partie des conditions qui déterminent le genre de vie et la civilisation des peuples disséminés à la surface du globe.

III

LES MERS

I. Le fond des mers. — Les mers comme les terres doivent leurs contours et leur emplacement aux révolutions successives du globe. Il est donc naturel que le fond des mers offre les mêmes accidents que la superficie des continents.

Les rochers, les bancs de sable, les hauts-fonds, les îles et les archipels, ne sont que les sommets des pics, des plateaux et des chaînes de montagnes sous-marines, et les profondeurs connues de l'océan, aussi variables que le relief de la terre ferme, ne dépassent pas les plus grandes hauteurs des montagnes terrestres, c'est-à-dire 8 à 9 000 mètres.

La mer a ses végétaux comme la terre. Presque tous appartiennent à la famille des algues, dont les nombreuses espèces s'attachent aux rochers ou flottent à la surface; mais la végétation s'arrête avec la lumière à de faibles profondeurs, tandis que la vie animale persiste jusque dans les abîmes où règne une nuit éternelle. Des milliards d'animaux microscopiques peuplent ces eaux profondes, et ce sont les débris de leurs coquilles lentement accumulés qui constituent en grande partie le fond des océans. D'autres espèces, qui appartiennent à la grande classe des polypes et qui semblent tenir à la fois de l'animal, de la plante et de la pierre, sécrètent des matières calcaires qui s'entassent en couches compactes, se superposent comme les assises d'un édifice, s'élèvent jusqu'à la surface et créent des îles nouvelles ou des écueils souvent funestes aux navigateurs. C'est ainsi que se sont formés presque tous les archipels de la Polynésie et quelques-uns de ceux de l'océan Indien.

Salure et température des mers. — On a reconnu que les mers n'étaient pas uniformément salées. La salure est plus faible vers les pôles que vers l'équateur, et dans les mers septentrionales que dans les mers méridionales, ce qu'il faut attribuer à la fonte des glaces et à la masse beaucoup plus considérable des eaux douces de l'hémisphère nord. La température varie avec les latitudes et les températures de l'air, mais elle change aussi avec les profondeurs : à plus de 300 mètres l'influence des saisons est à peu près inappréciable, et à plus de 1 200 mètres, la température des mers polaires, comme celle des mers tropicales, se rapproche de 0. On a essayé d'expliquer ce phénomène par l'afflux des eaux froides des mers polaires, qui sous les latitudes plus chaudes viendraient sans cesse remplacer dans les grandes profondeurs les couches d'eau échauffées par le soleil et portées à la surface. Ce qui semblerait confirmer cette explication, c'est que dans les mers presque fermées comme la Méditerranée, qui ne communique avec l'Océan que par un canal étroit et à peine profond de 300 mètres, la température des eaux est sensiblement la même à la surface et dans les profondeurs de 2 000 à 3 000 mètres.

Action des mers sur les continents. — La mer exerce sur les continents une action constante et d'une puissance irrésistible, bien que d'ordinaire elle ne se manifeste que lentement. Elle ronge ses rivages, mine peu à peu les falaises ou les rochers qui la bordent, les force à reculer devant elle et de leurs débris roulés par les vagues façonne par un travail séculaire les galets et les sables qu'elle rejette, qu'elle accumule, comblant lentement les baies ou les golfes, élevant des digues qui l'arrêtent et reconstruisant d'un côté la terre qu'elle détruit de l'autre. Elle sert de réservoir aux eaux douces : les vapeurs qui se forment constamment à sa surface se condensent en nuages : poussés par les vents sur les continents, ces nuages se résolvent en pluies et alimentent les lacs et les rivières qui reportent à l'Océan les eaux qu'ils en ont reçues. Enfin les courants maritimes chauds ou froids modifient profondément les climats terrestres et expliquent en partie l'irrégularité des lignes isothermes dont nous parlerons plus loin (voir page 44).

Les marées. — La surface des mers est continuellement agitée par les vents, dont l'action ne se fait du reste sentir qu'à une assez médiocre profondeur; mais on y remarque d'autres mouvements plus réguliers et plus constants : ce sont les *marées* et les *courants*.

Les marées sont le gonflement et l'abaissement périodique que l'on observe chaque jour à intervalles à peu près égaux dans les mers ouvertes. La marée montante se nomme le *flux*, la marée descendante le *reflux*; chacun de ces mouvements dure environ six heures et détermine par jour deux *hautes* et deux *basses mers*. Dans les mers intérieures, comme la Méditerranée, le flux et le reflux sont peu sensibles, et partout les circonstances locales exercent une grande influence sur le niveau, l'heure et les proportions de la marée. Ce phénomène est dû à l'attraction exercée par la lune et par le soleil sur les parties liquides du globe qui ont moins de cohésion que les parties solides.

Les courants. — Dans certaines parties de l'Océan, soit le long des côtes, soit en pleine mer, les eaux semblent entraînées dans une direction particulière par une force cachée, comme les fleuves le sont par la pente de leur lit. Ces espèces de fleuves maritimes, que l'on nomme *courants*, sont tantôt permanents, tantôt périodiques, quelquefois même temporaires; les uns sont plus chauds, les autres plus froids que la masse des eaux qui les environne et qui dessine pour ainsi dire leurs rivages.

Ces mouvements divers peuvent se ramener à trois causes principales : 1° l'action des courants atmosphériques, que nous étudierons plus loin ; 2° la différence de température qui existe entre les mers équatoriales et les mers polaires, et qui produit des courants d'eau froide superficiels allant des pôles vers l'équateur, et des courants d'eau chaude se dirigeant de l'équateur vers les pôles ; 3° la rotation du globe qui dévie les courants et tend à leur imprimer, dans les régions voisines de l'équateur, la direction de l'est à l'ouest.

Chacune de ces deux grandes circulations, l'une dans le sens du méridien, l'autre dans le sens de l'équateur, présente deux mouvements en sens inverse, et deux courants contraires superposés ou juxtaposés, dont l'un compense l'autre, par un phénomène analogue à celui qu'on observe dans les appareils de chauffage par l'eau chaude.

Divisions des mers. Courants maritimes. — Nous avons déjà vu que les mers occupent près des trois quarts de la superficie du globe, et que les géographes y reconnaissent cinq divisions principales déterminées par la situation des continents.

Océan Pacifique.

I. — **Océan Pacifique.** L'océan Pacifique ou Grand Océan, la plus vaste de ces grandes divisions maritimes (175 millions de kilomètres carrés), situé entre l'Amérique et l'Asie, parsemé d'îles, hérissé d'écueils madréporiques, de chaînes volcaniques sous-marines, soulevé par ces terribles trombes qui dévastent les côtes de la Chine et de la Malaisie, n'a été longtemps parcouru que par les jonques chinoises ou les étroites pirogues du Polynésien et du Malais. Ouvert depuis moins de quatre siècles à l'activité européenne, le Grand Océan est déjà l'une des routes les plus fréquentées du commerce, et il est facile de prévoir le temps où il le disputera à l'Atlantique.

Sur mer comme sur terre les routes ne sont pas arbitraires : la nature les a tracées d'avance, et leur direction devient plus sûre et plus constante à mesure que l'on étudie plus profondément la physique du globe : elles sont déterminées surtout par deux phénomènes, chaque jour mieux connus, les *courants maritimes* et les *courants atmosphériques*.

Les **courants polaires** du nord, peu sensibles dans le détroit de Béring (100 mètres de profondeur) et sur les côtes de la Sibérie orientale où ils restent sous-marins, remontent à la surface dans la mer d'Okhotsk et se prolongent jusqu'au détroit de Corée : les courants polaires du sud glissent le long des côtes de l'Amérique méridionale (Pérou), sous le nom de *courant de Humboldt* ou *du Pérou*, et contribuent à tempérer le climat du littoral.

Les **courants de l'équateur** forment trois branches principales. La plus méridionale se dirige presque en droite ligne de l'Amérique vers l'Asie, en laissant au sud la masse des archipels et des terres de l'Océanie, puis se divise en plusieurs courants moins puissants, l'un qui incline vers le sud en passant à l'est de la Nouvelle-Zélande, les autres qui s'engagent et se perdent au milieu des archipels de la Malaisie. La branche septentrionale suit une direction parallèle à la première, un peu au sud du tropique du Cancer, et atteint l'île Formose ; mais, brisée par les hauts-fonds qui bordent le continent asiatique, elle se détourne vers le nord, longe les côtes orientales du Japon, et, tandis qu'un de ses bras pénètre jusque dans les mers polaires en traversant le détroit de Béring, le bras principal revient sur lui-même sous le nom de *courant noir* (*Kouro-Siwo*) ou *du Japon*, en décrivant un demi-cercle qui semble tracer au navigateur la route de l'Asie aux côtes d'Amérique. Une troisième branche qui passe au nord de l'équateur entre les deux précédentes forme un contre-courant qui se dirige de l'Asie vers l'Amérique et aboutit à l'isthme de Panama. La partie de l'océan Pacifique qu'enveloppent le courant du Japon et le courant septentrional de l'équateur est couverte d'une végétation de la famille des algues ; c'est une sorte de prairie maritime à laquelle on a donné le nom de *mer des Sargasses*. Les profondeurs connues n'y dépassent pas 450 mètres.

C'est en suivant les courants de l'équateur que Magellan et les premiers navigateurs espagnols traversèrent au seizième siècle tout l'océan Pacifique ; c'est cette même route que suivent encore les navires qui vont de *Panama à Wellington* dans la Nouvelle-Zélande et à *Sidney* en Australie : c'est le courant du Japon, sillonné aujourd'hui par les vapeurs américains (dix-neuf jours de trajet de *Yokohama à San-Francisco*), dont les flots portèrent en Californie, bien avant les découvertes européennes, les jonques de la Chine et de la Corée.

Les plus grandes profondeurs de l'océan Pacifique, celles qui dépassent 5 500 mètres, paraissent se rencontrer dans l'hémisphère septentrional, entre le 50° et le 20° parallèle, les plus faibles sur les plateaux que couvre la mer des Sargasses et sur ceux qui supportent le continent d'Australie et les îles de la Malaisie. Des sondages récents ont atteint 8 540 mètres, presque la hauteur des grands pics de l'Himalaya, à quelque distance des côtes du Japon, au sud-est des îles Kouriles.

Mers secondaires. — Le Grand Océan ne forme sur les côtes de l'Amérique que deux golfes importants, celui de *Californie* ou mer *Vermeille*, et celui de *Panama*.

Sur les côtes d'Asie, il forme la mer d'*Okhotsk*, celle du *Japon*, la mer *Jaune*, la mer de *Chine*, le golfe de *Siam*.

Iles et presqu'îles. Leur direction. — Les nombreux archipels de la Polynésie et de la Micronésie, disséminés dans l'océan Pacifique, sont des soulèvements volcaniques isolés ou l'œuvre des polypes constructeurs ; mais il est facile de reconnaître dans la Mélanésie et la Malaisie une grande chaîne de montagnes sous-marines, qui forme le prolongement de la presqu'île de Malacca, se dirige de l'ouest à l'est sous le nom d'îles de Sumatra, de Java, de Nouvelle-Guinée, de Nouvelle-Calédonie, puis incline vers le sud, où elle émerge de nouveau sous le nom de Nouvelle-Zélande. Une seconde chaîne, volcanique comme la première, longe les côtes d'Asie, en partant de la presqu'île de Kamtchatka (Sibérie), dont elle est le prolongement, et se dirige du nord au sud sous le nom d'archipel Japonais, d'île Formose, d'îles Philippines et d'île Bornéo.

Océan Indien.

II. — **L'océan Indien** (68 millions de kilomètres carrés), situé entre l'Asie au nord, l'Afrique à l'ouest, le continent australien à l'est, communique avec l'océan Pacifique par les détroits de *Malacca*, de la *Sonde*, etc., avec la Méditerranée par le canal de *Suez*, et se confond avec l'océan Atlantique, au sud des caps de *Bonne-Espérance* et des *Aiguilles*, en Afrique.

L'océan Indien est moins profond que le Grand Océan. Jusqu'ici la sonde n'est pas descendue à plus de 5 000 mètres, sauf sur quelques points des côtes occidentales de l'Australie où les sondages ont accusé des profondeurs de 5 400 à 5 550 mètres.

Mers secondaires. — L'océan Indien forme, sur les côtes d'Asie, le golfe du *Bengale*, le golfe ou mer d'*Oman* (ancienne mer *Erythrée*), le golfe *Persique*, qui communique avec la mer d'Oman par le détroit d'*Ormuz*, et le golfe *Arabique*, ou mer *Rouge*, dont le débouché est le détroit de *Bab-el-Mandeb*.

Iles et presqu'îles. — Trois grandes presqu'îles : l'*Indo-Chine*, terminée par la presqu'île de *Malacca*; l'*Indoustan* (Dékan), prolongé par l'île de *Ceylan*, et l'*Arabie*, s'avancent du nord au sud dans l'océan Indien. Il semble même que les montagnes de l'Indoustan, qui plongent dans l'océan Indien au cap *Comorin*, se continuent par une chaîne d'îles et de hauts-fonds jusqu'à la grande île de *Madagascar*, dont l'orientation est la même que celle des presqu'îles de l'Asie méridionale.

Courants. — C'est à la situation et à la forme de ces grands promontoires qu'il faut attribuer les perturbations des *courants* et surtout des courants *équatoriaux*.

Divisés par les canaux où ils s'engagent, repoussés vers le nord par la direction des détroits et par l'action des courants polaires, ces courants se dispersent dans la partie septentrionale de l'océan Indien en mille tourbillons capricieux.

La direction régulière de l'est à l'ouest ne se maintient qu'au sud du dixième degré de latitude méridionale ; mais elle est modifiée par les hauts-fonds qui rejettent la masse du courant au sud-ouest, vers Madagascar et les côtes de l'Afrique orientale qu'elle vient frapper à la hauteur de *Port-Natal*, pour aller se perdre bientôt dans les mers australes au sud du cap des *Aiguilles*.

Les *courants polaires du sud* glissent le long des côtes occidentales de l'Australie et de l'archipel Malais, et viennent se confondre avec les courants équatoriaux qu'ils contribuent à refouler vers le nord.

L'océan Indien est la grande route commerciale des Indes, de l'Océanie et de l'Asie orientale : l'ouverture du canal de Suez a imprimé une nouvelle activité à la navigation à vapeur qui n'a pas à compter, comme la navigation à voiles, avec les caprices des vents et des courants. D'*Aden*, point de relâche de toutes les lignes de l'Extrême-Orient, rayonnent au sud, vers *Zanzibar*, *Madagascar*, la *Réunion* et *Maurice*, à l'est vers *Bombay*, *Madras*, *Calcutta*, *Singapour*, *Batavia* et les ports de l'Australie, *Saigon*, *Hong-Kong* et les ports de la Chine

(*Canton* et *Chang-Haï*) et du Japon (*Yokohama*), des lignes de vapeurs anglais, français, hollandais, allemands, italiens, autrichiens, qui font de l'océan Indien un lac européen.

Océan Atlantique.

III. — L'océan Atlantique (100 millions de kilomètres carrés) est situé entre l'Europe et l'Afrique à l'est et l'Amérique à l'ouest.

Il communique avec l'océan Glacial par le détroit de *Davis*, au nord-est de l'Amérique, et par un espace ouvert au nord de l'Europe; avec l'océan Pacifique par le détroit de *Magellan*; il se confond avec l'océan Indien au sud du cap de *Bonne-Espérance*, avec l'océan Pacifique au sud du cap *Horn*.

Mers secondaires. — Il forme, sur les côtes d'Amérique, le *golfe du Mexique* et la *mer des Antilles*; sur celles d'Afrique, le *golfe de Guinée*; sur celles d'Europe, la *mer de France*, la *Manche*, la *mer du Nord*, la *Baltique*; enfin il pénètre par le détroit de Gibraltar, entre l'Europe et l'Afrique, sous le nom de *Méditerranée*, et se prolonge par l'*Archipel* et la *mer Noire* jusqu'aux rivages de l'Asie occidentale.

Iles et presqu'îles. — L'Atlantique est une immense vallée maritime qui sépare l'Ancien Monde du Nouveau, et, dans cette vaste étendue, c'est à peine si quelques groupes d'îles volcaniques, les *Açores*, les *Canaries*, *Madère*, semées sur les côtes d'Afrique, rompent l'uniformité de l'Océan. Sur les côtes septentrionales d'Amérique, l'Atlantique baigne la presqu'île de *Labrador*, celle de la *Nouvelle-Écosse* et l'île de *Terre-Neuve*; sur les côtes d'Europe, la *Péninsule scandinave*, le *Danemark* et les *Iles Britanniques*, inclinés du sud-ouest au nord-est.

Dans la Méditerranée américaine (golfe du Mexique et mer des Antilles), les *Antilles* s'étendent du nord au sud dans le prolongement de la presqu'île de *Floride*.

Dans la Méditerranée européenne, les trois grandes péninsules *Ibérique*, *Italique*, *Hellénique*, les îles de *Corse*, de *Sardaigne*, de *Sicile*, se prolongent dans la même direction, tandis que l'*Asie Mineure* s'avance de l'est à l'ouest entre la mer Noire et la Méditerranée proprement dite.

Profondeurs de l'Atlantique. — Les profondeurs connues de l'Atlantique ne le cèdent qu'à celles de l'océan Pacifique. Au sud de Terre-Neuve, la sonde est descendue jusqu'à 8 000 mètres, et dans la partie de l'Atlantique qui s'étend au nord de l'équateur, comme dans la région correspondante du Pacifique, les sondages de plus de 5 000 mètres ne sont pas rares. A partir du 54° ou 55° degré de latitude septentrionale les profondeurs diminuent, et les flots de l'Atlantique recouvrent un vaste plateau sous-marin qui se prolonge jusque dans les mers arctiques. Les dépressions les plus profondes de ce plateau, situées à l'est du Groënland, ne dépassent pas 2 870 mètres.

Les plus grandes profondeurs de la Méditerranée, à l'est de l'île de Malte, atteignent 4 000 mètres.

Les courants. — Dans l'océan Atlantique, les *courants de l'équateur*, par un phénomène analogue à celui qu'ils présentent dans l'océan Pacifique, se dirigent de l'est à l'ouest, divisés en deux branches, l'une au nord, l'autre au sud de l'équateur. Brisés par le continent américain et la chaîne des Antilles, ils se détournent vers le nord-ouest, s'engouffrent et se divisent dans les canaux des Antilles, bouillonnent sous les rayons du soleil des tropiques dans cette vaste chaudière qu'on appelle le golfe du Mexique, en sortent sous le nom de *Gulf-Stream* (courant du golfe), et viennent, en s'écartant peu à peu des côtes de l'Amérique du Nord, et en décrivant un vaste demi-cercle, réchauffer le climat de l'Europe occidentale et lancer leurs derniers effluves jusque dans les parages de l'Islande et du Spitzberg, où ils apportent les bois flottants arrachés par les fleuves aux forêts de l'Amérique. Entre les deux branches des courants équatoriaux, un contre-courant (courant de *Guinée*) se dirige de l'ouest à l'est comme dans l'océan Pacifique. La partie de l'Atlantique enfermée dans le circuit que décrivent le *Gulf-Stream* et le courant septentrional de l'équateur forme une *mer de Sargasses* presque aussi vaste, mais plus profonde que celle du Grand Océan. La sonde y est descendue à plus de 7 000 mètres.

Les *courants polaires* qui, sur les côtes d'Amérique, descendent au-dessous de Terre-Neuve (courant du *Labrador*) et se font peu sentir sur celles de l'Europe, longent le littoral de l'Afrique depuis le cap de Bonne-Espérance jusqu'au golfe de Guinée.

Malgré les terribles ouragans des Antilles et du golfe de Guinée, les coups de vent du cap Horn et du cap de Bonne-Espérance, l'océan Atlantique présente à la navigation les conditions les plus favorables. Aussi est-ce sur ses bords et

sur ceux de la Méditerranée que s'élèvent les grandes cités
maritimes, les reines du commerce : Boston, New-York,
Baltimore, la Nouvelle-Orléans, la Havane, Rio-Janeiro,
Buenos-Ayres, en *Amérique*; Lisbonne, Bordeaux, le Havre,
Londres, Newcastle, Glasgow, Liverpool, Anvers, Am-
sterdam, Rotterdam, Brême, Hambourg, Copenhague,
Stettin, Riga, Saint-Pétersbourg, dans le *versant nord-ouest*
européen; Barcelone, Marseille, Gênes, Trieste, Salonique,
Constantinople, Odessa, dans le *versant sud-est*: Trébizonde,
Smyrne, Beyrout, sur le littoral asiatique; Alexandrie, Tunis,
Alger, Mogador, Dakar, Saint-Paul de Loanda, le Cap, sur le
littoral africain, points de départ et d'arrivée de lignes de
navigation à vapeur qui sillonnent toutes les mers du globe.

Mers Glaciales.

IV. — L'océan Glacial arctique, où dominent les
vents et les courants polaires, commence vers le 60° parallèle
au nord de l'équateur, et s'étend au nord de l'Amérique, de
l'Europe et de l'Asie, jusque dans les solitudes du pôle.

Il communique librement avec l'Atlantique par un large
bras de mer entre la Norvège et le Groënland, et par le détroit de *Davis*, entre le Groënland et le Labrador; avec l'océan
Pacifique par le détroit de *Béring*.

Il forme, sur les côtes de Russie, la mer *Blanche*: sur celles
de l'Amérique du Nord, la mer d'*Hudson*; sur celles du
Groënland, la mer de *Baffin* et la mer polaire ou *palæocrys-
tique* (mer de vieilles glaces).

Quelques barques d'Esquimaux, quelques rares pêcheurs
de phoques et de baleines, quelques explorateurs poussés par
l'amour de la science, tels sont les seuls visiteurs de ces
mornes régions qui nous cachent encore bien des secrets. Il
semblerait pourtant que c'est entre le 70° et le 81° degré de
latitude nord que le froid atteint son maximum d'intensité;
la mer s'y couvre de ces immenses blocs de glace (*icebergs*
ou montagnes de glace), vomis par les glaciers du Groënland,
de la Nouvelle-Zemble, du Spitzberg, etc., et dont la présence annonce infailliblement la terre.

La direction générale des îles et des presqu'îles, *Groënland,
Islande, Spitzberg, Terre de François-Joseph, Nouvelle-Zemble,*
semble être celle du nord au sud. Les glaces flottantes des-

OCÉAN GLACIAL ARCTIQUE
Cercle Polaire
OCÉAN
ASIE
EUROPE
AMÉRIQUE
AFRIQUE
OCÉANIE
OCÉAN PACIFIQUE
OCÉAN ATLANTIQUE
OCÉAN INDIEN
Tropique du Cancer
Équateur
Équateur
Tropique du Capricorne
AUSTRALIE
PLANISPHÈRE
Grandes Divisions
des Mers et des Terres
(Races principales. Climats)
Race Blanche
Race Jaune
Races Mixtes
Race Noire
Régions inhabitées
OCÉAN GLACIAL ANTARCTIQUE
Cercle Polaire Antarctique

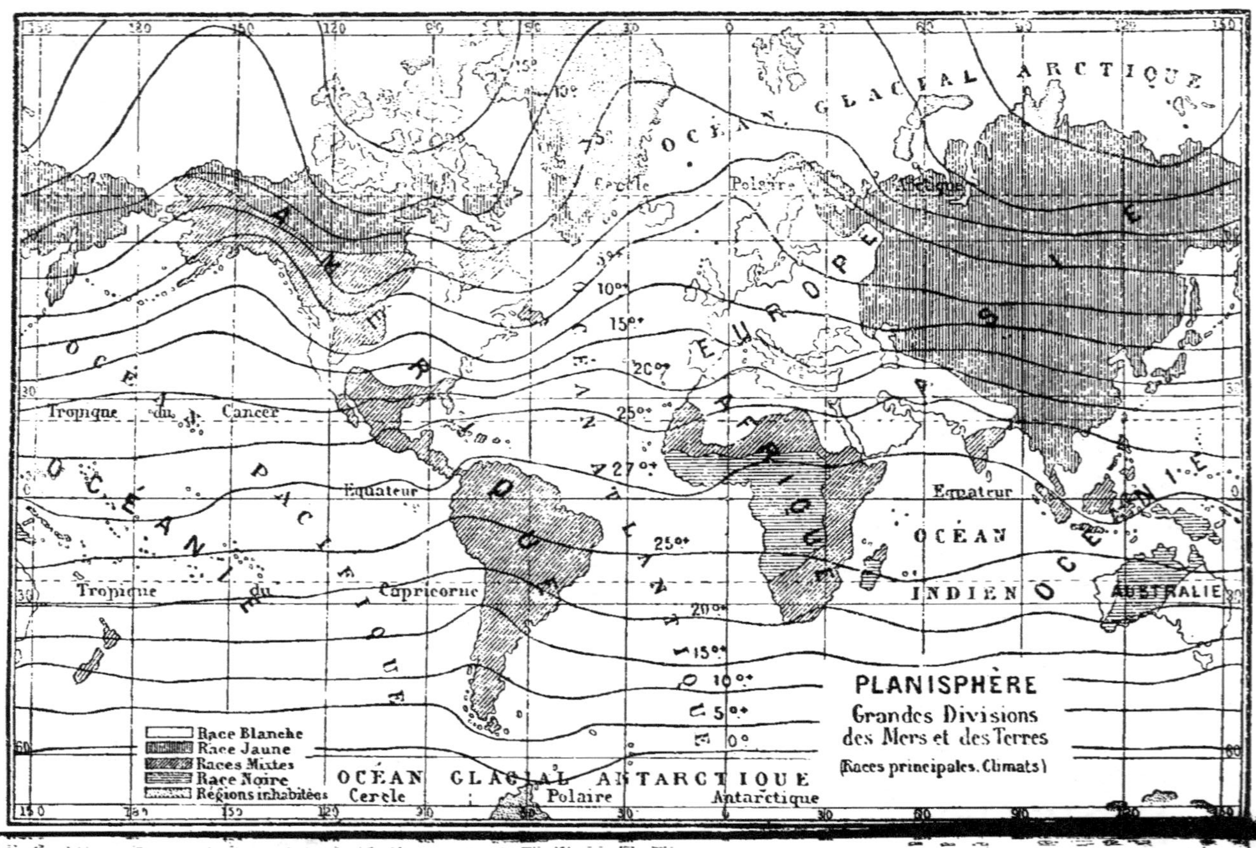

Carte V.

cendent jusqu'au 50° parallèle, et les glaces fixes ou *banquises* commencent vers le 75°.

V. — L'océan Glacial antarctique communique par un espace ouvert avec l'océan Atlantique, l'océan Indien et l'océan Pacifique, au sud de l'Amérique, de l'Afrique et de l'Océanie. Les parages situés au sud du cap Horn peuvent être regardés comme son extrême limite septentrionale.

Les glaces fixes y commencent vers le 70° parallèle sud, et bordent d'un rempart infranchissable les côtes du continent austral ; les glaces flottantes vont jusqu'au 40° parallèle, et aucun navire n'a pénétré jusqu'au 78°.

IV

L'ATMOSPHÈRE

L'atmosphère. — Le globe est environné d'une couche d'air épaisse de 50 à 70 kilom., mais qui se raréfie rapidement à mesure qu'on s'élève. Cette enveloppe gazeuse de la terre porte le nom d'*atmosphère*. Bien plus mobile que l'eau, sans cesse dilatée par la chaleur ou resserrée par le froid, l'atmosphère est dans une perpétuelle agitation, et ces mouvements produisent les *vents*, les *tempêtes* et les *ouragans*, qui sont comme les vagues de l'air.

Les courants atmosphériques. — Cependant il existe dans l'atmosphère, comme dans l'Océan, des courants réguliers et que l'on peut considérer comme constants. Les courants atmosphériques s'expliquent par les mêmes causes que les courants maritimes.

L'air froid des zones glaciales, voisines des deux pôles, tend continuellement à venir remplacer l'air chaud des zones tropicales, dilaté et rendu plus léger par l'ardeur du soleil. A l'équateur même, la colonne d'air échauffée s'élève verticalement par une sorte de tirage, comme dans une gigantesque cheminée ; aussi le vent y est-il à peine sensible : c'est la zone des calmes. Dans les régions situées à une certaine distance au nord de l'équateur, un courant froid et par conséquent plus lourd, venant du pôle et soufflant du nord au sud, devrait glisser à la surface du sol. Au contraire, la masse d'air plus chaud et plus léger dilatée par le soleil des tropiques devrait refluer du sud au nord, pour remplacer l'air qui s'est porté vers la zone équatoriale et former dans les couches supérieures de l'atmosphère un contre-courant constant. Mais la terre tourne de l'ouest à l'est, et les parties voisines de l'équateur sont emportées avec une rapidité beaucoup plus grande que celles qui en sont éloignées : les courants atmosphériques qui viennent des pôles avec une vitesse de rotation très inférieure à celle des zones tropicales, n'accélèrent que peu à peu leur marche en arrivant dans le voisinage de l'équateur : ils sont en retard, et ce retard se traduit par une déviation qui transforme le courant polaire en vents du nord-est dans l'hémisphère boréal, du sud-est dans l'hémisphère austral. Au contraire, le courant supérieur venant de l'équateur, animé d'une vitesse première plus considérable, prend, à mesure qu'il s'éloigne de son point de départ, la direction de vents du sud-ouest et du nord-ouest. On donne aux vents réguliers du nord-est et du sud-est, qui soufflent à la surface du sol ou de la mer, dans le voisinage des tropiques, le nom de vents *alizés*. A mesure qu'ils se rapprochent des pôles, les courants supérieurs tendent à se refroidir et par conséquent à s'abaisser vers la surface du sol où ils rencontrent les courants inférieurs. Ces chocs continuels altèrent la régularité de la direction primitive et produisent des *vents variables*, qui dominent dans la zone tempérée des deux hémisphères.

Les moussons. — Les vents alizés, qui soufflent régulièrement dans l'océan Atlantique et dans l'océan Pacifique oriental, éprouvent dans la partie occidentale de l'océan Pacifique et dans l'océan Indien des perturbations considérables : au nord du 10° parallèle sud, ils sont remplacés par des courants périodiques appelés *moussons* ou vents de semestre. Les plus connus, ceux qui règnent sur les côtes d'Asie, soufflent du nord-est au sud-ouest pendant l'hiver (octobre-février) et du sud-ouest au nord-est pendant l'été (mars-septembre). Ces variations s'expliquent par celles de la température du continent asiatique : ces vastes espaces, tour à tour brûlés par le soleil ou refroidis par les vents du nord et les neiges qui couvrent le massif central, produisent des courants tour à tour froids ou chauds assez puissants pour changer la direction des vents alizés. Une autre mousson, qui souffle du sud-est au nord-ouest en été, et du nord-ouest au sud-est en hiver, règne sur les côtes septentrionales d'Australie et dans l'archipel Malais. C'est surtout dans ces régions que se manifestent avec une redoutable intensité ces phénomènes connus sous le nom de *cyclones* (tourbillons), de trombes ou de typhons, et qu'on explique, au moins en partie, par la rencontre de courants atmosphériques opposés.

Les pluies. — L'atmosphère est le récipient des vapeurs qui montent continuellement de la surface des mers, des lacs et des eaux courantes. Quand ces vapeurs se condensent, elles forment, suivant l'intensité du refroidissement, les nuages, la pluie, la neige, la grêle, si elles flottent dans l'atmosphère; le brouillard, le givre, la rosée, la gelée blanche, si elles rampent sur le sol.

L'atmosphère rend ainsi aux parties liquides du globe ce qu'elles ont perdu par l'évaporation. D'après ce qui précède, il est facile de comprendre que les pluies sont plus fréquentes dans les régions maritimes que dans l'intérieur des terres, dans le voisinage des hautes montagnes qui arrêtent les nuées et en favorisent la condensation que dans les pays de plaines, dans les contrées au sol imperméable et marécageux que dans les régions sèches et sablonneuses (1).

Dans les zones tempérées, il pleut dans toutes les saisons, bien que les pluies d'hiver soient plus fréquentes dans la région chaude de ces deux zones, les pluies d'été dans la région froide, les pluies d'automne et de printemps dans la région intermédiaire ; sous les tropiques, au contraire, les pluies sont inconnues dans certaines contrées éloignées de la mer, desséchées par des vents brûlants, couvertes de sables, et où l'évaporation est presque nulle : elles sont périodiques dans les pays maritimes et correspondent à la saison chaude où l'ardeur du soleil provoque une évaporation rapide et puissante et où les brises de mer qui soufflent pendant le jour condensent les nuages et déterminent, depuis le milieu du jour jusqu'au coucher du soleil, des averses violentes qui,

(1) La quantité d'eau pluviale qui tombe annuellement sur une égale superficie dans deux contrées différentes n'est pas toujours proportionnelle à la fréquence des pluies. Pour mesurer la quantité de pluie qui tombe dans un lieu donné, on se sert du *pluviomètre*, vase cylindrique fermé d'un couvercle en forme d'entonnoir, et muni d'un tube gradué qui sert à indiquer la hauteur du liquide dans le cylindre. Dire qu'en une année il tombe dans un endroit 300 millimètres de pluie, c'est dire que, si le sol y était horizontal et imperméable, la pluie l'aurait recouvert en un an d'une couche de 300 millimètres.

A Paris, on compte annuellement 150 jours de pluie, et le pluviomètre n'indique que 568 millimètres, tandis qu'il marque plus de deux mètres dans certaines villes des pays tropicaux pour 90 jours de pluie.

sous l'équateur, deviennent presque quotidiennes pendant toute l'année.

V

LES CLIMATS. DISTRIBUTION DES VÉGÉTAUX ET DES ANIMAUX

Température. Climats. — La nature géologique du sol, les courants maritimes, la direction des vents, la distribution des pluies sont autant d'éléments qui contribuent à déterminer la différence des températures et la diversité des climats, mais les principales causes qui agissent sur la température (1) sont l'exposition, la latitude et l'altitude.

1° Exposition. — Dans l'hémisphère boréal les expositions les plus chaudes sont celles du sud-ouest et du sud-sud-ouest (2), les plus froides celles du nord-est. Plus le terrain est incliné et plus l'effet de l'exposition est sensible, à cause de l'obliquité plus ou moins grande des rayons du soleil.

2° Latitude. Lignes isothermes. — La température décroît de l'équateur aux pôles (3), mais les courbes qui réunissent les différents points où la moyenne de la température annuelle est égale et qui ont reçu le nom de lignes *isothermes* (lignes de chaleur égale) ne coïncident pas avec les cercles de latitude parallèles à l'équateur : elles décrivent des sinuosités qu'il serait difficile de ramener à une règle générale (voy. le planisphère, p. 40). Toutefois, les *climats maritimes* sont toujours plus doux et plus uniformes que les *climats continentaux*, où l'écart est souvent énorme entre les températures extrêmes de l'hiver et de l'été.

(1) On se sert, pour mesurer la température, d'un instrument nommé *thermomètre*, et fondé sur la propriété qu'ont les corps de se dilater par la chaleur et de se contracter par le froid.

(2) Les terrains exposés à l'est ne reçoivent que les rayons du matin qui ont à combattre l'effet du refroidissement nocturne : la plus grande chaleur de la journée se développe au contraire vers deux heures de l'après-midi, point de la course du soleil qui correspond à l'exposition sud-sud-ouest.

(3) L'expérience a prouvé que cette règle n'est pas absolue. Dans la région polaire arctique, c'est vers le 80° degré de latitude septentrionale que l'intensité du froid semble la plus grande; elle paraît diminuer quand on se rapproche du pôle, où, du reste, nul voyageur n'est encore parvenu. Dans le voisinage du pôle sud, le froid semble plus vif encore qu'au pôle nord.

Altitude. Limite des neiges perpétuelles. Glaciers.

Glaciers. — La température décroît à mesure que l'on s'élève dans l'atmosphère. Au delà d'une certaine limite, les

Fig. 15. — Glacier.

vapeurs d'eau qui flottent dans l'air se condensent en neiges au lieu de se résoudre en pluies, et ces neiges entassées sur les hautes montagnes ne fondent pas complètement, même dans la saison chaude. La limite des *neiges perpétuelles* est à 5 000 mètres au-dessus du niveau de la mer dans le voisinage de l'équateur, entre 2 700 et 2 800 dans les montagnes de notre pays, et à moins de 1 500 mètres sous les cercles polaires.

Lorsque les neiges et le grésil s'accumulent dans les hautes vallées, les couches supérieures, fondues par la chaleur du soleil, se transforment en eau qui pénètre dans les couches inférieures, où elle gèle pendant la nuit, et arrivent peu à peu à former une masse solide que l'on appelle *glacier*. Entraînés par leur poids sur la pente qui les supporte, ces blocs immenses de glace glissent lentement vers le fond de la vallée en poussant devant eux ou en rejetant à droite et à gauche des débris de roches éboulées que l'on appelle *moraines*, et en usant de leur frottement les parois des montagnes voisines. Les glaciers sont les réservoirs des fleuves et des rivières et exercent une grande influence sur la température des régions qui les environnent.

Distribution des végétaux et des animaux. — Tandis que la distribution des minéraux est uniquement déterminée par la composition du sol, celle des végétaux et des races animales dépend surtout du climat. Les animaux et les plantes ne sont pas disséminés d'une manière uniforme sur toute la surface du globe ; la nature a assigné à chaque espèce son domaine, d'où elle ne peut sortir sans dépérir ou sans disparaître. Très peu de végétaux sont cosmopolites, et, parmi les animaux, l'homme seul vit dans tous les climats et semble communiquer quelque chose de sa nature privilégiée aux races domestiques qu'il a pliées à son service, telles que le cheval, le mouton, le bœuf, la chèvre, le porc, les volailles, les abeilles, et surtout le chien qui l'accompagne jusque dans les glaces du pôle et sous les feux de l'équateur.

1° La **zone glaciale septentrionale** (terres et mers arctiques, un tiers de l'Amérique anglaise ou Confédération canadienne, moitié du territoire d'Alaska, moitié de la Sibérie, extrémité septentrionale de la Russie), dont la température moyenne est inférieure à zéro, où dominent les vents du nord et de l'est, et qui ne connaît que deux saisons, un hiver de huit ou neuf mois, pendant lequel le thermomètre descend jusqu'à 55 et parfois jusqu'à 65 degrés centigrades au-dessous de zéro, et un été court, mais relativement chaud (juin, juillet, août, septembre), ne produit qu'un petit nombre de plantes, fougères, mousses, lichens, qui rampent sur le sol, et ne nourrit que quelques quadrupèdes, le renne, l'ours blanc, le lièvre arctique, l'isatis ou renard polaire, la loutre marine, avec leurs précieuses fourrures, et quelques oiseaux, la mouette, le pétrel du nord, le lourd pingouin, l'eider qui fournit le duvet si renommé sous le nom d'*édredon*, le lagopède ou perdrix de neige. Les poissons et les cétacés, le phoque, le morse, la baleine franche, le narval abondent au contraire dans les mers arctiques, où ils semblent chercher un refuge contre la poursuite de l'homme.

2° La **zone froide septentrionale** (Islande, Scandinavie, moitié de la Grande-Bretagne, Allemagne septentrionale, région alpestre, Gallicie, Pologne, Russie, sud de la Sibérie, plateaux de l'Asie centrale, Mandchourie, deux tiers de l'Amérique anglaise, nord des Etats-Unis, Terre-Neuve), où la température moyenne est de 1 à 10 degrés au-dessus de zéro, où les orages, presque inconnus dans les régions arctiques, sont déjà plus fréquents, où l'été est en général pluvieux, où la transition est moins brusque entre les saisons, voit se développer avec une puissance croissante, à mesure qu'on s'avance vers le sud, la vie organique si pauvre dans la zone glaciale.

Du nord au sud se succèdent les saules, les forêts de bouleaux et de sorbiers, de sapins et de frênes, de chênes, de hêtres, d'ormes et d'érables ; les céréales, l'orge, le seigle. l'avoine, qui réussissent en Europe jusqu'au 69e degré de latitude ; le froment, qui mûrit au delà du 62e, la pomme de terre qui, même en Sibérie, est cultivée jusqu'au 60e, et qui, en Écosse, donne des récoltes au delà du 65e, les légumes, quelques arbres fruitiers, tels que le cerisier, le pommier et le poirier ; le houblon, l'un des éléments de la boisson favo-

Fig. 16. — Castor (1 mètre de longueur en y comprenant la queue).

rite des peuples septentrionaux, la bière ; la betterave qui leur fournit le sucre ; les plantes textiles, le lin, le chanvre, l'ortie ; les plantes oléagineuses, telles que le colza ; les innombrables graminées qui couvrent les prairies naturelles et les pâturages de l'Europe, les prairies de l'Amérique du Nord et les steppes de l'Asie. C'est dans cette région que commencent à apparaître les reptiles et à prospérer nos races domestiques ; c'est le séjour préféré de certaines races sauvages qui reculent devant les progrès de l'homme et le défrichement des forêts, l'ours brun, le loup, le renard, le cerf, le chevreuil, la marmotte, la martre commune, l'écureuil en Europe et en Asie, la martre zibeline et l'hermine en Sibérie, le vison (variété de martre), le castor, l'élan, l'ours gris, l'ours noir en Amérique; c'est dans les montagnes de cette zone septentrionale que l'aigle royal suspend son aire; les forêts sont égayées par les nombreuses variétés de l'ordre des passereaux, les étangs peuplés de cygnes et de canards sauvages, les rochers du littoral de mouettes et d'oiseaux pêcheurs, les mers sillonnées par des légions innombrables de morues (Terre-Neuve, golfe du Saint-Laurent, Islande, mer du Nord) et de harengs (côtes d'Écosse, d'Angleterre, de France et de Hollande).

3° La **zone tempérée septentrionale** (Irlande, sud et ouest de la Grande-Bretagne, France, Belgique, Hollande, Allemagne centrale et méridionale, plaines de la Suisse, Autriche-Hongrie, Russie méridionale, Turquie d'Europe, Etats danubiens, Grèce, Italie, Espagne, Portugal, Etats barbaresques (région maritime), Asie Mineure, Transcaucasie, nord de la Perse et de l'Afghanistan, Turkestan, vallées et dépressions du plateau central asiatique, Chine septentrionale et centrale, Japon, Corée, Etats-Unis, plateaux du Mexique), où la température moyenne oscille entre 10 et 20 degrés, où les neiges sont rares et fondent au bout de peu de jours, sauf dans les montagnes, où les pluies sont beaucoup plus abondantes en hiver, en automne et au printemps qu'en été, les vents variables, la division de l'année en quatre saisons mieux marquée encore que dans la zone précédente, produit la plupart des végétaux, et nourrit presque toutes les espèces animales qui appartiennent à cette zone; mais de nouvelles productions apparaissent à mesure que l'on marche vers le midi; la vigne, dont le suc généreux remplace la bière et le cidre, et qui réussit en Europe jusqu'au 50° parallèle, les arbres fruitiers, le noyer, l'abricotier, le pêcher, l'amandier, puis le figuier, l'olivier, enfin l'oranger, le citronnier et le grenadier; les forêts de châtaigniers, de chênes-lièges, de chênes-verts en Europe, de thuyas en Afrique, de cèdres en Asie Mineure, de sycomores et de magnoliers en Amérique. A côté du froment se montrent le maïs, le millet ou sorgho, et le riz, ce froment de l'extrême Orient; la culture du tabac, celle des plantes tinctoriales, garance, safran, sumac, occupent de vastes espaces; le coton réussit dans l'extrême sud de l'Europe, dans la région méridionale des États-Unis, et dans presque toute la zone africaine et asiatique, et le thé est une des principales richesses de la Chine. Avec le mûrier apparaît une race domestique inconnue aux régions du nord, le ver à soie, originaire de la Chine, et acclimaté dans toute l'Asie tempérée et l'Europe méridionale.

Outre les espèces animales de la zone froide septentrionale, qui pour la plupart sont répandues dans la zone tempérée, quelques-unes semblent particulières à cette dernière région, le sanglier en Europe et en Asie, le mouflon que l'on regarde comme la souche du mouton domestique, dans l'Europe méridionale; le chameau à deux bosses, dans l'Asie centrale (Turquie d'Asie, Turkestan, Perse, Mongolie, Thibet, etc.), le yack ou bœuf grognant, sur les plateaux du Thibet, le bison et le loup des prairies, dans les steppes des États-Unis, l'hirondelle, la grue et la cigogne, si connues par leurs migrations annuelles; le thon, les coraux et les éponges, dans la Méditerranée, la sardine et les huîtres comestibles, dans l'Atlantique et la Méditerranée (côtes d'Angleterre et de France).

4° La **zone chaude septentrionale,** où la température moyenne est de 20 à 25 degrés, comprend : en *Afrique*, le sud des Pays barbaresques, Tripoli, l'Égypte, région où les pluies sont presque inconnues ; en *Asie*, la Syrie, le nord de l'Arabie, le sud de la Perse et de l'Afghanistan, le Béloutchistan, pays sablonneux, au climat sec et brûlant, le nord de l'Indoustan, de l'Indo-Chine et le sud de la Chine, qui ne connaissent que deux saisons, la saison sèche et la saison pluvieuse, déterminées par les moussons ou vents de semestre; en *Océanie*, les îles Sandwich, Mariannes et Philippines, soumises aux mêmes influences et exposées également à ces terribles trombes qui dévastent les rivages de l'océan Pacifique et de l'océan Indien; enfin en *Amérique*, une partie du Mexique et les grandes Antilles, où les pluies tropicales alternent avec la saison sèche qui dure de six à huit mois (novembre-juin).

C'est dans ces contrées que, sous la double action de la chaleur et de l'humidité, la végétation déploie toute sa puissance et tous ses contrastes. Tandis que dans les sables de l'Afrique, sur les plateaux arides de l'Arabie et de la Perse, les seuls végétaux sont quelques plantes épineuses, quelques buissons rabougris, et des bouquets de dattiers semés dans les oasis, les seuls animaux, l'autruche, la gazelle et le dromadaire, ce vaisseau du désert, comme l'appellent les

Fig. 17. — Café. Branche et fruits du caféier. (Le fruit est de la grosseur d'une merise. L'arbre a 4 à 5 mètres de hauteur.)

Arabes, les régions chaudes et humides de l'Asie méridionale, et les îles de l'Océanie produisent en abondance ces plantes aux fleurs éclatantes, aux sucs puissants, aux proportions gigantesques que la nature a prodiguées aux pays des tropiques : le palmier, le bananier, qui fournit à la fois ses fruits et ses fibres textiles, l'arbre à cire, le bambou, ce roseau des jungles, qui atteint jusqu'à 20 mètres d'élévation, les bois précieux (sapan, santal, etc...) ; les plantes à épices, le poivre et le piment, le pavot à opium, le café, la canne à sucre ; les plantes oléagineuses, sésame, arachides, ricin ; les plantes médicinales (jalap, séné, etc.) ; les plantes textiles, coton (Égypte, Indoustan, Chine, îles Philippines) et jute ou chanvre indien (Indoustan) ; les plantes tinctoriales (indigo, henné, cachou), les gommes et les résines si précieuses dans l'industrie ou dans la médecine (gomme laque, encens, aloès, baumes, etc.). Il est vrai que ces contrées ne cultivent ni la vigne, ni, pour la plupart, le froment, mais le vin est remplacé par le jus fermenté de la canne à sucre ou par l'eau-de-vie de riz (arack), et le froment par le dourà et le riz.

Aux races domestiques et à quelques-unes des races sauvages de la zone tempérée viennent se joindre le lion (Afrique et Arabie), le tigre (Indoustan), la panthère et le léopard Afrique), l'hyène et le chacal (Afrique et Asie), le rhinocéros Afrique et Indoustan), et l'éléphant indien, l'axis (variété de cerf), les singes; les forêts sont peuplées d'oiseaux au plumage étincelant; dans les fleuves et dans les lacs nagent le gavial (Indoustan) et le crocodile (Afrique); dans les airs plane le vautour et bourdonnent des myriades d'insectes; dans la vase échauffée par les rayons du soleil, rampent des légions de reptiles (boas, etc.); enfin, les mers nourrissent le requin, le cachalot, les tortues gigantesques, l'huître à perles (mer d'Oman, golfe Persique), etc...

La région américaine a vu s'acclimater la plupart des richesses végétales de l'Europe et de l'Asie : le café, l'indigo, la canne à sucre, les céréales; elle a de plus ses végétaux indigènes, le cacaoyer, l'agave, dont la sève fournit une liqueur alcoolique, et les feuilles des fibres textiles; le bananier, la patate, l'ananas, le tabac, les bois de campêche, l'acajou, le cotonnier, les arbres à baume, et ses animaux inconnus à l'ancien monde, le jaguar, ce tigre d'Amérique, le couguar ou lion américain, le serpent à sonnettes au venin mortel, les perroquets aux couleurs éclatantes, et le lamantin, cétacé de la famille des phoques.

5° La **zone torride** ou **équatoriale** (température moyenne de 25 à 28 degrés) comprend, en *Afrique*, le Sahara, la Sénégambie, le Soudan, la Guinée septentrionale, l'Afrique centrale, la Nubie, l'Abyssinie, le Zanguebar; en *Asie*, une partie de l'Arabie, le sud de l'Indoustan et l'île de Ceylan, une moitié de l'Indo-Chine; en *Océanie*, les îles de la Sonde, les Moluques, Bornéo, la Nouvelle-Guinée et les archipels voisins, le nord de l'Australie; en *Amérique*, l'Amérique centrale, la Colombie, les Guyanes, le nord du Brésil, et le littoral du Pérou (océan Pacifique). L'année de la zone équatoriale ne comporte que deux saisons, celle de la sécheresse et celle des pluies et des orages; les vents dominants sont, dans l'Asie méridionale et l'Océanie occidentale, ceux du sud-ouest et du nord-est qui soufflent alternativement sous le nom de moussons; en Afrique et en Amérique les vents d'est connus sous le nom de vents alizés, secs et brûlants sur la côte occidentale d'Afrique, quand ils ont passé sur les sables du Soudan et du Sahara, plus doux et plus humides sur la côte orientale d'Amérique quand ils se sont rafraîchis en traversant l'Atlantique : enfin dans le Sahara, où les pluies sont inconnues, soufflent ces vents enflammés connus sous le nom d'*harmattan*, de *simoun* et de *siroco*, dont l'influence se fait sentir jusque dans l'Europe tempérée.

La plupart des végétaux et des animaux de la zone chaude septentrionale se retrouvent dans la zone torride : cependant parmi les espèces végétales, le baobab, cet arbre géant (Afrique), le cocotier (Océanie, Asie et Amérique), l'arbre à pain (Océanie), l'arbre à beurre, le palmier à huile (Afrique occidentale), le palétuvier, l'euphorbe au suc vénéneux, le gommier (Afrique), les plantes à caoutchouc (Afrique occidentale, Amérique méridionale et Malaisie), les fougères arborescentes, les bois de rose, d'ébène (Asie et Afrique) et de palissandre (Brésil), les bois de teck (Ceylan), les bois de teinture, les plantes aromatiques (cannelle, vanille, etc.), les plantes à épices (giroflier, muscadier, gingembre), le café (Antilles, Colombie, Brésil, Inde méridionale, îles de la Sonde), le cacao (Colombie et Brésil), le manioc d'où l'on extrait le tapioca (Brésil); l'orseille (Afrique); le quinquina (Pérou); parmi les espèces animales, l'éléphant d'Afrique, la girafe, le zèbre, l'hippopotame, le gorille (singe de taille gigantesque) (Afrique), l'autruche (Afrique), le rhinocéros (Afrique et Asie), le jaguar, le tapir, le pécari (sanglier d'Amérique), le sarigue (Amérique du Sud), l'orang-outang, le casoar, l'autruche océanienne, l'oiseau de paradis (Océanie), la cochenille, insecte qui fournit une de nos plus belles teintures (Mexique, Amérique centrale, îles de la Sonde), semblent préférer le séjour des régions équatoriales.

6° La **zone chaude méridionale** (température moyenne, 25 à 20 degrés) comprend, en *Afrique*, le Congo, l'Afrique intérieure au sud de l'équateur, la côte de Mozambique, la Cafrerie, Madagascar, les îles de l'océan Indien ; en *Océanie*, la Polynésie centrale, une grande partie de l'Australie, la Nouvelle-Calédonie ; en *Amérique*, le sud du Brésil, les vallées et les plaines de la Bolivie et du Pérou oriental. L'année n'a que deux saisons, comme dans la zone correspondante au nord de l'équateur, celle de la sécheresse et celle des pluies; mais, par une conséquence de la position au midi de l'équateur, elles se succèdent dans un ordre inverse. On y retrouve du reste presque tous les végétaux et les animaux de la zone torride ; cependant l'Australie avec ses animaux étranges, le kangourou, l'ornithorynque, l'écureuil volant, le cygne noir, ses végétaux inconnus aux autres continents, le phormium tenax ou lin de la Nouvelle-Hollande, l'eucalyptus au tronc gigantesque, paraît former un monde à part, isolé au milieu de l'océan Pacifique.

7° La **zone tempérée méridionale** (température moyenne de 20 à 10 degrés) comprend l'Afrique australe, le sud de l'Australie, la Nouvelle-Zélande, les plateaux de la chaîne des Andes (Equateur, Pérou, Bolivie), le Chili et les républiques du bassin de la Plata. On y retrouve dans un

Fig. 18. — Lama (hauteur prise au garrot, 1 mètre).

ordre inverse nos saisons européennes et une partie des productions de nos climats mêlées à celles de la zone chaude méridionale : cependant parmi les végétaux particuliers à cette région on peut citer le maté ou thé du Paraguay, les bruyères du Cap, le pin kauri de la Nouvelle-Zélande ; parmi les animaux le lama qui habite les plateaux des Andes, le condor, ce gigantesque vautour du Pérou et du Chili, le chinchilla à l'épaisse fourrure (Chili, la Plata), le touyon ou autruche de l'Amérique du Sud, le buffle de Cafrerie, etc...

8° et 9° Les seules terres de la **zone froide méridionale** (température moyenne de 10 à 0°) sont les déserts pierreux de la Patagonie et les terres magellaniques où se sont égarées quelques colonies végétales ou animales de la région précédente, mais qui ne paraissent posséder aucune espèce particulière : enfin dans la **zone glaciale** antarctique,

3.

au milieu des glaces du continent austral, toute végétation disparaît et les seuls êtres animés sont le phoque, la baleine et le manchot, pingouin des mers australes.

On doit se souvenir, du reste, que le climat peut être modifié par un grand nombre de circonstances locales, l'exposition, le voisinage des montagnes, la situation sur les côtes ou dans l'intérieur des continents, l'altitude, l'influence des courants maritimes et des courants atmosphériques, la nature même du sol et de ses productions. Dans telle vallée des Alpes françaises exposée au midi mûrissent la vigne, le mûrier et l'amandier, tandis que le seigle mûrit à peine dans une vallée voisine exposée au nord.

Le voisinage des hautes montagnes rafraîchit la température, mais elles servent en même temps de barrière contre les vents : l'Italie, la Turquie d'Europe, la Transcaucasie, les Indes orientales, doivent en partie la douceur de leur climat aux Alpes, aux Balkans, au Caucase et à l'Himalaya qui arrêtent le souffle glacé des vents du nord.

Les climats maritimes sont plus humides et plus égaux que les climats continentaux. La différence des températures moyennes de l'hiver et de l'été, qui n'est que de 8 degrés aux îles Feroé, de 13 à Londres, de 14 à Paris, de 16 à Amsterdam, s'élève à 21 à Prague, à 28 à Moscou, à 33 à Irkhoutsk, en Sibérie.

Sous l'équateur, à une élévation de 3 000 à 4 000 mètres, sur les plateaux des Andes et de l'Afrique centrale, on retrouve la température et une partie des végétaux de la France et de l'Angleterre; à 5 000 mètres apparaissent les lichens et les mousses du pôle, et, au-dessus de 5 200, les sommets sont couverts de neiges éternelles. Dans les Andes et dans l'Himalaya, le voyageur passe, en quelques jours, des chaleurs de la zone torride, au printemps éternel des hautes vallées du Pérou et de Cachemire, au rude climat du Thibet et de la Bolivie, et aux froids de la zone glaciale.

Les courants maritimes, suivant qu'ils viennent de l'équateur ou des pôles, échauffent ou rafraîchissent le climat des contrées situées sur le littoral. C'est au Gulf-Stream que l'Irlande et l'ouest de l'Angleterre doivent leur douce température, le sud de la Norvège, ses hivers pluvieux et presque sans neiges, le Spitzberg, la végétation de ses côtes occidentales, tandis que les courants polaires produisent un abaissement de plusieurs degrés dans la température moyenne de l'année sur les côtes orientales de la Sibérie et de l'Amérique anglaise.

Les courants atmosphériques agissent d'une manière analogue, mais avec plus de puissance encore : ce sont les vents glacés du nord et de l'est qui, soufflant sans obstacle à travers des plaines immenses, refroidissent le climat de la Russie et de l'Europe orientale ; tandis que les vents du sud et du sud-ouest, qui naissent dans les déserts de l'Afrique et de l'Arabie, réchauffent la température de l'Europe méridionale et viennent fondre les neiges des Alpes et des Pyrénées. Le grand courant de l'est à l'ouest (vents alizés), chargé de fraîcheur et d'humidité quand il a traversé les vastes espaces du Pacifique et de l'océan Atlantique, d'effluves enflammés quand il a passé sur les déserts de l'Afrique et les llanos de l'Amérique du Sud, brûle les côtes occidentales d'Afrique et rafraîchit au contraire les côtes orientales de ce continent, les Antilles et le littoral du Brésil.

Enfin la nature même du sol et le travail de l'homme peuvent modifier le climat. Le défrichement des forêts, le desséchement des marécages, produisent une élévation sensible dans la température, tandis que dans les régions sablonneuses des zones tropicales les progrès de la culture coïncident avec une diminution de la chaleur.

RÉSUMÉ

Formation du globe.
Les mers, l'atmosphère, les climats.

I et II

La superficie du globe est occupée par les terres et par les mers.

L'océan ou la mer couvre les trois quarts de la surface du globe (383 millions de kilomètres carrés sur 510 millions de kilomètres carrés).

Il y a deux grands continents : l'ancien, qui comprend trois parties, l'*Europe*, l'*Asie*, l'*Afrique*, et le nouveau, qui en comprend une seule, l'*Amérique*.

Une cinquième partie du monde, l'*Océanie*, est composée du continent de l'*Australie* et de nombreux groupes d'îles disséminés entre l'Amérique et l'Asie.

Le relief des continents et, par conséquent, l'emplacement des mers et la direction des eaux courantes, ont été déterminés par les révolutions géologiques, lentes ou brusques, qui ont modifié successivement la surface de notre globe.

La géologie distingue aujourd'hui dans l'histoire de la terre cinq grandes périodes : 1° celle des *roches cristallisées* ; 2° celle des *terrains sédimentaires primitifs* (temps azoïques et période primaire); 3° celle des *terrains secondaires* ; 4° celle des *terrains tertiaires* ; 5° la *période quaternaire*, qui s'ouvre par l'époque diluvienne.

III

LES MERS. — Les mers occupent les trois quarts de la superficie du globe.

La salure est plus forte à l'équateur qu'aux pôles, et la température des grandes profondeurs est à peu près uniforme, bien que celle de la surface soit très variable.

Les plus grandes profondeurs connues (8540 mètres, dans l'océan Pacifique) ne dépassent pas 8000 à 9000 mètres, c'est-à-dire la hauteur des plus hautes montagnes du globe.

Il existe dans toutes les mers des courants plus ou moins rapides, les uns temporaires, les autres permanents. Parmi ces derniers, les plus importants sont les *courants équatoriaux*, qui se dirigent de l'est à l'ouest dans le sens contraire à celui de la rotation du globe, et le double courant du *nord au sud* et du *sud au nord* dans chacun des deux hémisphères : *courant froid* venant des pôles et *courant chaud* venant des régions tropicales.

La *marée* est le gonflement et l'abaissement, ou le *flux* et le *reflux* des eaux de la mer qui montent deux fois et qui descendent deux fois par jour.

Les mers comprennent cinq grandes divisions : océan Pacifique, océan Indien, océan Atlantique, océan Glacial arctique et océan Glacial antarctique.

1° OCÉAN PACIFIQUE. Entre l'Amérique à l'est et l'Asie à l'ouest.

Détroits. — Entre l'océan Pacifique et l'océan Glacial arctique, détroit de *Béring ;* entre l'océan Pacifique et l'océan Indien, détroits de *Malacca* et de la *Sonde ;* entre l'océan Pacifique et l'océan Atlantique, détroit de *Magellan*.

Mers secondaires et grands golfes. — Sur les côtes d'Asie, mers d'Okhotsk, du Japon, mer Jaune, mer de Chine, golfe de Siam. Sur les côtes d'Amérique, golfe de Californie.

Courants maritimes. — Les courants polaires se dirigent du sud au nord, le long des côtes de l'Amérique méridionale jusqu'au Pérou (courant froid de Humboldt). Les courants chauds de l'équateur se dirigent vers l'Asie, de l'est à l'ouest, en formant plusieurs branches : la plus importante se détourne vers le nord le long des côtes d'Asie, puis s'infléchit vers l'est sous le nom de courant du Japon, et vient mourir sur les côtes de l'Amérique septentrionale.

Chaînes et plateaux sous-marins. — Deux grandes chaînes volcaniques traversent l'océan Pacifique, l'une du nord au sud dans le prolongement de la presqu'île du Kamtchatka (Japon, Formose, îles Philippines, Bornéo), l'autre du nord-ouest au sud-est dans le prolongement de la presqu'île de Malacca (Sumatra, Java, Nouvelle-Guinée, Nouvelle-Calédonie, Nouvelle-Zélande). Un vaste plateau sous-marin s'étend entre l'Asie et le continent d'Australie.

2° OCÉAN INDIEN. Entre l'Asie au nord, l'Afrique à l'ouest et l'Australie à l'est.

Détroits. — Entre l'océan Indien et l'océan Pacifique, détroits de *Malacca* et de la *Sonde*.

Mers secondaires. — Sur les côtes d'Asie, golfe de Bengale, mer d'Oman, golfe Persique (détroit d'Ormuz) ; entre l'Asie et l'Afrique, mer Rouge (détroit de Bab-el-Mandeb).

Courants maritimes. — Les courants venant du pôle austral sont rejetés du nord-est au sud-ouest, par la direction des presqu'îles asiatiques et par une ligne de hauts-fonds qui s'étend entre le cap Comorin et Madagascar.

3° OCÉAN ATLANTIQUE. Entre l'Europe et l'Afrique à l'est, l'Amérique à l'ouest.

Détroits. — Entre l'Atlantique et l'océan Glacial arctique, détroit de *Davis*. Entre l'Atlantique et l'océan Pacifique, détroit de *Magellan*. Entre l'Atlantique et la Méditerranée, détroit de *Gibraltar*.

Mers secondaires. — Sur les côtes d'Amérique, golfe du Mexique, mer des Antilles. Sur les côtes d'Afrique, golfe de Guinée. Sur les côtes d'Europe, mer de France, Manche, mer du Nord, Baltique, mer Méditerranée (mer Tyrrhénienne, mer Adriatique, mer Ionienne, Archipel, mer Noire).

Courants maritimes. — Les courants polaires descendent du nord au sud le long des côtes de l'Amérique septentrionale jusqu'à Terre-Neuve ; ils se dirigent du sud au nord dans l'hémisphère austral jusqu'au golfe de Guinée ; puis le courant, réchauffé sous l'équateur, court de l'est à l'ouest jusqu'au Brésil, s'engage dans la mer des Antilles et le golfe du Mexique, en sort sous le nom de Gulf-Stream, longe les côtes de l'Amérique du Nord, s'infléchit vers l'est au sud de Terre-Neuve, et se prolonge jusque sur les côtes d'Islande et de Norvège.

Chaînes et plateaux sous-marins. — Entre l'ancien et le nouveau continent, le fond de l'Atlantique est une immense vallée où n'émergent que quelques points isolés qui ne forment pas une chaîne continue ; au nord-ouest de l'Europe s'étend, au contraire, un vaste plateau sur lequel reposent la Grande-Bretagne et l'Irlande et qui se prolonge jusqu'à l'Islande. Les Antilles sont les sommets d'une chaîne sous-marine qui rattache l'Amérique du Nord et l'Amérique du Sud. Les plus grandes profondeurs connues de l'Atlantique (près de 8 000 mètres) ont été constatées au sud de Terre-Neuve.

4° L'océan Glacial arctique, au nord de l'Europe, de l'Asie et de l'Amérique, communique avec l'océan Pacifique par le détroit de Béring, avec l'océan Atlantique par le détroit de Davis, et forme en Europe la mer Blanche, sur les côtes de l'Amérique du Nord, la mer d'Hudson, sur celles du Groënland, la mer de Baffin et la mer polaire.

5° L'océan Glacial antarctique s'étend au sud de l'Afrique, de l'Amérique et de l'Océanie, à partir du 57e degré de latitude sud.

IV

L'atmosphère. — L'atmosphère est la couche d'air épaisse de 50 à 70 kilomètres qui enveloppe le globe ; les mouvements de l'atmosphère produisent les *vents* et les *tempêtes* ; il y a dans l'atmosphère comme dans les mers des courants constants, les uns chauds, les autres froids. Les plus importants sont les vents *alizés*, qui soufflent dans la direction générale de l'est à l'ouest dans les régions tropicales de l'Atlantique et de l'océan Pacifique oriental, et les *moussons* de l'océan Indien et de l'océan Pacifique occidental, qui soufflent alternativement du nord-est au sud-ouest pendant l'hiver, et du sud-ouest au nord-est pendant l'été.

Les vapeurs d'eau, qui s'amassent dans l'atmosphère, produisent les *nuages*, le *brouillard*, les *pluies*, la *grêle*, la *neige*. La température décroissant, à mesure qu'on s'élève dans l'atmosphère, les neiges ne fondent plus au-dessus de 2 700 ou 2 800 mètres dans nos contrées, et forment des *glaciers* en s'accumulant sur les pentes et dans les vallées des hautes montagnes. Les différences de température et de variations atmosphériques constituent les *climats*.

V

Les climats. Le climat varie avec l'élévation du terrain au-dessus du niveau de la mer, la nature du sol ou même des cultures, et surtout avec la situation du pays par rapport à l'équateur. La température décroît de l'équateur aux pôles, mais les îles ou les pays baignés par la mer ont presque toujours un climat plus doux et moins variable que ceux qui sont situés dans l'intérieur des continents.

Distribution des animaux et des végétaux. 1° Les deux zones *glaciales*, dont la température moyenne est inférieure à zéro (terres arctiques et antarctiques, Russie septentrionale, Sibérie, nord de l'Amérique anglaise et de l'Alaska), ne produisent guère que des lichens et des mousses ; les animaux caractéristiques sont la baleine, le phoque, l'ours blanc, le renne et de nombreux oiseaux (pingouin, eider, mouette, etc.).

2° Les deux zones *froides*, l'une *septentrionale* (Islande, Scandinavie, Écosse, Allemagne septentrionale, Russie, Sibérie, plateau central asiatique, Amérique anglaise), l'autre *méridionale* (Patagonie et archipel magellanique), dont la température moyenne est inférieure à 10 degrés au-dessus de zéro, produisent les céréales, la pomme de terre, le lin, les essences forestières, telles que le sapin, l'orme, le chêne.

Tous nos animaux domestiques peuvent y vivre et parmi les animaux sauvages le loup, l'ours, le renard, le cerf, la martre, le castor (Amérique), l'aigle, le cygne, les nombreuses variétés de passereaux.

3° Les deux zones *tempérées*, l'une *septentrionale* (Irlande, Angleterre, Belgique, Hollande, France, Allemagne centrale et méridionale, Autriche-Hongrie, Russie méridionale, Turquie, Roumanie, Grèce, Italie, Espagne, en Europe, États barbaresques en Afrique, Transcaucasie, Asie Mineure, Perse et Afghanistan septentrional, Chine, Japon, États-Unis, plateaux mexicains), l'autre *méridionale* (Afrique australe, Nouvelle-Zélande, Australie méridionale, plateaux des Andes, Chili, bassin du Rio de la Plata), dont la température moyenne est inférieure à 20 degrés, produisent, outre les végétaux propres à la zone précédente, la vigne, les arbres fruitiers, le châtaignier, le mûrier, le chanvre, le tabac, le riz, le coton dans les parties chaudes ; les animaux caractéristiques sont le sanglier, en Europe, en Asie et en Afrique, le chameau en Afrique et en Asie, la grue, la cigogne, l'hirondelle, etc.

4° Les deux zones *chaudes*, l'une *septentrionale* (Tripolitaine, Égypte, Syrie, sud de la Perse et de l'Afghanistan, nord de l'Indoustan, de l'Indo-Chine, sud de la Chine, Antilles, partie du Mexique), l'autre *méridionale* (Afrique intérieure, Polynésie, Australie, Brésil, Bolivie, Pérou oriental), qui n'ont que deux saisons, l'une sèche, l'autre pluvieuse, et où la température moyenne dépasse 20 degrés, produisent les palmiers, les épices, le café, le cacao, la canne à sucre, le coton, l'indigo ; les animaux caractéristiques sont : le lion, le tigre, la panthère, le rhinocéros, l'hippopotame, l'éléphant, la girafe, les singes, le crocodile, l'autruche, le vautour, les grands reptiles, la tortue.

5° La zone *torride* (température moyenne au-dessus de 25 degrés), qui comprend l'Afrique équatoriale, presque toute l'Arabie, le sud de l'Indoustan et de l'Indo-Chine, l'Amérique centrale, la Colombie, les Guyanes, le nord du Brésil, le littoral du Pérou et de l'Équateur, les îles de la Sonde, Bornéo, les Moluques, la Nouvelle-Guinée et les archipels voisins, produit, outre les végétaux des zones chaudes, le baobab et le palmier à huile en Afrique, l'arbre à pain en Océanie, le caoutchouc en Amérique et en Afrique. Le gorille, l'orang-outang, le serpent-boa, l'oiseau de paradis, la cochenille, sont les principales espèces caractéristiques.

Exercices.

Tracer sur un planisphère les grands courants de l'Atlantique et de l'océan Pacifique.

Tracer sur un planisphère, en tenant compte des courants maritimes et atmosphériques, les routes maritimes :

1º De Marseille à Yokohama (Japon) par le canal de Suez ;
2º De Marseille à Sidney (Australie) par le canal de Suez ;
3º Du Havre à Valparaiso par Rio-Janeiro et le détroit de Magellan ;
4º De San-Francisco au Japon ;
5º De Saint-Nazaire à Colon (isthme de Panama) et de Panama à Valparaiso, à San-Francisco et à Melbourne ;
6º De Londres à Calcutta par le cap de Bonne-Espérance.

Tracer sur un planisphère la limite de la zone du blé, de la vigne, du coton, du chêne, du pin, etc.

Lectures.

Sonrel. *Le fond de la mer.* 1 vol. in-16.
E. Reclus. *L'Océan, l'Atmosphère, la Vie.* 1 vol. in-8º.
Zurcher et Margollé. *Trombes et Cyclones.* 1 vol. in-16.
　　　Id.　　　*Les Glaciers.* 1 vol. in-16.
De Lapparent. *Leçons de géographie physique.*

CHAPITRE III

Les continents.

I

Le relief du sol. Causes qui le modifient. — Les grands traits du relief des continents et des îles ont été déterminés par les soulèvements lents ou brusques, qui se sont produits aux différentes époques géologiques, et qui n'ont pas cessé de modifier la conformation de l'écorce terrestre. Aujourd'hui encore certaines régions du globe s'affaissent, tandis que d'autres s'élèvent : la péninsule scandinave, les côtes de Sibérie et du Spitzberg, le littoral occidental de l'Amérique du Sud montrent les traces d'anciens rivages qui dominent parfois de plusieurs centaines de mètres les plages actuellement baignées par la mer : en France même, les cales construites à Rochefort au dix-septième siècle se sont exhaussées de 2 ou 3 mètres depuis deux cents ans. Ailleurs, au contraire, la mer a envahi de vastes espaces situés autrefois fort au-dessus du niveau des plus hautes marées. Les bancs de coraux et les îles madréporiques du Grand Océan et de l'océan Indien s'enfoncent peu à peu, et finiront par disparaître comme les continents dont ils sont les derniers vestiges. Une partie des Pays-Bas seraient déjà engloutis s'ils n'étaient défendus par des digues contre les empiétements de l'Océan ; sur les côtes de Dalmatie, l'Adriatique recouvre les constructions de Dioclétien, et, dans la baie du Mont Saint-Michel, près de Dol, des forêts et des prairies sont ensevelies sous les eaux. Mais ces mouvements ou les catastrophes subites, produites par les tremblements de terre et les éruptions volcaniques, ne sont pas les seules causes qui transforment sans relâche la configuration de notre globe. Sans parler du travail de l'homme qui, en défrichant les forêts, en desséchant les lacs, en endiguant les fleuves, en arrêtant l'invasion de la mer, peut exercer sur le monde physique une action puissante, les éboulements, les avalanches, les torrents bouleversent les montagnes et comblent les vallées, les coups de foudre déchirent les sommets ; les pluies et la fonte des neiges entraînent les terres et dénudent les rochers, qui se désagrègent et s'écroulent : aussi les montagnes les plus anciennes ne sont-elles pas les plus élevées ; elles n'ont pas les pyramides hardies, les aiguilles gigantesques des chaînes plus récentes, comme les Andes, l'Himalaya et certaines parties des Alpes ; l'usure des siècles a adouci leurs pentes, arrondi leurs croupes, ébréché leurs sommets. Les œuvres de la nature vieillissent comme celles de l'homme.

Montagnes. Plateaux. Plaines. Vallées. — Les noms par lesquels nous désignons les accidents du relief terrestre n'ont rien d'absolu. Ce qui est montagne pour les habitants de la plaine, ne sera pour le montagnard qu'une colline insignifiante. Les montagnes ne sont en général que les sommets d'une longue pente ou les derniers gradins d'un amphithéâtre, et telle colline est aussi élevée au-dessus des plaines qui l'entourent que les cimes des plus hautes chaînes au-dessus des massifs qu'elles dominent. Il est donc impossible d'apprécier exactement le relief du sol, en se contentant de déterminer les hauteurs par rapport à la région environnante, et on a dû choisir, comme base de l'évaluation des altitudes, un niveau constant et à peu près uniforme sur toute la surface du globe, celui de la mer (1).

Ainsi, les renflements de terrain à pente rapide, à surface tourmentée, à crête plus ou moins dentelée, qui atteignent une altitude de 600 à 700 mètres, s'appelleront des montagnes, bien qu'on donne souvent ce nom à des hauteurs beaucoup plus humbles, comme les *monts d'Arrée* de Bretagne, qui n'ont pas 400 mètres, et le *Popova-gora* de Russie, qui n'en a pas 300 (plateau de Waldaï).

Les plaines basses seront les terrains plats ou modérément accidentés, dont l'altitude ne dépassera pas 200 ou 300 mètres ; ces plaines n'occupent guère que deux dixièmes de la superficie des continents, dont les régions de montagnes couvrent deux autres dixièmes. Le reste, c'est-à-dire moins des deux tiers de la surface des terres, appartient aux régions de collines et de plateaux plus ou moins élevés, mais dont l'altitude ne dépasse pas 700 à 800 mètres. On donne cependant le nom de plateaux à des plaines d'une élévation beaucoup plus grande : les plateaux du Thibet, ceux du Pérou et de la Bolivie, ont 3000 à 4000 mètres ; ceux de l'Utah, de l'Arizona et de la Nevada, dans l'Amérique du Nord, 1500 à 2000 mètres ; ceux de l'Atlas, 1000 à 1500, la hauteur des ballons des Vosges.

Il en est de même du nom de *vallée*, qui s'applique aussi bien aux étroites fissures où bouillonnent les torrents qu'aux larges espaces où se déroulent des fleuves comme le Mississipi, le Volga ou le Nil. Les vallées ont des origines diverses. Les unes, surtout celles qui sont parallèles à la direction des chaînes de montagnes dans le système desquelles elles sont comprises, et qu'on appelle vallées *longitudinales*, sont dues, comme les soulèvements, aux contractions de l'écorce du globe : ce sont, comme l'a dit M. Vidal-Lablache (2), les sillons entre les rides. D'autres, et en particulier celles qu'on

---

(1) Le poids de la colonne d'air qui pèse sur une portion quelconque de la superficie du globe diminuant, à mesure qu'on s'élève dans l'atmosphère, on se sert souvent, pour mesurer les hauteurs, du *baromètre*, qui indique l'intensité de la pression atmosphérique.

(2) *La Terre*, page 60.

appelle vallées *transversales*, parce qu'elles coupent les chaînes de montagnes au lieu de les longer, ont été lentement tracées par les eaux qui ont rongé les rochers et fini par s'ouvrir un passage vers la plaine : ce sont des vallées d'*érosion* (*rodere*, ronger).

Les alluvions fluviales. — Les deltas. — Les fleuves, qui ont miné les montagnes et creusé les vallées, sont des constructeurs aussi bien que des démolisseurs : ils dissolvent et tamisent en quelque sorte les débris qu'ils ont arrachés aux montagnes pour les répandre dans les plaines à la saison des grandes eaux : ils emportent à la mer une partie des matériaux qu'elle emploie à la construction de nouveaux rivages, et, quand ils se jettent dans une mer peu profonde, ils accumulent à leur embouchure ces alluvions qui finissent par prolonger le continent et empiéter sur le domaine de l'Océan. C'est ainsi que se sont formés les deltas du Nil, du Danube, du Rhône, du Mississipi, du Gange, du Meï-Kong, du Niger, à l'accroissement desquels on peut mesurer la puissance des fleuves qui les ont créés.

Rapports du relief des continents avec la profondeur des mers. — Le relief des continents est en relation intime avec celui du fond des mers : aux mers de faible profondeur, correspondent les côtes basses et les pays de plaines ; aux grandes profondeurs maritimes, les rivages taillés à pic et les régions montagneuses. Sur les côtes occidentales de l'Amérique du Sud, au pied de l'énorme plateau des Andes, la sonde descend à 1 000 mètres à peu de distance du rivage ; sur les côtes basses des Guyanes et du Brésil septentrional, il faut s'éloigner à 300 ou 400 kilomètres du littoral pour rencontrer d'aussi grandes dépressions.

II

Comparaison des principaux traits de la géographie physique dans les cinq parties du monde. — Les terres occupent, comme nous l'avons vu, environ le quart de la superficie du globe, et leur masse est trois fois plus considérable dans l'hémisphère boréal que dans l'hémisphère austral.

L'ancien continent, enveloppé par l'Atlantique, l'océan Indien, l'océan Pacifique et l'océan Glacial arctique, présente une surface de 83 millions de kilomètres carrés.

I. — **L'Asie**, située à l'est de l'ancien continent, est un immense quadrilatère, large de 10 500 kilomètres de l'ouest à l'est, long de 8 600 du nord au sud, occupant une superficie de près de 43 millions de kilomètres carrés et présentant un développement de côtes de 62 920 kilomètres. Peu découpée au nord et à l'est, l'Asie projette au sud et à l'ouest de lourdes presqu'îles : l'Asie Mineure, l'Arabie, l'Inde et l'Indo-Chine. Le point culminant de l'Asie et du globe est le mont *Gaurisankar* ou pic *Everest*, dans l'Himalaya (8 840 m.).

Elle se divise en trois zones : au sud, celle des chaleurs brûlantes et des pluies tropicales, fertile, sauf sur les plateaux sablonneux de l'Arabie ; au centre, la zone des plateaux, tantôt tempérée, tantôt âpre et froide, semée de terres cultivables, mais plus souvent de steppes, de sables, de marécages et de lacs salés ; au nord, la zone des forêts, des tourbières et des glaces.

II. — L'Asie se rattache à l'Europe par deux isthmes montagneux, celui de l'*Oural* et celui du *Caucase*, que sépare une dépression profonde occupée en partie par la mer Caspienne.

L'Europe est large de 5 400 kilomètres du sud-ouest au nord-est, longue de près de 4 000 du nord au sud, et occupe une superficie de 10 millions de kilomètres carrés, avec un développement de côtes de 33 800 kilomètres. Elle a la forme d'un triangle : de nombreuses presqu'îles, de profondes échancrures la découpent au nord, au sud et à l'ouest ; son climat est partout tempéré, sauf au nord, ses plateaux peu élevés, et c'est à peine si l'on rencontre dans sa partie orientale quelques steppes et quelques régions marécageuses, rebelles à la culture.

Le point culminant de l'Europe est le mont *Blanc*, dans la chaîne des Alpes (4 810 m.).

III. — **L'Afrique**, qui forme la partie sud-ouest de l'ancien continent, se rattache à l'Asie par l'isthme de *Suez* : elle est baignée au nord par la Méditerranée, à l'ouest par l'Atlantique, à l'est par l'océan Indien.

Sa superficie est de 30 millions de kilomètres carrés, sa plus grande largeur de l'est à l'ouest est de 7 500 kilomètres, sa plus grande longueur du nord au sud de 8 000 kilomètres, le développement de ses côtes de 20 480 kilomètres.

C'est un triangle qui présente à l'ouest une large saillie (Sahara et Sénégambie), et une ouverture profonde (golfe de Guinée), et dont la pointe est sans cesse rongée par les courants. Des steppes, des déserts, des marécages occupent une partie du continent, et les montagnes l'entourent d'une ceinture qui s'oppose à l'écoulement régulier des eaux.

Le point culminant de l'Afrique est le mont *Kilima-Ndjaro* (près de 5800 mètres).

Relief de l'ancien Continent. — La partie orientale et septentrionale de l'Europe et de l'Asie se compose en général de *plaines basses*, dont l'élévation moyenne au-dessus du niveau de la mer ne dépasse pas 200 ou 300 mètres (plaines de Chine et de Sibérie, en Asie, dépression de la mer Caspienne entre l'Asie et l'Europe, plaines de la Russie et de l'Allemagne du Nord, en Europe ; la partie centrale, de *terrains élevés* dont l'altitude varie entre 400 et 4000 mètres, qu'enveloppent et que sillonnent des chaînes de montagnes, massif central asiatique (monts Altaï, monts Célestes, montagnes et plateaux du Thibet), dominé au sud par la gigantesque barrière de l'Himalaya qui le sépare de la *plaine de l'Indoustan*, plateau de l'Iran, massif d'Arménie, plateaux d'Asie Mineure, en Asie ; massif des Carpathes, de la Bohème, plateaux de l'Allemagne centrale et méridionale, massif des Alpes, massif central français en Europe.

La partie méridionale se découpe en péninsules généralement montagneuses et orientées du nord au sud, Indo-Chine, plateau du Dékan, plateau d'Arabie en Asie, péninsule turco-hellénique, péninsule italienne, péninsule espagnole en Europe.

En Afrique, des terres élevées dessinent presque tout le contour du continent et enveloppent les plaines du Sahara et du Soudan. Les points culminants sont : le massif de l'Atlas, les plateaux d'Abyssinie et le vaste plateau central, dont les sommets (*Kilima-Ndjaro*, *Kénia*, etc.) approchent de 6000 mètres.

Direction des eaux. — La pente septentrionale des hautes terres d'Asie et d'Europe verse ses eaux dans l'océan Glacial (*Léna*, *Iénisséi*, le plus long des fleuves asiatiques, 5500 kilomètres, *Obi*, en Asie, *Petchora*, *Dwina*, en Europe), et dans l'Atlantique (*Vistule*, *Oder*, *Elbe*, *Rhin*, *Loire*, *Garonne*, *Tage*, *Guadalquivir*, en Europe), dans la direction générale du sud-est au nord-ouest. La pente orientale les verse dans l'océan Pacifique, de l'ouest à l'est ou du nord-ouest au sud-est (*fleuve Amour*, *fleuve Jaune*, *fleuve Bleu*, *Mé-Kong*, en Asie). Dans le versant méridional, incliné en Asie vers l'océan Indien (*Iraouaddi, Brahmapoutre, Gange, Indus, Tigre* et *Euphrate*), en Europe, vers la Méditerranée (*Don, Dniéper, Danube, Pô, Rhône, Ebre*), la direction générale des fleuves est celle du nord au sud ou du nord-ouest au sud-est.

L'Afrique a trois versants, l'un incliné vers le nord (Méditerranée), qu'arrose le *Nil*, son plus grand cours d'eau et le plus long de l'Ancien Monde (plus de 6 000 kilomètres), l'autre vers l'ouest (Atlantique), où coulent le *Sénégal*, le *Niger* ou *Djoliba*, le *Congo* ou *Livingstone*, le troisième vers l'est (océan Indien) dont le principal fleuve est le *Zambèze*.

Il existe en outre dans les trois continents de véritables bassins intérieurs dont les eaux se déversent dans des lacs sans communication avec la mer : la *Caspienne*, entre l'Europe et l'Asie, qui reçoit le *Volga*, le plus long de nos fleuves européens (3 900 kilomètres), le lac d'*Aral*, les lacs des hauts plateaux en Asie, le lac *Tchad*, en Afrique, etc...

IV. — L'**Amérique** ou *Nouveau continent*, baignée au nord par l'océan Glacial arctique, à l'ouest par l'océan Pacifique, au sud par les mers australes, à l'est par l'océan Atlantique, s'étend du nord au sud, au lieu de s'allonger, comme l'ancien continent, de l'est à l'ouest. Elle se divise en deux grandes presqu'îles réunies par un isthme montagneux qui, dans sa partie la plus étroite, n'a pas plus de 50 kilomètres de largeur.

L'**Amérique du Nord** est un quadrilatère irrégulier, profondément échancré par la mer d'Hudson et par le golfe du Mexique. Sa superficie est d'environ 20 millions de kilomètres carrés ; le développement de ses côtes, de 49 000 kilomètres.

Au nord, des plaines et des plateaux couverts de lacs, de forêts et de neige ; à l'ouest, un pays tourmenté, des vallées sauvages, des plateaux élevés où l'on rencontre de véritables déserts ; au centre, une immense plaine, en partie occupée par des steppes qui portent le nom de *prairies* ; à l'est, des rivages découpés, des accidents de terrains d'une proportion plus modeste, un pays fertile, un climat tempéré, tels sont les principaux caractères physiques de l'Amérique du Nord.

Les points culminants paraissent être le volcan du Saint-Élie (5 500 m.), le pic d'*Orizaba* et le *Popocatepelt* (5 420 m.).

L'**Amérique du Sud** est un triangle dont la forme rappelle celle de l'Afrique, d'une superficie d'environ 18 millions de kilomètres carrés, traversé du nord au sud par une chaîne de montagnes dont les cimes neigeuses et les plateaux abrupts dominent à l'ouest une étroite lisière de plaines baignées par le Pacifique, tandis qu'à l'est s'étendent de longues vallées, des plaines boisées, des *pampas*, des savanes desséchées par le soleil, sablonneuses ou imprégnées de sel, et arrosées par des fleuves facilement navigables que la nature a refusés à l'Afrique. Le point culminant de l'Amérique du Sud paraît être l'*Aconcagua* (Andes du Chili) qui approche de 7 000 mètres.

Enfin, entre les deux continents s'allonge un isthme baigné à l'ouest par le Pacifique, à l'est par l'Atlantique et qui se rétrécit à mesure qu'il descend vers le sud. A l'est de la méditerranée que l'Atlantique forme entre les deux Amériques, sous le nom de *golfe du Mexique* et de *mer des Antilles*, s'étendent de nombreuses îles qui ne sont que les sommets d'une chaîne sous-marine.

Relief du sol du nouveau Continent. — Les deux Amériques sont traversées du nord au sud par une bande de hautes terres (montagnes Rocheuses, Cordillères et plateaux du Mexique, Cordillères des Andes), dont la région la moins élevée est l'isthme de Panama, et qui, dans sa partie méridionale, se rapproche de plus en plus du littoral de l'océan Pacifique. Dans une direction à peu près parallèle à celle de la grande Cordillère, s'élèvent, à l'est du continent, deux plateaux : celui des Alleghanys, dans l'Amérique du Nord ; celui du Brésil, dans l'Amérique du Sud. Le reste du continent est une région de plaines basses ou de plateaux peu élevés, couverte en partie de forêts (plaine canadienne au nord des grands lacs dans l'Amérique du Nord, plaine de l'Amazone dans l'Amérique du Sud), en partie de prairies (plateaux et plaines du bassin du Mississipi dans l'Amérique du Nord), de llanos (plateaux du Vénézuéla), et de pampas (plaines de la Plata dans l'Amérique du Sud).

Direction des fleuves. — Le **versant occidental** du continent américain (océan Pacifique), long et étroit, n'a qu'un petit nombre de fleuves qui coulent presque tous, à l'exception du *Youkon* (territoire d'Alaska), du nord-est au sud-ouest, comme le *Frazer*, l'*Orégon*, le *Rio Colorado*, dans l'Amérique du Nord.

Le **versant oriental** est coupé, de l'ouest à l'est dans les deux continents, par une série de plateaux beaucoup plus élevés dans l'Amérique du Sud que dans celle du Nord, et qui versent au nord les plus grands affluents du *Mackensie*, tributaire de l'océan Glacial (Amérique du Nord), le *San Francisco*, tributaire de l'Atlantique (Amérique du Sud); au sud le *Mississipi*, le plus grand fleuve de l'Amérique du Nord (5 000 kilomètres), dans le golfe du Mexique, et le système du *Rio de la Plata* dans l'océan Atlantique (Amérique du Sud).

Mais le *Saint-Laurent*, déversoir des grands lacs de l'Amérique du Nord, l'*Orénoque* et le *fleuve des Amazones*, le plus long du monde entier (près de 7 000 kilomètres), dans l'Amérique du Sud, coulent de l'ouest à l'est et traversent les deux continents dans presque toute leur largeur.

V. — Quant à l'**Océanie**, dont on évalue la superficie à 11 millions de kilomètres carrés, elle n'offre qu'un continent, l'**Australie**, quadrilatère irrégulier (7 600 000 kilom. carrés), aux côtes peu découpées et dont les montagnes parallèles au rivage semblent offrir une disposition analogue à celle de l'Afrique. L'Océanie se divise, si on la considère au point de vue purement physique, en trois régions qui ne correspondent pas complètement à la division ethnographique. Les nombreux archipels de la *Polynésie* semblent avoir été soulevés isolément par des éruptions volcaniques; la *Mélanésie* et la *Malaisie* se rattachent au contraire à l'Asie par un plateau sous-marin dont les sommets se dressent dans le prolongement de la presqu'île de Malacca, sous le nom d'îles de Sumatra, de Java, de Sumbava, etc.

Toutefois ce plateau est coupé, à l'est de Java et de Bornéo et au sud des îles Philippines, par une fente gigantesque, espèce de vallée, qui semble marquer la limite du monde asiatique et du monde australien. D'un côté, la végétation et les animaux de l'Asie; de l'autre, à Timor, aux Moluques, les races animales et les végétations particulières à l'Australie et qui offrent un contraste si frappant avec celles des autres continents.

Java, Sumatra, Bornéo et les îles Philippines formeraient donc une division de l'Océanie purement asiatique, tandis que les Moluques et l'archipel de Timor appartiendraient à cette Océanie mélanésienne dont le continent australien est le type le plus complet.

VI. — **Les terres polaires.** La région qui avoisine les deux pôles est très imparfaitement connue. Aucun explorateur n'a dépassé le 78ᵉ degré de latitude méridionale et le

86°15' de latitude septentrionale. Cependant les découvertes du Français Dumont d'Urville, des Anglais Cook et James Ross permettent d'affirmer qu'il existe au pôle sud un continent dont les côtes ont été en partie explorées, où l'on a constaté l'existence de volcans en activité, mais dont le sol glacé est inhabité et inhabitable.

Dans la région du pôle nord, les nombreux navigateurs qui se sont hasardés dans les mers arctiques ont reconnu de grandes îles et un véritable continent situé au nord de l'Amérique septentrionale : le **Groënland**, que les Scandinaves avaient visité dès la fin du dixième siècle. Le Groënland est en partie couvert de glaciers, mais les côtes méridionales et occidentales ne sont pas rebelles à la végétation, comme celles du continent austral, et sont habitées par quelques tribus d'*Esquimaux* et quelques colons danois.

Grandes chaînes volcaniques du globe. — L'ancien et le nouveau continent sont sillonnés par des chaînes volcaniques qui semblent indiquer la direction des grandes fentes de l'écorce terrestre. La plus considérable est celle qui entoure l'océan Pacifique d'une ceinture de feu ; volcans du *Kamtchatka*, du *Japon*, de l'île *Formose*, des îles *Philippines*, des *Moluques*, de la *Nouvelle-Guinée*, des îles *Salomon*, des *Nouvelles-Hébrides*, de la *Nouvelle-Zélande*, des *Terres australes* (monts Erebus et Terror), de la chaîne des *Andes*, de l'*Amérique centrale*, du *Mexique* (Popocatepetl), de la *Californie* et du territoire d'*Alaska* (mont Saint-Elie), sans compter les cratères éteints ou les volcans encore en activité de la Polynésie dont le plus remarquable est le mont *Maunaloa*, dans les îles Sandwich. A la partie américaine de cette longue chaîne appartient le rameau des *Antilles*, qui se rattache par la *Jamaïque* à l'Amérique centrale.

De la chaîne asiatique se détachent deux puissants rameaux : l'un qui, par les îles *Célébes*, *Java*, *Sumatra*, continue la chaîne volcanique de l'Océanie, et se lie sans doute aux volcans observés dans les monts de *Siam* et dans l'*Himalaya* ; l'autre qui se rattache au groupe du Kamtchatka par les cratères éteints de la *Daourie* et des monts *Célestes*, cette arête gigantesque du plateau central asiatique. A partir des monts *Hindou-Kouch*, ces deux rameaux se rejoignent et se prolongent à travers l'Asie par les monts *Elbrouz*, les montagnes volcaniques de l'*Arménie* et de l'*Asie Mineure*. A la jonction de ces dernières avec le Liban, la chaîne se bifurque de nouveau : l'une de ses branches descend vers le sud, où les bords désolés de la mer Morte conservent encore les traces de formidables bouleversements, et se prolonge sur le littoral de la mer Rouge et de l'océan Indien jusqu'aux plateaux de l'Abyssinie, aux rochers calcinés d'Aden, aux îles de Zanzibar, des Comores, de la Réunion, de Maurice : l'autre décrit à travers la Méditerranée et le continent européen un cercle irrégulier dont les contours sont dessinés par les îles volcaniques de l'*Archipel*, la *Sicile* (mont Etna), les îles *Lipari*, le *Vésuve*, les cratères éteints de l'Italie centrale, de la Provence, du Languedoc, de l'Auvergne, de l'Allemagne occidentale, de la Bohême, de la Hongrie, de la Dalmatie et de la Grèce.

Enfin, dans l'océan Atlantique, à l'ouest de l'Europe et de l'Afrique, depuis l'*Islande* jusqu'à l'île *Sainte-Hélène*, paraît s'étendre une chaîne sous-marine qui part du mont *Hécla*, et qui se continue par les basaltes de l'Écosse, de l'Irlande et du pays de Galles, et les volcans des *Açores*, des îles *Canaries*, des îles du *Cap-Vert* et du golfe de Guinée.

III

La nature du sol. — La structure intérieure des continents, la disposition et la composition des couches de terrains, qui se succèdent depuis des profondeurs inaccessibles jusqu'à la surface du sol, ne sont pas moins importantes à connaître que la forme extérieure et le relief des terres. En même temps qu'elle nous rend compte des révolutions du globe, du soulèvement des montagnes, de la formation lente des plaines par les dépôts réguliers qui se sont accumulés au fond des mers, cette étude nous explique la répartition des richesses minérales, et jusqu'à un certain point celle des productions végétales, qui varient, non seulement avec les climats, mais avec la nature des terrains.

1° Les terrains caractérisés par la **structure cristalline des roches** qui les composent, et qui ne renferment ni animaux, ni végétaux fossiles, dominent, en *Europe*, dans la péninsule scandinave, en Finlande, en Écosse, en Bretagne, dans le massif central français, en Portugal, dans la région des Alpes, en Bohême et en Macédoine (Turquie d'Europe) ; en *Amérique*, dans les Terres arctiques, dans tout le versant de l'océan

Pacifique, dans l'Amérique anglaise, et sur les côtes du Brésil ; en *Océanie*, dans la Nouvelle-Zélande, et sur le littoral de l'Australie ; en *Asie*, le long de l'Oural et du Caucase, dans la région de l'Himalaya, sur la côte orientale de l'Indoustan, sur les plateaux de l'Arménie et de l'Asie Mineure ; enfin, en *Afrique*, sur le littoral des Pays Barbaresques, dans les plateaux du Sahara, dans le Kordofan et dans une grande partie de l'Afrique australe.

2° Les terrains de **transition** ou terrains sédimentaires primordiaux, caractérisés par la présence de débris fossiles appartenant aux espèces les plus anciennes d'animaux et de végétaux, par les dépôts houillers, par l'abondance de filons métalliques, couvrent, en *Europe*, toute la partie centrale de l'Espagne, la région des Pyrénées, une partie de la Normandie, de l'Anjou, du Maine et de la Bretagne, presque toute l'Irlande, la moitié de la Grande-Bretagne, la région des Ardennes, le centre de la péninsule scandinave, l'ouest de la Russie et le versant européen de l'Oural ; en *Amérique*, une grande partie de l'Amérique anglaise et des États-Unis, les plateaux du Brésil et de la Bolivie ; en *Asie*, une partie du plateau central, et de la Chine proprement dite.

3° Les terrains **secondaires,** également riches en gisements métalliques et dont les divers étages (terrains salifères ou triasiques (1), terrains jurassiques (2), terrains crétacés ou crayeux) se composent de calcaires, de grès, d'argiles, de marnes (mélange de calcaire et d'argile), dominent, en *Europe*, dans la Russie centrale et septentrionale, dans l'Allemagne centrale, dans le bassin de la mer Adriatique et de la mer Ionienne, dans l'est de la France et au nord du plateau central français, dans le sud de l'Angleterre et de la Suède ; en *Asie*, dans une partie de la Sibérie ; en *Amérique*, dans le nord du Brésil et dans le centre des États-Unis.

4° Les terrains **tertiaires,** caractérisés par l'abondance des calcaires tendres, de la pierre à plâtre, de la pierre meulière, et par l'apparition de nouveaux ordres d'animaux qui se rapprochent des espèces encore vivantes, couvrent en *Europe* presque tout le bassin de la Garonne et de la Seine,

(1) On appelle terrains salifères ceux où l'on rencontre surtout le sel gemme. — Les terrains triasiques ou terrains secondaires inférieurs doivent leur nom à l'ordre qu'ils occupent dans la succession des grandes époques géologiques.

(2) La région du Jura offre le spécimen le plus complet de ces terrains.

une grande partie de celui du Danube, l'est et le midi de l'Espagne, le centre de l'Italie, la Sicile occidentale, la Roumélie, le sud de la Russie ; en *Asie*, le bassin du Gange et de l'Indus, les steppes de la Caspienne ; en *Afrique*, le bassin du Nil et une partie de celui du Niger ; en *Amérique*, ceux de l'Uruguay, du Paraguay, de l'Orénoque, le sud et le sud-est des États-Unis.

5° Enfin les terrains **modernes,** déposés avant l'immense inondation qui semble avoir terminé, par une catastrophe générale, la période immédiatement antérieure à la nôtre (alluvions anciennes ou *diluvium*) ou formés par les alluvions des fleuves, des lacs et des mers, à une époque plus récente, occupent en *Europe* toute l'Allemagne septentrionale, la Hollande, une partie de la Hongrie, le sud-est de la Russie, la vallée du Pô, le delta du Rhône ; en *Asie*, les plaines basses de la Chine, les steppes de la Mongolie, le delta du Gange, etc... ; en *Afrique*, la vallée du Nil ; en *Amérique*, la Floride, une partie de la région des Prairies, la vallée inférieure du Mississipi, la plus grande partie du bassin de l'Amazone et du Rio de la Plata.

Quant aux terrains **volcaniques,** ils n'appartiennent en particulier à aucun âge géologique, et quelques-uns sont d'origine très récente. Nous en avons déjà indiqué la situation.

Les métaux et les minéraux. — De la nature des terrains dépend la distribution des métaux et des autres substances minérales, dont l'exploitation exerce une si puissante influence sur la destinée des peuples.

L'*or*, qui ne se rencontre que dans les roches quartzeuses des terrains cristallisés ou dans les sables entraînés par les eaux et provenant de la désagrégation de ces mêmes roches, est exploité dans l'Alaska, aux États-Unis (région californienne), en Australie (Victoria), dans la Nouvelle-Zélande, dans l'Afrique australe, en Sibérie, au Pérou, au Brésil.

L'*argent* se trouve d'ordinaire dans les terrains cristallisés, dans les terrains de transition et dans les dépôts les plus anciens de la période jurassique. Il est presque toujours mélangé à d'autres substances minérales. On l'exploite au Mexique, aux États-Unis (Colorado), au Pérou, en Bolivie, dans les États de la Plata, en Australie, en Sibérie, en Norvège, en Allemagne, en Hongrie, en Espagne.

Le *plomb*, qui se rencontre dans les mêmes terrains, s'exploite surtout en Espagne, en Angleterre, en Autriche, en

Italie, en France, aux Etats-Unis, au Pérou. Le minerai, qui se nomme *galène*, et qui est une combinaison de soufre et de plomb, renferme toujours une certaine proportion d'argent. Les galènes exploitées en France (Puy-de-Dôme, Lozère, Hautes-Alpes) sont assez riches en argent.

Les principaux gisements de *cuivre* qui appartiennent aux terrains cristallisés, aux terrains de transition et aux terrains secondaires, sont ceux du Chili, de la Bolivie, du Pérou, des Etats-Unis, de l'Australie, de la Sibérie, du Japon, de l'Angleterre, de la Transylvanie, de la Suède, de l'Espagne, de la Toscane, de l'Algérie et de l'Afrique australe.

Les minerais de *zinc* se rencontrent dans les terrains de transition et les terrains secondaires : les plus riches sont ceux de Belgique, de Prusse, d'Angleterre, des Etats-Unis, et de l'Indo-Chine.

L'*étain* ne se trouve que dans les terrains les plus anciens ou dans les sables qui proviennent de leur désagrégation. On l'exploite surtout en Angleterre, en Bohême, en Saxe, dans la presqu'île de Malacca, dans l'île de Banca, au Pérou et en Bolivie.

Le *fer* se trouve dans tous les terrains anciens, mais surtout dans ceux de l'époque jurassique. Les gisements les plus riches sont ceux de l'Angleterre, de la Suède, de la France, de la Belgique, de l'Allemagne, de l'Autriche, de l'Espagne, des Etats-Unis, de l'Amérique anglaise et de la Sibérie.

Le *platine*, que l'on recueille dans les sables quartzeux, est un métal rare, qui a peu d'usages dans l'industrie, et dont les principaux gisements sont ceux de l'Oural, du Brésil, de la Colombie et de la Californie.

Le *mercure*, qui appartient aux terrains de transition et à ceux de la période jurassique, est exploité en Espagne (Almaden), en Autriche (Idria), au Pérou, en Californie et en Chine.

Le *diamant* a toujours été découvert dans des sables qui proviennent de détritus des roches cristallisées : les gisements exploités aujourd'hui sont ceux de la colonie du Cap, du Brésil, de Bornéo; les autres pierres précieuses se trouvent également dans les terrains primitifs et viennent surtout de l'Asie et de l'Amérique du Sud.

Les diverses variétés de quartz et de *granits* sont exploitées dans tous les terrains primitifs, qui fournissent également le *kaolin*, ou terre à porcelaine, dont les gisements les plus renommés sont ceux de Saint-Yrieix en France, de la Saxe, de l'Angleterre, de la Chine, etc. Les terrains de transition nous donnent les *ardoises* (Anjou, Dauphiné, Ardennes, Bretagne, Limousin, Pays de Galles, Moravie, Suisse, etc.), les *schistes bitumineux* (Ecosse, Etats-Unis), le *pétrole* (Etats-Unis, Transcaucasie, Birmanie), les *marbres* (Flandre et Belgique); mais le plus important de leurs produits est la *houille*, qui forme des couches puissantes en Angleterre, en Belgique, en Allemagne, en France, en Autriche, en Espagne, en Russie, en Sibérie, en Chine, aux Indes, aux Etats-Unis, en Australie et dans quelques parties de l'Afrique orientale et centrale.

Les terrains secondaires produisent les *marbres* (carrières de Carrare en Italie, de Paros et du Pentélique en Grèce, des Pyrénées en France); les *grès* (grès blanc de Fontainebleau, grès rouge d'Egypte, etc.); la *pierre de taille*, la *pierre lithographique* (France, Bavière, etc.); la *pierre à chaux*, la *craie* (Normandie, environs de Paris, Champagne, etc.); les *argiles*, le *sel gemme* (Vic et Dieuze en Lorraine, Wieliczka en Galicie, Salzbourg en Autriche, Bex en Suisse, etc.); le *lignite*, combustible qui n'est autre chose qu'une houille imparfaite (Provence, Dauphiné, Alsace, Allemagne, Autriche, Italie, Suisse, Etats-Unis).

Les terrains tertiaires, qui renferment également des couches immenses de pierres de taille, des carrières de grès, des dépôts de marnes, nous offrent comme produits spéciaux la *pierre à plâtre* (environs de Paris, etc.); la *pierre meulière* sans coquilles, qui sert à fabriquer les meules de moulin (La Ferté-sous-Jouarre, etc., en France; Crawinkel, en Saxe, etc.), et la *meulière coquillière*, employée dans les constructions.

Les alluvions anciennes ou modernes n'ont guère d'autre exploitation caractéristique que celle de la *tourbe* (Italie, Turquie, France, Allemagne, Suisse, etc.), et des vastes dépôts salins des pampas de l'Amérique du Sud, de la Russie méridionale, du Sahara et du plateau central asiatique. Enfin les terrains volcaniques livrent à l'industrie les *porphyres*, les *basaltes*, les *laves*, la *pouzzolane*, la *pierre ponce*, le *soufre* (Sicile, Italie, Antilles, Mexique, Amérique du Sud), qui ont reçu de si importantes applications.

Résumé de la géographie physique des continents. — Telle est dans son ensemble la géographie des continents.

L'Europe est la plus petite, la plus riche, et relativement

la plus peuplée des cinq parties du monde ; elle le doit à sa configuration si bien faite pour favoriser les communications et le commerce, à la pente doucement inclinée de ses versants, à son climat tempéré ; elle a été minutieusement explorée jusque dans ses parties les plus reculées.

L'Asie est connue tout entière, bien que le plateau central présente encore quelques régions dont les caractères géographiques sont mal déterminés : quatre fois plus grande que l'Europe et deux fois moins peuplée par rapport à son étendue, elle a vu de tout temps la richesse et la civilisation se concentrer dans les plaines bien arrosées ou sur les plateaux peu élevés du sud, de l'est et de l'ouest : les plaines du nord, ensevelies sous la neige, les hauts plateaux du centre tour à tour brûlants et glacés, sans eaux courantes, enveloppés de hautes montagnes, semblent condamnés à une éternelle infériorité.

L'Afrique a été sillonnée, surtout depuis le commencement de notre siècle, par de nombreux voyageurs ; mais les côtes seules sont bien connues ; l'intérieur n'a pas été exploré complètement, et la région équatoriale offre encore quelques lacunes, qu'il sera sans doute donné à notre siècle de combler. Les grandes causes, qui ont retardé en Afrique le progrès de la civilisation, sont l'insalubrité de son climat, ses déserts, la configuration de ses plateaux, terminés par de brusques pentes, qui jettent les fleuves à la mer de cataractes en cataractes au lieu de les y verser lentement.

Les immenses plaines du continent américain, ses grands cours d'eau navigables, offrent à la vie civilisée les conditions les plus favorables ; mais jusqu'à présent c'est sur les bords de la mer ou des grands fleuves qu'elle se développe avec le plus d'énergie.

Le continent australien a été déjà sillonné de nombreux itinéraires, mais l'intérieur réserve encore aux voyageurs d'importantes découvertes.

Quant aux terres polaires boréales ou australes défendues par une barrière de glace, elles présentent à la curiosité scientifique, plus encore qu'à l'intérêt commercial, des problèmes que le temps résoudra sans doute, mais dont la solution sera retardée par les innombrables dangers qui y attendent les explorateurs et qui n'ont pas, comme ailleurs, pour compensation la certitude de concourir aux progrès du commerce et de la civilisation.

RÉSUMÉ.

I

Relief des continents. — On appelle en général *montagnes*, les renflements de terrain offrant une pente rapide, des arêtes escarpées, de brusques différences de niveau et qui s'élèvent à plus de 600 mètres au-dessus du niveau de la mer ; *plaines basses*, les terrains plus ou moins plats qui ne dépassent pas 200 ou 300 mètres d'altitude, et *plateaux*, des plaines plus élevées et se terminant par un talus plus ou moins rapide.

Les grands traits du relief des continents ont été déterminés par des soulèvements ou des affaissements brusques ou lents qui continuent de se produire à l'époque actuelle ; mais un grand nombre d'autres causes contribuent à modifier sans cesse la configuration du sol : l'action des pluies, des neiges, des orages, des fleuves et des torrents et même le travail de l'homme. Les eaux courantes, en creusant les *vallées d'érosion*, en créant les terrains d'alluvions, en formant les deltas, sont un des agents les plus puissants de la transformation lente des continents.

II

Comparaison de la géographie physique des cinq parties du monde. — Ancien continent. *Relief du sol.* L'Europe (10 millions de kilomètres carrés), qui le cède en étendue à l'Asie (43 millions de kilomètres carrés) et à l'Afrique (30 millions de kilomètres carrés), leur est supérieure par la densité de la population, la civilisation et la richesse.

La partie orientale et septentrionale de l'Europe et de l'Asie se compose de plaines basses, plaines de Chine et de Sibérie en Asie, dépression de la Caspienne, entre l'Asie et l'Europe, plaines de la Russie et de l'Allemagne du Nord, en Europe.

La partie centrale se compose de terrains élevés qu'enveloppent et que sillonnent des chaînes de montagnes, plateau central asiatique (monts Altaï, monts Célestes, monts du Thibet, monts Himalaya, avec le pic Gaurisankar, 8 840 mètres, point culminant de l'Asie et du globe), plateau de l'Iran, massif d'Arménie, plateau d'Asie Mineure, en Asie ; plateaux des Carpathes, de la Bohême, de l'Allemagne centrale et méridionale, massif des Alpes (mont Blanc, 4 810 mètres, point culminant de l'Europe), massif central français, en Europe.

La partie méridionale se découpe en péninsules généralement montagneuses, Indo-Chine, plateau du Dékan, plateau de l'Arabie, en Asie ; péninsule turco-hellénique, péninsule italienne, péninsule espagnole, en Europe.

En Afrique, des terres élevées dessinent presque tout le contour du continent et enveloppent les plaines du Sahara et du Soudan. Les points culminants sont : le massif de l'Atlas, le plateau d'Abyssinie et le plateau central (monts Kénia et Kiliman-Djaro, près de 6000 mètres, points culminants de l'Afrique).

Direction des eaux. La pente septentrionale des hautes terres d'Asie et d'Europe verse ses eaux dans l'océan Glacial et l'Atlantique, dans la direction générale du sud-est au nord-ouest (*Loire, Rhin. Elbe, Oder, Vistule, Dwina, Petchora*, en Europe, *Obi, Iénisséi*, le plus grand fleuve de l'Asie (5500 kilomètres), *Léna*, en Asie).

La pente orientale les verse dans l'océan Pacifique, de l'ouest à l'est (*Amour, fleuve Jaune, fleuve Bleu*), ou du nord-ouest au sud-est (*Meï-Kong*).

Dans le versant méridional incliné en Asie vers l'océan Indien (*Gange, Indus, Tigre* et *Euphrate*), en Europe vers la Méditerranée et la Caspienne (*Ebre, Rhône, Danube, Dniester, Dniéper, Don, Volga*, le plus long des fleuves de l'Europe, 3900 kilomètres), la direction générale des fleuves est celle du nord au sud ou du nord-ouest au sud-est.

Les principaux cours d'eau de l'Afrique sont : dans le versant de la *Méditerranée*, le *Nil*, le plus grand fleuve de l'ancien monde (6200 kilomètres), qui coule du sud au nord ; dans celui de l'Atlantique, le *Sénégal*, le *Niger* et le *Congo* ou *Livingstone*, le rival du Nil ; dans celui de l'océan Indien, le *Zambèze*.

Nouveau continent. Amérique. *Relief du sol.* — Les deux Amériques (Amérique du Nord, 20 millions de kilomètres carrés, Amérique du Sud, 18 millions de kilomètres carrés), sont traversées du nord au sud par une bande de hautes terres (montagnes Rocheuses, Cordillères du Mexique, Cordillères des Andes, point culminant, le volcan *Aconcagua*, 6840 mètres), dont la partie la moins élevée est l'isthme de Panama.

Dans une direction à peu près parallèle à celle de la grande Cordillère s'élèvent à l'est du continent deux plateaux : celui des Alleghanys dans l'Amérique du Nord, celui du Brésil dans l'Amérique du Sud. Le reste du continent est une région de plaines ou de plateaux peu élevés, couverts en partie de forêts, en partie de prairies, de llanos et de pampas.

Direction des eaux. Les eaux du versant occidental de la grande Cordillère (*Frazer, Orégon*, dans l'Amérique du Nord) coulent en général du nord-est au sud-ouest, celles du versant oriental de l'ouest à l'est (*Saint-Laurent* dans l'Amérique du Nord ; *Orénoque*, fleuve des *Amazones* dans l'Amérique du Sud, près de 7000 kilomètres, le plus grand cours d'eau du monde entier) ; mais la conformation des plateaux détermine dans chacun des deux continents deux autres versants inclinés, l'un vers le nord (*Mackensie* dans l'Amérique du Nord, *Magdalena* et *San*

Francisco, dans l'Amérique du Sud), l'autre vers le sud (*Mississipi*, 5 000 kilomètres, le plus long des fleuves de l'Amérique du Nord, *Rio de la Plata* dans l'Amérique du Sud).

L'OCÉANIE, formée en grande partie d'îles et d'archipels volcaniques, n'a qu'un continent, l'*Australie*, dont la superficie est de 7 600 000 kilomètres carrés.

Il existe dans le voisinage des deux pôles des terres imparfaitement connues : au pôle sud le continent austral, au pôle nord le continent du *Groënland* et de nombreux groupes d'îles. Aucun voyageur n'est encore parvenu aux pôles.

Les parties encore inexplorées du globe sont quelques parties du centre de l'Afrique et de l'Australie et les régions polaires.

III

NATURE DU SOL. DISTRIBUTION DES MINÉRAUX. — 1. Les *terrains primitifs* (roches cristallines) de l'Europe (péninsule scandinave, Portugal, Europe centrale, partie de la France, de la Grande-Bretagne, de la Russie), de l'Amérique (Brésil, région des Andes et des montagnes Rocheuses, Amérique anglaise), de l'Océanie (Australie et Nouvelle-Zélande), de l'Asie (plateaux d'Asie Mineure, d'Arménie, plateau central, Himalaya, Oural, Caucase), de l'Afrique (plateaux du Sahara, région de l'Atlas, Afrique australe), livrent à l'exploitation l'or, l'argent, le cuivre, l'étain, le platine, le diamant, le granit, le kaolin.

2. Les *terrains de transition* (terrains sédimentaires primaires) de l'Europe (Espagne centrale, France occidentale et centrale, Belgique, Irlande, Grande-Bretagne, Russie), de l'Amérique (États-Unis, Amérique anglaise, Brésil, Bolivie), de l'Asie (Chine et plateau central), fournissent l'argent, le plomb, le cuivre, le zinc, le fer, la houille, les marbres.

3. Les *terrains secondaires* de l'Europe (bassins de l'Adriatique et de la mer Ionienne, France centrale et orientale, Allemagne centrale, Russie centrale et septentrionale, Angleterre méridionale, Suède), de l'Amérique (Brésil et États-Unis), de l'Asie (Sibérie), donnent du plomb, du cuivre, du zinc, du fer, du mercure, des lignites, des marbres, des grès, des pierres de taille, de la craie, de la pierre à chaux, du sel gemme.

4. Les *terrains tertiaires* de la France, de l'Espagne, de l'Italie, de la Russie, de la Turquie, du bassin du Danube en Europe, des bassins du Gange et de l'Indus, en Asie, du bassin du Nil et du Niger en Afrique, des États-Unis et de l'Amérique méridionale fournissent à l'industrie la pierre à plâtre, la pierre meulière, la pierre tendre.

5. Les alluvions anciennes et modernes de l'Allemagne septentrionale, de la Hollande, de la Hongrie, de la Russie méri-

dionale, de la vallée du Pô, du Rhône, etc., en Europe, de celle du Nil en Afrique, des plaines de la Chine et de l'Indoustan en Asie, de la région des Prairies, du bassin du Mississipi, de celui de l'Amazone et du Rio de la Plata en Amérique, ne renferment guère que de la tourbe et des dépôts salins, mais les terres d'alluvion présentent en général des conditions favorables à l'agriculture.

6. Enfin, dans les *terrains volcaniques*, on exploite les laves, la pouzzolane, la pierre ponce et le soufre.

Exercices.

Construire une mappemonde où on indiquera par une série de teintes différentes les parties élevées et les parties basses des continents.

Distribution des gisements aurifères dans les cinq parties du monde.

Lectures.

MAURY. *La Terre et l'Homme.* 1 vol. in-16.
E. RECLUS. *Les Continents.* 1 vol. in-8°.
FABRE. *La Terre.* 1 vol. in-18.
SIMONIN. *Histoire de la Terre.* 1 vol. in-18.

CHAPITRE IV

Fin des notions générales. — L'homme.

I

LES RACES HUMAINES

Les races humaines. — L'homme et quelques animaux domestiques sont les seuls qui vivent dans tous les climats et sous toutes les latitudes, tandis que la plupart des animaux sauvages et presque tous les végétaux ont leur zone et comme leur patrie déterminée ; cependant certaines régions semblent plus particulièrement destinées à servir d'habitation aux diverses variétés de la grande famille humaine. On les ramène d'ordinaire, bien que cette classification n'ait rien d'absolu et qu'elle soit combattue par un certain nombre de savants contemporains, à trois races ou types principaux.

Les races blanches. — 1° La race *blanche* ou *caucasique* (1), qui s'est montrée jusqu'ici supérieure à toutes les autres par son aptitude à la civilisation et au progrès, a peuplé l'Europe, domine en Amérique, dans le nord de l'Afrique, dans le sud et dans l'ouest de l'Asie, et compte de nombreux représentants dans toutes les parties du globe, où son activité l'a disséminée. On la reconnaît à la couleur plus ou moins blanche de la peau, au profil droit, à la coupe ovale du visage, à la chevelure longue et soyeuse variant du roux au noir.

Les races jaunes. — 2° Les races *jaunes* (*mongolique* (2), *hyperboréenne* (3), etc.) dominent dans l'Asie septentrionale et orientale et dans la zone glaciale arctique; leurs caractères distinctifs sont la couleur jaune ou brune de la peau, la largeur de la face, les pommettes saillantes, les yeux fendus obliquement, les cheveux lisses, mais rudes, et presque toujours noirs, la bouche large et les lèvres proéminentes.

Les races noires. — Les races *noires* occupent la partie centrale et méridionale de l'Afrique, une portion de l'Océanie, et se sont multipliées en Amérique, où les Européens les ont transplantées. Elles se distinguent par la coloration noire de la peau, l'épaisseur et la saillie des lèvres, l'épatement du nez, la chevelure noire, souvent crépue et ressemblant à la laine, et, en général, par l'infériorité de la civilisation.

Races intermédiaires. — Entre ces trois types principaux se glissent, sans compter une foule de variétés produites par le mélange des races, un certain nombre de types intermédiaires : les *Peaux-Rouges* d'Amérique, à la peau bistrée, variant de la couleur du chocolat à celle du cuivre rouge, aux cheveux noirs, longs et rudes, aux pommettes saillantes, et aux yeux légèrement obliques comme ceux des peuples mongoliques, au nez aquilin et aux lèvres fines comme ceux de l'Européen ; les *Polynésiens* ou *Océaniens*,

---

(1) Le Caucase est une chaine de montagnes qui sépare l'Europe de l'Asie. On a cru, sans raisons historiques bien sérieuses, y voir le berceau de la race blanche.

(2) On appelle Mongolie une vaste contrée de l'Asie centrale, dont les habitants offrent le type le plus complet de la race jaune.

(3) On a proposé de donner ce nom aux habitants des régions arctiques, Esquimaux, Lapons, etc..., qui présentent certains caractères communs et se rapprochent du type mongolique.

à la taille élevée et élégante, aux traits presque européens, à la longue chevelure noire, au teint cuivré, mais se rapprochant de la couleur basanée des populations du midi de l'Europe ou du nord de l'Afrique; les *Malais* ou race brune, au nez large, aux lèvres épaisses, aux cheveux rudes, mais non laineux.

Population du globe. — La population totale du globe est d'environ 1 540 000 000 d'habitants, dont plus de 700 millions de race blanche.

II

LANGUES ET RELIGIONS

Diversités morales des races humaines. — Il serait inutile de contester l'influence qu'exercent sur le développement physique et moral des races humaines, le milieu où elles ont grandi, le climat et la configuration du sol. L'habitant des steppes ou des sables est naturellement nomade, celui de la forêt chasseur, celui de la montagne pasteur, celui de la plaine sédentaire et agriculteur, celui des îles pêcheur et navigateur; mais, à côté de ces influences matérielles et fatales, il ne faut pas oublier les causes morales et libres qui contribuent à fixer le caractère d'un peuple et le développement d'une civilisation. Parmi les traits qui constituent le type moral d'une race ou d'une société, la géographie doit signaler les langues, les religions, les institutions sociales et politiques.

Les langues. — Les langues, si remarquables par leur persistance à travers les siècles et les révolutions de toute sorte, sont trop nombreuses (1) et beaucoup sont encore trop peu connues pour qu'on puisse établir un classement définitif. Cependant les progrès de la linguistique ont permis de diviser les langues les plus répandues en un certain nombre de grandes familles dont chacune se distingue par des formes et des procédés communs et paraissant se rapporter à une même origine.

1° La famille *indo-européenne* comprend presque tous les idiomes parlés en Europe, une partie des langues de l'Asie méridionale (Perse, Indoustan) et celles qui dominent chez

(1) On en évalue le nombre à plus de 2 000 sans compter les dialectes ou variétés d'une même langue.

les peuples d'origine européenne en Amérique, en Afrique et en Océanie.

2° La famille *sémitique* ou *araméenne* (1), dont les types principaux sont l'hébreu, le syriaque et l'arabe, comprend la plupart des idiomes parlés dans l'Asie occidentale et dans le nord-est de l'Afrique. Beaucoup de savants rattachent à cette même famille les dialectes berbères parlés dans l'Afrique septentrionale.

Ces deux premières familles de langues ont des écritures alphabétiques, des grammaires régulières, de riches et antiques littératures.

3° La famille *ouralo-altaïque* (turc, mongol, etc.) domine dans le nord et dans le centre de l'Asie, et peut revendiquer une parenté plus ou moins éloignée avec quelques-uns des idiomes parlés dans l'Europe orientale et septentrionale (finnois, madgyar ou hongrois). Les systèmes d'écriture varient avec les langues, alphabétiques chez les unes, syllabiques chez les autres.

4° La famille des langues *monosyllabiques*, qui n'a d'autres mots que des monosyllabes, « signes d'idées très générales, » et qui, selon la place qu'ils occupent dans une phrase, y remplissent le rôle de noms, de verbes, d'adverbes, etc... (2), » a pour type principal le chinois et domine dans toute l'Asie orientale. La plupart de ces langues ont une écriture symbolique, semblable aux hiéroglyphes égyptiens, et qui exprime, non des sons, mais des idées; elles ont produit des œuvres littéraires qui par l'antiquité et par le nombre peuvent le disputer aux plus riches littératures.

5° La famille *malaise* comprend les nombreux dialectes parlés par les indigènes des archipels de l'Océanie, à l'exception des peuples de race noire et de quelques autres tribus qui parlent des idiomes distincts : les langues malaises se sont même répandues dans quelques régions de l'Asie méridionale et de l'Afrique orientale.

Quant aux langues des peuples indigènes de l'Amérique, de l'Afrique centrale, occidentale et méridionale, langues primitives qui n'ont ni littérature, ni système d'écriture, on

____

(1) La plupart des peuples qui parlent ces langues se regardent ou ont été regardés par les chrétiens comme descendants de *Sem*, fils aîné de Noé. Quant au nom d'*araméens*, il s'appliquait aux peuples qui habitaient le pays correspondant à la Syrie moderne.

(2) Egger, *Éléments de grammaire comparée*, p. 48.

les connaît encore trop imparfaitement pour qu'il soit possible de les classer.

Religions. — Toutes les religions peuvent se ramener à deux grands types : celles qui n'admettent qu'un seul Dieu et celles qui en admettent plusieurs.

Les religions *monothéistes* (qui n'admettent qu'un seul Dieu) sont :

1° Le CHRISTIANISME, qui se subdivise en *catholicisme* (240 millions) (1), — *Église grecque* nommée *orthodoxe* par ses sectateurs, et *schismatique* par les catholiques, parce qu'elle s'est séparée du catholicisme et ne reconnaît pas l'autorité du pape (110 millions), — et *protestantisme* (140 millions), fondé au seizième siècle après Jésus-Christ, par *Luther* et *Calvin*.

L'Europe et l'Amérique presque tout entières sont chrétiennes.

2° Le JUDAÏSME, encore professé par les Juifs répandus dans toutes les parties du monde (10 à 11 millions).

3° Le MAHOMÉTISME, ainsi nommé de son fondateur l'Arabe Mahomet, et dominant dans l'Asie occidentale et centrale et l'Afrique septentrionale (230 millions?).

Les religions *polythéistes* (qui admettent plusieurs dieux) sont :

1° Le FÉTICHISME, la plus grossière de toutes les religions, qui consiste dans l'adoration de toutes sortes de choses animées ou inanimées, utiles ou nuisibles, et douées aux yeux de leurs adorateurs d'une puissance mystérieuse. La plupart des populations nègres de l'Afrique intérieure et beaucoup des indigènes de l'Océanie sont fétichistes.

2° Le BRAHMANISME, qui doit son nom à son principal dieu *Brahma*, et qui est pratiqué dans l'Asie méridionale (120 millions).

3° Le BOUDDHISME (plus de 500 millions?) dominant dans l'Asie orientale et ainsi nommé parce que ses sectateurs attribuent l'origine de leur religion à un être divin nommé le *Bouddha*.

4° Les religions populaires de *Fô* en Chine et de *Sinto* au Japon, qui ne sont autres que le culte des ancêtres.

Les doctrines philosophiques de *Confucius* (Chine et Japon) et de *Lao-Tseu* (Chine) sont moins des religions que des codes de morale pratique.

(1) Ces chiffres ne peuvent être qu'approximatifs.

III

INSTITUTIONS SOCIALES ET POLITIQUES

Divisions politiques. — Outre les divisions naturelles et indépendantes de la volonté humaine, telles que l'océan et les continents, les bassins des fleuves et des mers, il en est d'autres que l'homme a créées, et qu'il peut modifier à son gré; ce sont les divisions politiques, c'est-à-dire les espaces déterminés par la tradition ou par les traités, qu'occupent à la surface du globe certains groupes d'hommes qui s'en réservent la jouissance ou la souveraineté exclusive.

Peuplades et tribus. — Quand ces groupes sont peu nombreux et peu civilisés, et qu'ils consistent seulement dans la réunion de quelques familles autour d'un chef commun, on les appelle des *peuplades* ou des *tribus*. Un grand nombre de ces tribus, surtout celles qui vivent dans les steppes, sont *nomades*, c'est-à-dire errantes, habitent sous des tentes ou sous des abris temporaires, et se déplacent quand leurs bestiaux ont épuisé un pâturage ou qu'un territoire de chasse ne suffit plus à leur subsistance.

Etats et nations. — Les groupes plus nombreux, plus avancés dans la civilisation, vivant sous un gouvernement commun dans un espace déterminé, portent le nom d'*Etats*. Il ne faut pas confondre un *État* et une *nation*, bien que ces deux mots s'emploient souvent l'un pour l'autre. Une nation est une réunion d'hommes occupant un territoire dont les limites sont en général indiquées par des accidents naturels, tels que des mers, des montagnes, de grands fleuves, et liés entre eux par la communauté de langue et d'origine, ou du moins de traditions historiques, d'intérêts et de sentiments. Une nation peut former plusieurs Etats, et un Etat peut se composer de plusieurs nations.

Les Etats se subdivisent en circonscriptions moins étendues, qui portent le nom de *provinces*, de *cercles*, de *départements*, etc. Les groupes d'habitations portent, suivant qu'ils sont plus ou moins considérables, le nom de *villes*, de *bourgs*, de *villages* et de *hameaux*.

Formes de gouvernement. Républiques et monarchies. — Tous les Etats n'ont pas la même forme de gouvernement. On appelle *républiques* ceux où le peuple se gouverne lui-même, soit par des décisions auxquelles prennent part directement tous les citoyens, soit par l'intermédiaire d'assemblées moins nombreuses chargées de faire des lois, et d'un ou de plusieurs magistrats responsables de leurs actes et non héréditaires, chargés de les faire exécuter.

Une *monarchie* est un Etat où la direction suprême du gouvernement appartient à un seul chef, le plus souvent héréditaire. Si ce pouvoir est sans limite et sans contrôle, la monarchie est dite *absolue* ou *despotique*. S'il est limité par des conventions écrites ou traditionnelles, entre le souverain et ses sujets, c'est-à-dire par une *constitution*, et contrôlé par des assemblées, soit *électives* (nommées par les citoyens), soit *héréditaires* (où le fils succède de droit au père), la monarchie est dite *constitutionnelle*.

Civilisation. — La civilisation d'un peuple consiste dans l'ensemble de ses croyances, de ses mœurs, de ses lois, dans les moyens qu'il emploie pour satisfaire ses besoins et pour exprimer ses sentiments ou ses idées. Ce sont les peuples de race blanche et parmi eux les peuples chrétiens qui marchent à la tête de la civilisation. Eux seuls ont compris la dignité de la famille, proscrit l'esclavage, organisé des gouvernements fondés, au moins en théorie, sur le respect des droits de tous, et sur la souveraineté de la loi : eux seuls se sont élevés à l'idée de nation et de patrie.

Les peuples de race jaune, bien que la civilisation soit chez quelques-uns d'entre eux aussi ancienne que chez les races blanches, ne conçoivent guère, jusqu'à présent, d'autres formes politiques que le gouvernement patriarcal chez les tribus nomades, le despotisme chez les peuples sédentaires, et, malgré leurs aptitudes agricoles, commerciales et industrielles, paraissent rebelles à ce génie du mouvement et du progrès qui peut avoir ses dangers, mais qui a fait la grandeur de nos nations occidentales. Enfin, l'infériorité de la condition des femmes, l'absence de garanties pour le faible, placent les sociétés orientales au-dessous de nos sociétés européennes.

Après les peuples de race jaune, mais à une longue distance, viennent ces populations basanées de l'Océanie, ces populations noires de l'Afrique, divisées en tribus, habitant des demeures fixes, ayant quelques notions d'agriculture et d'industrie, mais dont les mœurs, les institutions, les religions portent l'empreinte de l'ignorance, de la superstition, et souvent de la cruauté.

Enfin, à mesure qu'on descend l'échelle de la barbarie, on rencontre successivement les Peaux-Rouges d'Amérique, guerriers, chasseurs et nomades, sans industrie, sans agriculture, incapables de se plier à la vie civilisée ; quelques peuplades noires de l'Afrique intérieure, et presque toute la race nègre de l'Océanie, dont plusieurs tribus sont encore anthropophages, races déshéritées, plongées dans la misère et l'abjection les plus profondes, n'ayant d'autres préoccupations que celles de la vie animale, mais séparées cependant de la brute par cet abîme infranchissable que la nature a creusé entre le dernier des êtres raisonnables et le premier de ceux à qui elle a refusé la parole et la raison.

Industrie. Commerce. Voies de communication. — Quand un peuple a atteint un certain degré de civilisation, il ne se contente plus des produits de la pêche ou de la chasse et des fruits sauvages que la terre lui offre sans travail : il défriche et cultive le sol et crée l'*agriculture*, il exploite les mines, il transforme par son *industrie* les matières premières que lui fournissent la nature vivante et inanimée, la terre et les mers, il échange l'excédent de ses produits contre ceux qui lui manquent et qu'il va chercher dans les autres contrées du globe, échange qui constitue le *commerce* : il imagine. pour faciliter ces échanges, des systèmes de monnaies, de poids et de mesures ; il ouvre des *voies de communication* pour triompher des obstacles naturels. Des *routes* traversent les forêts, les montagnes, les vallées ; des *ponts* franchissent les fleuves et les rivières : des *canaux* coupent les isthmes et réunissent les cours d'eau d'un même bassin ou de deux bassins différents, soit par une simple tranchée, soit par des *écluses* qui forment comme les marches d'un escalier, et permettent aux bateaux de s'élever et de redescendre sur la pente des collines trop hautes pour être franchies à ciel ouvert et trop étendues pour être percées par un souterrain. Des *chemins de fer* rapprochent les distances ; des lignes de *bateaux à vapeur* triomphent des vents et des courants ; des *fils électriques* plongent sous les mers, sillonnent les continents et transmettent les messages avec la rapidité de l'éclair.

L'étude de la géographie agricole, industrielle et commerciale, que l'on a proposé d'appeler géographie économique, est le complément de la description physique et politique des diverses contrées du globe.

RÉSUMÉ

L'homme.

I

Les principales races humaines sont : la *race blanche* ou *caucasique* (Europe, Asie occidentale et méridionale, Afrique septentrionale et pays peuplés par les Européens en Amérique et en Océanie); la *race jaune* ou *mongolique* (Asie orientale et septentrionale, et Océanie); la *race noire* (Afrique et Océanie) ; la *race rouge* (Amérique); la *race brune* ou *malaise* (Océanie et Asie méridionale).

La population du globe est d'environ 1540 millions d'habitants.

II

LANGUES. — Les principaux groupes de langues sont : 1º le groupe *indo-européen;* 2º le groupe *sémitique;* 3º le groupe *ouralo-altaïque;* 4º le groupe *monosyllabique* ou *chinois;* 5º le groupe *malais.*

RELIGIONS. — Les religions qui n'admettent qu'un seul Dieu sont :

1º Le CHRISTIANISME, qui se subdivise en *catholicisme,* — *Église grecque* — et *protestantisme.*

L'Europe et l'Amérique presque tout entières sont chrétiennes.

2º Le JUDAÏSME.

3º Le MAHOMÉTISME, dominant dans l'Asie occidentale et centrale et l'Afrique septentrionale.

Les principales religions qui admettent plusieurs dieux sont :

1º Le FÉTICHISME, la plus grossière de toutes les religions Une partie des populations nègres de l'Afrique et quelques peuplades de l'Océanie sont fétichistes.

2º Le BRAHMANISME, qui est pratiqué dans l'Asie méridionale.

3º Le BOUDDHISME, dominant dans l'Asie orientale.

4º Les cultes de Fo et de SINTO en Chine et au Japon.

III

La géographie *politique* a pour but de décrire : 1º les divisions créées sur la surface du globe par la volonté de l'homme, et qui portent le nom d'*États* (espaces déterminés où vivent sous un gouvernement commun des hommes civilisés), de *provinces*, de *départements* (subdivisions d'un Etat); 2° les groupes d'habitations construites par l'homme (villes, bourgs, villages); 3° elle comporte, en outre, des notions générales sur les formes de gouvernement, les langues, les religions, les mœurs et la civilisation des divers groupes d'hommes.

La géographie *économique* a pour but de faire connaître les produits de l'*agriculture* et de l'*industrie*, d'indiquer la nature des échanges qui constituent le *commerce*, et de décrire les voies de communication, *routes, chemins de fer, lignes de navigation, canaux, lignes télégraphiques*.

Exercices.

Indiquer sur un planisphère, par des teintes différentes, la distribution des races humaines, les principaux groupes de langues et de religions. — Lecture des signes de la géographie politique sur la carte de l'état-major français.

Lectures.

Maury. *La Terre et l'Homme.*

LIVRE II

NOUVEAU CONTINENT. — TERRES ARCTIQUES. — GÉOGRAPHIE PHYSIQUE DES DEUX AMÉRIQUES

CHAPITRE PREMIER

LES TERRES ARCTIQUES

Au nord de l'Amérique, de l'Europe et de l'Asie sont dispersées, dans l'océan Glacial arctique, des terres pour la plupart désertes et glacées, qu'on peut rattacher aux continents dont elles sont les plus voisines, ou considérer comme une sorte de groupe particulier, rapproché, sinon par les distances, du moins par l'analogie de la flore, de la faune et de la conformation générale.

Au nord de l'Asie, au milieu des brumes de la mer polaire sont perdues : la *Nouvelle-Zemble*, la terre *François-Joseph*, découverte par l'expédition autrichienne de MM. *Payer* et *Weyprecht* (1873); la terre entrevue par le navigateur russe *Wrangel* en 1823 et qui n'est qu'une île d'une médiocre étendue, et l'archipel de la *Nouvelle-Sibérie* où les tribus de la Sibérie septentrionale vont chercher l'ivoire fossile.

Au nord de l'Europe, l'océan Glacial baigne, outre l'*Islande* et l'île *Jan Mayen*, le groupe du *Spitzberg* et quelques îlots inhabités.

Les plus importantes des terres arctiques sont situées au nord du continent américain. Ce sont : le **Groënland** (Pays-Vert), baigné, à l'ouest par le détroit de *Davis*, la mer de *Baffin*, les détroits de *Smith*, de *Kennedy* (1), et de *Robeson*, à l'est par l'océan Glacial; terminé, au sud, par le cap *Farewell* (Bon

---

(1) *Kennedy*, marin anglais, commanda une des expéditions envoyées à la recherche de Franklin.

voyage), et dont la partie septentrionale est inconnue. C'est un véritable continent, terre de granit et de porphyre presque entièrement couverte de glaciers et de neiges éternelles, où les mousses, les lichens, quelques saules et quelques bouleaux rabougris, des framboisiers et des groseilliers sauvages forment toute la végétation, et qui ne nourrit d'autres quadrupèdes que l'ours blanc, le renard et le lièvre arctiques, le chien et le renne. En revanche, l'air et la mer sont peuplés de nombreuses variétés d'oiseaux et de poissons, et la pêche du phoque et de la baleine est encore très active, bien que

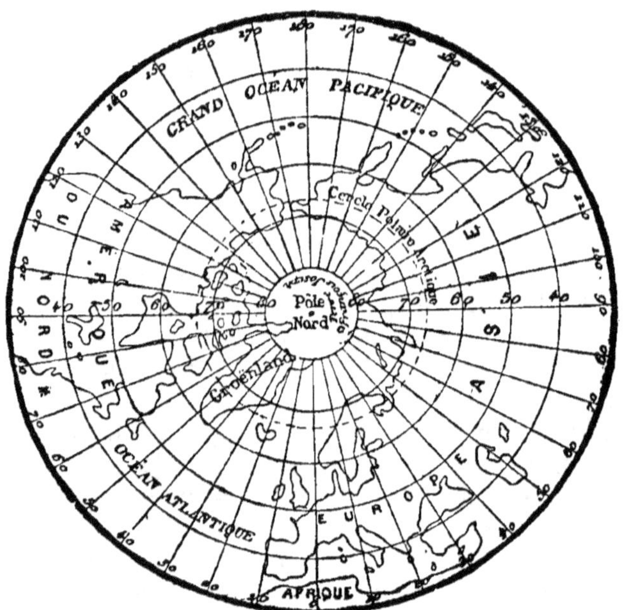

Carte VI. — Le pôle nord.

ces espèces tendent à disparaître devant l'âpre poursuite de l'homme. Le Danemark possède des établissements sur la côte occidentale et méridionale (*Godthaab, Christianshaab, Upernavick*, etc.). Les indigènes, peuple aux cheveux noirs, aux pommettes saillantes, au teint cuivré, aux yeux obliques, portent le nom d'*Esquimaux* (mangeurs de poisson cru), ou d'*Innuits* (les hommes qui sont du peuple).

A l'ouest du Groënland, et au nord de l'Amérique, sont situées, la *Terre de Baffin*, séparée du Groënland par le détroit de *Davis*, de l'Amérique par le détroit d'*Hudson*, et le canal de *Fox* (navigateur anglais du dix-septième siècle), du *Devon* septentrional (*North-Devon*) (1) par le détroit de *Lancastre*;

Les îles *Cornwallis* et *Bathurst* (2), séparées de la terre de *Sommerset* et de l'île du *Prince-de-Galles*, par le détroit de *Barrow* (3);

L'île *Melville* et la terre du Prince *Patrick*, séparées de la terre du *Prince-Albert* (4) et de la terre de *Banks* (5), par le détroit de *Melville* et celui de *Banks*;

Les terres de *Grinnell* (6) et de *Grant* (7), séparées du Groënland par les détroits de *Smith* et de *Kennedy*;

La terre du *Roi-Guillaume*, au sud de l'île du *Prince-de-Galles* et à l'est de la presqu'île de *Boothia* (8).

Glacées et sans végétation, tour à tour éclairées par un soleil pâle et froid, ou plongées dans des nuits de plusieurs mois qu'illuminent les aurores boréales, la plupart de ces terres sont dépourvues d'habitants. La mer est elle-même couverte de glaces flottantes qu'y versent les glaciers du Groënland, ou de glaces fixes qui prennent le nom de banquises, et ces parages ne sont guère visités que par les canots et les traîneaux des Esquimaux, ou par de rares navigateurs qu'y attire la pêche du phoque et de la baleine.

Passage nord-ouest. — Dès le seizième siècle, les navigateurs portugais, français, anglais se préoccupèrent de découvrir, au nord de l'Amérique, un passage qui permît de se rendre en Chine et au Japon par une route plus courte que celle du cap de Bonne-Espérance.

En 1497 deux vénitiens établis en Angleterre, *Jean* et *Sébastien Cabot*, pénètrent jusqu'au détroit de Davis. De 1500 à 1503 les Portugais *Gaspar* et *Miguel Cortereal* se perdent

(1) Le Devon est un des comtés de l'Angleterre.

(2) Noms d'un marin et d'un homme d'État anglais des dix-huitième et dix-neuvième siècles.

(3) Sir John Barrow, secrétaire de l'Amirauté anglaise, fut un des promoteurs les plus zélés des expéditions arctiques, dans le premier tiers du dix-neuvième siècle.

(4) Le prince Albert, mort en 1861, avait épousé la reine d'Angleterre, Victoria, qui règne encore.

(5) Banks avait accompagné comme naturaliste un des plus grands explorateurs anglais du dix-huitième siècle, le capitaine Cook.

(6) Le nom de Grinnell est celui d'un négociant américain qui fit les frais de plusieurs expéditions arctiques.

(7) Le général Grant a été président de la république des États-Unis.

(8) Félix Booth, ami de Ross, était un négociant de Londres qui fit les frais de l'expédition de Ross en 1829.

dans les mêmes parages. C'est en cherchant comme eux un passage au nord de l'Amérique que *Verazzano*, envoyé par François Ier (1523), et plus tard *Jacques Cartier* découvrent le Saint-Laurent que le second remonte jusqu'à Montréal.

L'Anglais *Frobisher* (1576-1578) retrouve le Groënland, déjà découvert au dixième siècle après J.-C. par les navigateurs normands et scandinaves qui avaient fondé des établissements à Terre-Neuve.

Davis (1585-1587) explore le détroit qui porte son nom.

Hudson (1607-1610) découvre la mer d'Hudson ;

Baffin (1616), celle de Baffin et le détroit de Lancastre.

En 1725, le Danois *Béring*, au service de la Russie, franchit le détroit de Béring qui sépare l'Amérique de l'Asie.

En 1819 et 1821, l'Anglais *Parry* reconnaît les détroits de *Lancastre* et de *Barrow* et explore les côtes de l'île *Melville*, de l'île *Bathurst*, de la terre de *Baffin*, etc.

John Ross complète ces découvertes et passe trois hivers dans les mers glaciales (1829-1833).

De 1820 à 1822, *John Franklin* avait reconnu dans un voyage par terre la partie du littoral américain de l'océan Glacial qui n'avait pas encore été explorée, et démontré ainsi la possibilité, sinon l'existence de ce passage nord-ouest cherché depuis si longtemps; mais, en 1845, il part pour une expédition maritime qui doit lui coûter la vie. Les cadavres des derniers survivants ont été retrouvés en 1859 sur la terre du Roi-Guillaume par Mac-Clintock.

Parmi les nombreux voyageurs qui s'acharnèrent de 1848 à 1859, à la recherche de Franklin, on doit citer *Inglefield* et son compagnon, le Français *Bellot, Mac-Clintock, Mac-Clure* qui, en 1850, découvrit, en partant du détroit de Béring, le canal qui porte son nom, entre la terre du *Prince-Albert* et la terre de *Banks;* mais ce canal, obstrué par les glaces, est impraticable même pour les plus petites embarcations, comme tous les autres passages que les explorateurs ont inutilement reconnus. *Kane*, voyageur américain, crut apercevoir, en 1854, au delà du 81e degré de latitude nord, une mer libre de glaces, à laquelle il donna son nom. Le docteur *Hayes*, qui s'avança par terre jusqu'au 82e degré, crut voir aussi en 1862 la mer libre paraissant s'étendre jusqu'au pôle, mais les voyages récents n'ont pas confirmé ces espérances. Les expéditions américaines (*Hall*, 1871) et anglaises (*Nares*, 1875) semblent avoir démontré l'impossibilité d'arriver au pôle par la route du détroit de Smith. Nansen, en suivant les courants polaires, s'est élevé jusqu'au delà du 86° (1893-96), latitude qu'a récemment dépassée de quelques minutes l'expédition italienne du duc des Abruzzes (1900).

RÉSUMÉ

Terres arctiques.

On désigne sous le nom de TERRES ARCTIQUES les terres situées au nord de l'Amérique, de l'Europe et de l'Asie, et baignées par l'océan Glacial arctique.

Les principales sont : 1° au nord de l'Asie, la TERRE DE WRANGEL, la NOUVELLE-SIBÉRIE, la NOUVELLE-ZEMBLE, la TERRE FRANÇOIS-JOSEPH (1873 : 2° au nord de l'Europe, le SPITZBERG et l'île d'ISLANDE ; 3° au nord de l'Amérique, le GROENLAND, baigné à l'ouest par le détroit de *Davis*, la mer de *Baffin*, les détroits de *Smith* et de *Kennedy*, à l'est par l'océan Glacial, et dont l'intérieur et la partie septentrionale sont à peu près inconnus. Le Danemark y possède des établissements. Les indigènes portent le nom d'*Esquimaux*.

A l'ouest du Groënland, la *Terre de Baffin* et le *North-Devon*, séparés par les détroits de *Barrow* et de *Lancastre* ;

Les terres de *Grinnell* et de *Grant*, séparées du Groënland par les détroits de *Smith* et de *Kennedy* ;

L'île *Bathurst* et l'île du *Prince-de-Galles* ;

Les îles *Melville* et *Banks*, séparées par le canal de *Mac-Clure*.

PASSAGE NORD-OUEST. — Le passage navigable qui permettrait de faire le tour de l'Amérique par le nord a été cherché sans succès depuis le seizième siècle. Les principaux explorateurs sont : *Davis* (1585), *Hudson* (1607-1610), *Baffin* (1616), le Danois *Béring* (1725) ; en 1819 et 1821. l'Anglais *Parry* ; en 1829, *Ross* : en 1820-1821, sir *John Franklin*, qui achève l'exploration par terre du littoral de l'Amérique baigné par l'océan Glacial et périt dans une nouvelle expédition (1845-47) ; de 1850 à 1900, *Mac-Clintock, Mac-Clure, Kane, Hayes, Hall, Nares, Nansen* et le *duc des Abruzzes* ; ces deux derniers ont dépassé le 86° de latitude nord.

Exercices.

Carte des régions arctiques. Itinéraire des principales expéditions.

Lectures.

LESBAZEILLES. *Les merveilles du monde polaire.*
DE FONVIELLE. *La conquête du pôle nord.*
BELLOT. *Journal d'un voyage aux mers polaires*
HALL. *Deux ans chez les Esquimaux.*
HAYES. *La mer libre du pôle.*
NARES. *Un voyage à la mer polaire.*
GREELEY. *Dans les glaces arctiques.*

CHAPITRE II

Nouveau Continent. — Les mers et les rivages.

I

NOTIONS GÉNÉRALES SUR LA GÉOGRAPHIE DES DEUX AMÉRIQUES

L'Amérique, située entre le 36ᵉ et le 171ᵉ degré de longitude occidentale, entre le 55ᵉ degré de latitude sud (exactement 55° 48′ 40″) et le 71ᵉ de latitude nord, se divise en deux grandes masses de terres, réunies par l'isthme étroit de Panama : l'Amérique du Nord et l'Amérique du Sud.

Amérique du Nord. Divisions. Bornes et superficie. — L'Amérique du Nord comprend six régions :

1° et 2° Au **nord**, l'ancienne Amérique russe, aujourd'hui territoire d'Alaska, et les possessions anglaises (Dominion of Canada) ;

3° Au **centre,** les États-Unis ;

4°, 5° et 6° Au **sud,** le Mexique, les républiques de l'Amérique centrale et les Antilles.

Elle est située entre 9° et 71° de latitude nord, 55° et 171° de longitude occidentale, et bornée au *nord* par l'**océan Glacial arctique ;**

A l'*est*, par l'océan **Atlantique ;**

Au *sud*, par le **golfe du Mexique**, la *mer des Antilles*, et l'*isthme de Panama* ;

A l'*ouest*, par l'**océan Pacifique** et le détroit de *Béring* qui la sépare de l'Asie.

Sa superficie totale est de 20 millions de kilomètres carrés : sa plus grande largeur de l'est à l'ouest, entre l'île de *Terre-Neuve* et l'île *Vancouver*, est de 6 000 kilomètres ; sa plus grande longueur du nord au sud, de la presqu'île de *Boothia* à l'isthme de Panama, est d'environ 7 000 kilomètres.

Le continent de l'Amérique du Nord est un quadrilatère (figure à quatre côtés), profondément échancré au nord-est par la mer d'Hudson, et se prolongeant vers le sud par un isthme de plus en plus étroit qui rattache les deux continents américains.

Amérique du Sud. Divisions. Bornes et superficie. — L'Amérique du Sud se divise en plusieurs régions :

1° Au **nord,** la Colombie et les Guyanes ;

2° Au **nord-est,** le Brésil ;

3° Au **sud-est,** le Paraguay, l'Uruguay, la Confédération Argentine et la Patagonie ;

4° Au **sud-ouest** et à l'**ouest,** le Chili, la Bolivie et le Pérou.

Elle est située entre 55°48' de latitude sud et 11° de latitude nord, 37° et 83° de longitude ouest, et bornée, au nord, par l'isthme de l'Amérique centrale et la *mer des Antilles,* qui forme le *golfe de Darien* (Colombie) ; au nord-est, à l'est et au sud, par l'**Atlantique ;** à l'ouest, par l'**océan Pacifique,** qui forme les golfes de *Guayaquil* et de *Panama.*

La superficie totale du continent et des îles est de 18 millions de kilomètres carrés. Sa plus grande largeur de l'est à l'ouest (du cap *Saint-Roch,* au Brésil, à la pointe *Parina,* au Pérou) est de 5000 kilomètres ; sa plus grande longueur du nord au sud (du cap *Gallinas,* au nord-est des États-Unis de Colombie, au cap *Horn*) est d'environ 9000 kilomètres. Sa forme est triangulaire comme celle de l'Afrique, mais ses côtes sont plus découpées et sa structure moins massive que celle du continent africain.

II

L'OCÉAN ATLANTIQUE

L'océan Glacial et la mer d'Hudson. — Le littoral septentrional de l'Amérique du Nord, en partie couvert de tourbières glacées, est baigné par l'océan Glacial arctique qui prend, sur la côte occidentale du *Groënland,* le nom de mer de *Baffin,* et qui s'enfonce sous le nom de *mer d'Hudson* entre la presqu'île sauvage du *Labrador* et les côtes désertes de l'Amérique anglaise. Les explorateurs ont reconnu sur les côtes de l'océan Glacial plusieurs golfes profonds, des caps escarpés (pointe *Barrow,* cap *Lisburne,* qui appartiennent au territoire d'Alaska), et de grandes presqu'îles dont les deux plus importantes, situées au nord-est, sont la *Boothia* et la presqu'île *Melville.* L'océan Glacial communique avec l'océan Pacifique par le détroit de *Béring ;* la mer de Baffin et la mer d'Hudson communiquent avec l'océan Atlantique, la première par le détroit de *Davis*, la seconde par le détroit d'*Hudson*.

Océan Atlantique. Amérique du Nord. — Le cap *Chidley*, au nord de la presqu'île du Labrador, et le cap *Farewell*, à l'extrémité méridionale du Groënland, marquent l'entrée d'un large canal dominé par des côtes abruptes et stériles, qui se rétrécit pour former le détroit de Davis et qui fait communiquer les mers arctiques avec l'océan Atlantique. Du cap *Chidley* jusqu'au détroit de *Belle-Ile* qui sépare le **Labrador** de l'île de Terre-Neuve, le littoral, semé d'écueils, balayé par les courants glacés qui descendent des mers polaires, sans végétation et sans habitants sauf pendant la saison de la pêche de la morue, offre l'aspect désolé des régions arctiques.

La grande île de **Terre-Neuve** (en anglais *Newfoundland*), la plus orientale des terres de l'Amérique du Nord, déchiquetée par des baies bordées de falaises grisâtres et enveloppée de brouillards éternels, et la presqu'île rocheuse de l'Acadie ou **Nouvelle-Ecosse** avec l'île du *Cap-Breton*, qui lui sert pour ainsi dire de brise-lames, s'avancent comme une double jetée pour protéger contre la houle du large le vaste golfe du **Saint-Laurent**. C'est une espèce de lac maritime, semé d'îles boisées, l'île du *Prince-Edouard*, l'île d'*Anticosti*, etc., encadré de hautes falaises et où débouche, par un estuaire large de 150 kilomètres, l'un des fleuves les plus majestueux de l'Amérique du Nord, le Saint-Laurent, déversoir des grands lacs.

La France garde, comme un souvenir de sa domination sur Terre-Neuve et sur le Canada, les îlots stériles de *Saint-Pierre* et *Miquelon*, à 30 kilomètres au sud de la grande île, et le droit de pêcher la morue sur les bancs de Terre-Neuve et sur les côtes septentrionales et orientales de cette île.

Les bancs sont un plateau sous-marin situé au sud-est de Terre-Neuve, long de près de 1 000 kilomètres, large de 400 à 500, où les profondeurs varient de 30 à 100 mètres, et qui paraît avoir été formé par la double action des courants polaires et du courant chaud désigné sous le nom de *Gulf-Stream*.

Les montagnes de glace entraînées par les courants arctiques se fondent au contact des eaux chaudes et déposent dans la mer les roches et les matières terreuses qu'elles transportent avec elles; ces mêmes courants rongent et désagrègent les côtes de Terre-Neuve et du Labrador dont ils emportent les débris; les dépouilles des innombrables animaux marins que le Gulf-Stream roule dans ses flots et que fait périr le refroidissement de la température viennent s'entasser sur ces dépôts: peu à peu le sol s'élève, se couvre d'un tapis d'algues, et forme une immense prairie sous-marine habitée du printemps à l'automne par de véritables colonies de harengs et de morues qui y trouvent une nourriture abondante et comme une oasis dans les déserts de l'océan.

De l'extrémité méridionale de la Nouvelle-Écosse, à l'entrée de la baie de *Fundy*, jusqu'à l'entrée de la baie de *Chesapeake*, le littoral des États-Unis est en général élevé, semé d'îles granitiques, découpé par d'innombrables baies, baies de *Boston*, de *New-York*, etc., et par des golfes qui s'enfoncent profondément dans les terres comme ceux de la *Delaware* et de *Chesapeake*; c'est sur cette côte que sont situés les meilleurs ports des États-Unis, Boston, New-York, Philadelphie, Baltimore, etc... Au sud de la baie de Chesapeake, la côte s'abaisse : elle est bordée de lagunes que sépare de la mer une étroite bande de sables. De longues pointes sablonneuses comme le cap *Hatteras*, des hauts-fonds dont la pente est presque insensible, rendent ces parages dangereux pour la navigation.

Dans la Caroline du Sud et la Géorgie, la côte reste plate et à demi inondée, et les bons ports sont rares (Charleston, Savannah). Elle se termine par une presqu'île marécageuse, longue de près de 600 kilomètres, la **Floride,** dont la pointe extrême est le cap *Sable*. Elle est entourée dans sa partie méridionale d'écueils qui la rendent à peu près inabordable. Le canal de **Bahama** ou de **Floride,** entre l'archipel des îles Bahama, l'île de Cuba et la Floride, donne accès dans le golfe du Mexique. Pour éviter le long détour qu'impose aux navires la nécessité de doubler la presqu'île, on a entrepris d'ouvrir dans sa partie septentrionale un canal maritime long d'environ 200 kilomètres et qui permettrait de pénétrer directement dans le golfe du Mexique.

A l'est du cap Hatteras et à environ 1 900 kilomètres du littoral américain, est situé un groupe de plus de 300 îles ou îlots, les **Bermudes** (du nom de l'Espagnol Bermudez qui les découvrit en 1522), qui appartiennent à l'Angleterre. Ce sont des îles peu élevées, au sol aride, qui reposent sur un plateau de coraux isolé au milieu de l'Atlantique. On y pratique la culture maraîchère.

Le golfe du Mexique. — Le golfe du Mexique est une méditerranée de forme circulaire qu'entourent à l'est la presqu'île de Floride, au nord le littoral des Etats-Unis, à l'ouest celui du Mexique, au sud la presqu'île de **Yucatan** et la grande île de Cuba séparées par le *détroit de Yucatan*, entre le cap *Saint-Antoine* (Cuba) et le cap *Catoche* (Yucatan), qui ouvre la communication avec la mer des Antilles.

Les côtes sont presque partout basses, sablonneuses ou marécageuses, comme dans le *delta* du *Mississipi*, bordées de lagunes et de cyprières (1), infestées de moustiques, et désolées périodiquement par la fièvre jaune, ce fléau de l'Amérique tropicale.

Les plus grandes profondeurs connues du golfe du Mexique ne dépassent pas 2 000 mètres. Elles occupent le centre du bassin dont les bords s'abaissent par une pente presque régulière et sans brusques escarpements.

Le Gulf-Stream. — C'est dans cette espèce d'entonnoir que viennent s'engouffrer les courants équatoriaux refoulés par les vents alizés dans la mer des Antilles, et brisés par le continent américain, qui ne leur laisse d'autre issue que le large détroit de Yucatan.

Une partie de ces courants contourne l'île de Cuba et s'échappe par le canal de Bahama, mais la masse principale décrit un immense circuit en longeant le littoral du Mexique et des Etats-Unis, et s'échauffe de plus en plus sous un soleil de feu, qui provoque une évaporation abondante et un accroissement de salure et de densité. Quand ces eaux arrivent au canal de Bahama, elles s'y engagent avec une vitesse de 8 à 9 kilomètres à l'heure, puis, au sortir du détroit, s'étalent sur une largeur de 150 à 160 kilomètres, formant un véritable fleuve maritime, d'un bleu foncé, d'une température de près de 30 degrés centigrades, d'une profondeur d'environ 356 mètres. Ce fleuve coule vers le nord entre des berges et sur un lit d'eaux vertes dont la température ne dépasse pas 20 à 22 degrés.

C'est ce courant qui a reçu le nom de *Gulf-Stream* (courant du golfe) et qui joue un si grand rôle dans la géographie physique de notre hémisphère. Il longe à quelqu

(1) Le cypre est un arbre de la famille des palétuviers porté sur de longues racines qui émergent au-dessus du sol et qui le soutiennent pour ainsi dire en l'air. On le rencontre surtout dans le delta du Mississipi.

distance la côte américaine dont il est séparé par une nappe moins chaude que les Américains appellent le *mur froid*; mais, à peu près à la hauteur de New-York, l'action des courants polaires, qui commence à se faire sentir, celle des vents d'ouest et de nord-ouest dominants dans ces parages, la rencontre des plateaux sous-marins situés au sud de Terre-Neuve contribuent à l'infléchir vers le nord-est en même temps qu'à diminuer sa vitesse et à abaisser sa température.

Mer des Antilles. — La mer des Antilles ou mer des *Caraïbes* (1) a la forme d'une ellipse allongée de l'ouest à l'est; c'est une méditerranée comme le golfe du Mexique : à l'ouest, elle est bordée dans l'Amérique centrale, où elle forme le golfe de *Honduras*, d'un chapelet de lagunes ou de bancs de sable; au sud les côtes de la Colombie et du Vénézuéla, creusées par les golfes de *Darien* et de *Maracaibo*, sont plus élevées, plus rocheuses, mais brûlées par le soleil.

Une chaîne d'îles montueuses et arides, les **Iles-sous-le-Vent** (*Curaçao, Buenaire, Tortuga, Margarita*), s'étend sur le littoral du Vénézuéla entre la presqu'île de *Paraguana* et celle de *Paria*; c'est le commencement des *Petites Antilles*, qui doivent probablement leur nom à l'île fabuleuse d'*Antilia* que les géographes du quinzième siècle plaçaient à l'ouest des Açores.

Les **Petites Antilles** à l'est et les **Grandes Antilles** au nord marquent la limite entre la mer des Antilles et l'Atlantique. Elles reposent sur un plateau sous-marin qui forme une barrière entre les deux mers. De chaque côté du plateau la sonde descend à des profondeurs de 3 000 à 4 000 mètres, tandis qu'elle s'arrête dans les canaux qui séparent les îles entre 500 et 1 500 mètres.

Les Petites Antilles ou *Iles du Vent* (2) (la *Trinité, Tabago, Grenade, Saint-Vincent,* la *Barbade, Sainte-Lucie,* la *Martinique,* la *Dominique,* la *Guadeloupe, Montserrat, Antigua, Newis, Saint-Christophe, Barbade, Saint-Barthélemy, Saint-*

(1) C'était le nom des habitants indigènes des Antilles qui ont complètement disparu.

(2) Pour le navigateur qui vient d'Europe et qui entre dans la mer des Antilles, les îles situées à l'est sont du même côté que les vents alizés qui soufflent de l'est; les îles situées à l'ouest, comme Curaçao, sont sous le vent, c'est-à-dire du côté opposé à la direction des vents alizés.

Martin, et les îles *Vierges*) sont presque toutes des îles volcaniques, secouées par les tremblements de terre, inondées par les pluies des tropiques, et dont le climat chaud et humide favorise, surtout dans les terres basses, le développement des épidémies de fièvre jaune.

Les Grandes Antilles, *Porto-Rico* (9 620 kil. car.), *Haïti* ou *Saint-Domingue* (74 000 kil. car.), **Cuba** (118 800 kil. car.), et la *Jamaïque* (10 859 kil. car.), offrent à peu près les mêmes caractères, mais leurs plus hauts sommets dépassent 2 400 mètres, et rivalisent avec nos grandes montagnes européennes.

Au nord-est de Cuba, s'étend une longue rangée d'îles madréporiques (1) et de récifs de corail (environ 1 400 kilomètres de longueur), l'archipel des **Lucayes** ou **Bahama,** sans eau et en partie inhabité. La plus connue des Lucayes est la petite île de *Guanahani* ou *San-Salvador,* où Christophe Colomb aborda en 1492.

La mer des Antilles est souvent balayée du mois d'août au mois d'octobre par des ouragans terribles, appelés *tornados,* qui arrachent les arbres, rasent les maisons, lancent la mer dans l'intérieur des terres et engloutissent les navires qui se trouvent sur leur passage.

Amérique du Sud. Atlantique. — Depuis le delta vaseux de l'Orénoque, au sud de la presqu'île de Paria, jusqu'à l'embouchure de l'Amazone, le littoral de l'Amérique du Sud baigné par l'Atlantique (Vénézuéla et Guyanes) est bas, marécageux, couvert de forêts de palétuviers ou de dunes sablonneuses. C'est une des régions les plus insalubres de l'Amérique tropicale.

Les terres basses et inondées se continuent sur le littoral du Brésil jusqu'aux bouches de l'Amazone. Au sud de la Guyane brésilienne s'ouvre tout à coup un large estuaire, obstrué par des îles marécageuses dont la plus considérable, celle de *Marajo,* a plus de 50 000 kilomètres carrés. C'est là que débouchent dans l'océan deux des plus grands cours d'eau du nouveau monde, l'*Amazone* et le *Tocantins* ou *Rio Para,* réunis par plusieurs bras qui isolent l'île Marajo du continent. La masse d'eau déversée par ces fleuves est tellement énorme et leur courant est si rapide, qu'il se fait sentir à près

____

(1) On appelle madrépores des animaux marins de la même famille que les coraux qui sécrètent une matière calcaire et finissent par former des bancs sous-marins, puis des îles par l'accumulation de ces sécrétions.

de 300 kilomètres en mer, et qu'à marée basse leurs eaux grisâtres ne se mêlent pas aux eaux vertes de l'océan dont la salure dans ces parages est presque insensible. A l'époque des grandes marées, la lutte du fleuve contre la mer prend des proportions gigantesques : des vagues de 15 mètres se soulèvent et s'abattent sur ses rives avec le bruit du tonnerre, en balayant tout sur leur passage. Ce terrible mascaret de l'Amazone, désigné par les indigènes sous le nom de *pororoca*, se fait sentir jusqu'à 700 kilomètres dans l'intérieur.

Du Rio Para au cap Saint-Roch, la pointe la plus orientale de l'Amérique du Sud, la côte, plate et stérile jusqu'à l'île de *Maranhao*, moins monotone et plus sûre à partir de l'embouchure du Parnahyba, s'infléchit de plus en plus vers le sud-est et se détourne vers le sud à partir du cap Saint-Roch.

De ce cap à l'île Sainte-Catherine, le littoral se relève ; les plages basses alternent avec les rochers et les falaises ; un récif de corail plus ou moins rapproché de la côte en défend les abords, mais il est percé de nombreuses brèches qui donnent accès dans des baies sûres et profondes, celles de Pernambuco, de Bahia, de Rio Janeiro ; au sud de cette dernière, une des plus vastes et des plus pittoresques du monde, les montagnes tombent presque à pic dans la mer que dominent des escarpements de 200 à 300 mètres. Mais à partir du cap *Sainte-Marthe,* à quelque distance de l'île Sainte-Catherine, les montagnes s'abaissent, la côte redevient plate et marécageuse et conserve ce même caractère jusqu'à l'estuaire du *Rio de la Plata,* entre la République de l'Uruguay et la République Argentine.

Ce golfe, large de 250 kilomètres entre Montevideo et le cap Saint-Antoine, reçoit presque autant d'eau que l'estuaire de l'Amazone, mais ses rivières n'ont pas le courant impétueux et le redoutable mascaret du grand fleuve brésilien ; l'Amazone n'a pas de port à son embouchure : ceux du Rio de la Plata, Montevideo, Buenos-Ayres et la Plata, comptent parmi les premiers du Nouveau Monde.

Au sud du Rio de la Plata la côte se prolonge jusqu'au détroit de Magellan, tantôt basse et bordée de lagunes, tantôt escarpée et rocailleuse, mais sauvage et inhospitalière, malgré ses golfes profonds et ses nombreuses découpures. Elle est longée par un courant chaud, dérivation du courant équatorial qui va se perdre dans les mers polaires.

A l'est du continent américain, sous la même latitude que

le détroit de Magellan, s'élèvent un groupe de près de 200 îlots et deux grandes îles montagneuses, les îles **Falkland** ou **Malouines,** au climat pluvieux, mais salubre, qui servent de relâche aux baleiniers de la mer du Sud.

Le détroit de Magellan. L'archipel magellanique. — L'Amérique méridionale se termine par un groupe d'îles rocheuses, couvertes de forêts ou de pâturages, hérissées de montagnes volcaniques. La plus considérable, la *Terre de Feu*, est dominée par des sommets de plus de 2 000 mètres.

Dans la plus méridionale de ces îles, le cap **Horn**, situé par 55° 48′ 40″ de latitude sud, est une pyramide noirâtre, haute de 565 mètres, presque toujours entourée de brumes, battue par les courants des mers polaires, qui charrient jusqu'au 50° degré des glaces flottantes, et qui enveloppent l'archipel magellanique. Le premier navigateur qui l'ait doublé, le Hollandais Lemaire (1616), lui donna le nom d'une ville de Hollande qui avait vu naître son lieutenant, Schouten.

La Terre de Feu et les îles situées plus à l'ouest sont séparées du continent de l'Amérique du Sud par un long canal (550 kilomètres), large de 2 à 6 kilomètres, sinueux, bordé tantôt de terres basses, tantôt de formidables escarpements, balayé par les vents d'ouest et d'une navigation difficile. Fernand de Magellan, qui le découvrit et le traversa le premier en 1520, mit plus d'un mois à le franchir. Il est encore fréquenté par les navires à vapeur, mais la navigation à voiles l'a abandonné depuis le dix-septième siècle pour la route du cap Horn, moins longue et moins périlleuse.

III

L'OCÉAN PACIFIQUE

Le littoral de l'Amérique du Sud. — Le littoral de l'océan Pacifique, depuis le débouché du détroit de Magellan jusqu'à l'île Chiloé (Chili), est hérissé de montagnes, déchiqueté par des fiords sinueux et semé de nombreuses îles (*Archipel de la Mère de Dieu*, île *Wellington*, archipel *Chonos*, archipel de *Chiloé*), dont deux, *Wellington* et *Chiloé*, ont une superficie de plus de 13 500 kilomètres carrés.

Au nord de l'île Chiloé et jusqu'au Pérou, la côte est

moins élevée, peu découpée, presque toujours stérile, souvent insalubre et à peu près inhabitable dans le désert brûlant d'Atacama. A 660 kilomètres à l'ouest du port chilien de Valparaiso, surgit, isolé au milieu de l'Océan, le groupe des îles *Juan Fernandez*, où vécut abandonné de 1704 à 1709 le matelot anglais Selkirk, l'original de *Robinson Crusoé*.

Le littoral du Pérou n'est guère plus favorisé que celui du Chili : toujours la même monotonie, la même sécheresse, la même stérilité, à peine quelques rades mal abritées et quelques groupes d'îlots rocheux (îles *Chinchas*, îles *Lobos*, dont les gisements de guano sont à peu près épuisés. La chaleur serait insupportable si le courant polaire connu sous le nom de courant de Humboldt ou du Pérou ne rafraîchissait cette terre embrasée.

A partir du golfe de *Guayaquil*, le littoral de l'Equateur et de la Colombie est un peu plus découpé, mais presque aussi aride et non moins malsain. La côte du Pacifique n'est du reste qu'une étroite lisière de terres basses dominées par des montagnes hautes de 2 000 à 3 400 mètres, dont les contreforts plongent jusque dans la mer. Elle ne s'abaisse qu'à l'isthme de Panama qui se courbe en demi-cercle et dessine un des golfes les plus vastes du littoral occidental des deux Amériques, celui de *Panama*, débouché du canal inachevé qui devait couper l'isthme et réunir les deux Océans.

Le seul groupe d'îles qui dépende de l'Amérique du Sud, au nord du tropique du Capricorne, en dehors des îlots semés sur la côte, est celui des îles *Galapagos* (îles des Tortues), archipel volcanique situé sous l'équateur, à environ 1 000 kilomètres de Guayaquil.

Littoral de l'Amérique centrale. — L'isthme de l'Amérique centrale (*Costa-Rica, Nicaragua, Honduras, San-Salvador, Guatemala, Mexique*) ouvre à la navigation des baies plus vastes et plus sûres que celles de l'Amérique du Sud. Le golfe de *Tehuantepec* (Mexique) l'emporte par son étendue sur celui de Panama, et les cinq petites républiques de l'Amérique centrale possèdent à elles seules plus de mouillages bien abrités et de ports d'un accès facile que tout le continent américain depuis Valparaiso jusqu'à Panama; mais le littoral est aussi étroit, aussi resserré par les montagnes, aussi brûlé par le soleil et presque partout aussi peu salubre que celui de l'Equateur ou du Pérou. Le groupe stérile des îles *Revilla-Gigedo*, perdues dans l'Océan à

500 kilomètres du Mexique, n'est guère fréquenté que par les chasseurs de tortues.

Le littoral de l'Amérique du Nord. — Le véritable continent de l'Amérique du Nord commence à la hauteur du tropique du Cancer, à l'endroit où l'isthme mexicain atteint sa plus grande largeur, à l'entrée de ce golfe profond désigné sous le nom de mer *Vermeille* et qui sépare du continent l'étroite et longue presqu'île de la *Vieille-Californie*, terminée par les escarpements du cap *Saint-Lucas*. Les pêcheries de perles qu'on y exploitait autrefois ne sont plus qu'un souvenir.

Le littoral des Etats-Unis, plus sain, plus varié et plus hospitalier que celui du Mexique, conserve cependant les traits communs à toute la côte américaine de l'océan Pacifique: les montagnes longeant la mer, de hautes rangées de falaises à peine interrompues par quelques plages sablonneuses, quelques estuaires ou quelques étroites échancrures. Le plus beau port de cette côte et l'un des plus beaux du monde est celui de *San-Francisco*, dans l'estuaire du *Sacramento*.

A partir de l'île *Vancouver*, le littoral de la Colombie britannique et du territoire d'Alaska offre certaines analogies avec celui du Chili. Comme dans l'Amérique du Sud, de hautes montagnes, en partie volcaniques, serrent de près la côte, des fiords sauvages s'enfoncent profondément dans les terres, des îles élevées bordent le rivage d'une sorte de digue coupée de brèches étroites, la grande île **Vancouver**, l'archipel de la *Reine-Charlotte* (Colombie britannique), l'*archipel du Prince-de-Galles*, l'île *Kadiak*, etc. (territoire d'Alaska).

Depuis la presqu'île de la Vieille-Californie jusqu'à l'île Kadiak, le littoral est longé par des bras du courant du Japon qui en réchauffent la température, mais l'extrémité du continent américain, la presqu'île d'*Alaska*, prolongée par la chaîne des îles **Aléoutiennes** qui barrent l'entrée de la mer de Béring, et la côte profondément découpée qui s'étend de la presqu'île d'Alaska au cap du *Prince-de-Galles*, à l'entrée du détroit de Béring, plongent dans des mers que sillonnent les courants froids du pôle et qui sont couvertes de glaces pendant une partie de l'année. Cependant la pêche de la baleine, celle du phoque et de la loutre marine y attirent de nombreux navires pendant la saison d'été.

L'ensemble de la géographie maritime des

deux Amériques. — L'Amérique du Nord, si l'on y comprend les Antilles et l'isthme de l'Amérique centrale, est, après l'Europe, celui de tous les continents qui offre les conditions les plus favorables à la navigation. Plus compacte que notre continent européen, elle présente un développement de côtes de 48 000 kilomètres, environ un kilomètre de côtes pour 450 kilomètres de superficie.

L'Amérique du Sud, au contraire, massive comme l'Afrique, dont elle rappelle la forme, n'a guère qu'un kilomètre de côtes pour 690 kilomètres carrés; mais les mers qui la baignent ne gèlent jamais, tandis qu'un tiers du littoral de l'Amérique du Nord est obstrué par les glaces et inabordable en toute saison ou fermé à la navigation pendant la moitié de l'année.

Dans les deux continents, le littoral de l'Atlantique est plus découpé, plus riche en ports et en estuaires, il n'est pas resserré comme celui du Pacifique par une barrière de montagnes; des fleuves gigantesques, tributaires de l'Atlantique, ouvrent au commerce l'intérieur du continent; enfin les côtes orientales des deux Amériques ne sont séparées de l'Europe et de l'Afrique que par des distances médiocres si on les compare à celles qu'il faut franchir pour atteindre les ports asiatiques en partant de la côte occidentale (5000 kilomètres de Brest à New-York, 2800 du cap Saint-Roch au cap Vert, 10700 de San-Francisco à Chang-Haï, 16000 de Panama à Saïgon).

C'est donc aux ports de l'Atlantique qu'appartient la suprématie commerciale et maritime. Quelles que soient les destinées futures de l'Amérique, San-Francisco et Valparaiso ne détrôneront pas New-York et Buenos-Ayres.

RÉSUMÉ

Amérique du Nord. — Les mers et les rivages.

L'Amérique du Nord a pour LIMITES, au nord l'océan *Glacial arctique*, qui communique avec l'Atlantique par le détroit de *Davis*; à l'est l'océan *Atlantique*; au sud le canal de *Bahama* et le détroit de Floride, le *golfe du Mexique*, la *mer des Antilles* et l'isthme de *Panama*; à l'ouest l'océan *Pacifique* et le détroit de *Béring*. Elle est située entre 9° et 71° de latitude nord, 55° et 171° de longitude ouest. Sa superficie est d'environ 20 millions de kilomètres carrés.

Les MERS SECONDAIRES ou grands GOLFES sont : la mer d'*Hudson*, qui communique avec l'Atlantique par le détroit d'*Hudson*, le golfe du *Saint-Laurent*, la baie de *Delaware*, la baie de *Chesapeake*, le golfe du *Mexique*, qui communique avec l'Atlantique par le détroit de *Floride* et le canal de *Bahama*, avec la mer des Antilles par le détroit de *Yucatan*, et la *mer des Antilles*, formés par l'Atlantique : le golfe de *Tehuantepec*, le golfe de *Californie* ou *mer Vermeille* et la mer de *Béring*, formés par l'océan Pacifique.

Les principales PRESQU'ILES sont : au nord-est le Labrador, à l'est la Nouvelle-Ecosse, au sud-est la Floride, au sud le Yucatan, à l'ouest la Vieille-Californie, au nord-ouest la presqu'île d'Alaska.

Les principaux CAPS sont : le cap *Chidley*, au nord-est du Labrador, le cap *Hatteras* (Etats-Unis), et le cap *Sable*, au sud de la Floride, dans l'Atlantique ; le cap *Saint-Lucas*, au sud de la Vieille-Californie, et le cap du *Prince-de-Galles* (océan Pacifique).

Les principales ILES sont : dans l'Atlantique, *Terre-Neuve* et les *Bermudes* ; dans le golfe du Mexique et la mer des Antilles, les iles *Bahama*, les *Grandes Antilles* (*Cuba, Haïti, Porto-Rico, La Jamaïque*), et les *Petites Antilles* ; dans l'océan Pacifique, les iles *Vancouver*, de la *Reine-Charlotte, Kadiak* et *Aléoutiennes*.

Amérique du Sud.

L'Amérique du Sud, située entre 55° 48′ de latitude sud et 11° de latitude nord, 37° et 83° de longitude occidentale (18 millions de kilomètres carrés), est bornée au nord par l'Amérique centrale et la *mer des Antilles* (golfes de *Darien* et de *Maracaïbo*), à l'est par l'*océan Atlantique* (estuaires de l'*Amazone* et du *Rio de la Plata*), à l'ouest par l'*océan Pacifique* qui forme les golfes de *Panama* et de *Guayaquil*.

Le principal DÉTROIT, entre l'océan Atlantique et l'océan Pacifique, au sud de l'Amérique, est le détroit de *Magellan*.

Les principales ILES sont : dans l'*océan Atlantique*, les iles *Falkland*, la *Terre de Feu*, l'*Archipel Magellanique* ;

Dans l'*océan Pacifique*, les iles de la *Mère de Dieu*, l'île *Wellington*, l'île *Chiloé*, les iles *Juan Fernandez* et *Galapagos*.

Les principaux CAPS sont : le cap *Saint-Roch* (pointe orientale de l'Amérique du Sud), et le cap *Horn* (pointe méridionale de l'Amérique, au sud de la Terre de Feu).

Littoral des deux Amériques.

Le littoral de l'Atlantique, en général élevé et très découpé dans l'Amérique anglaise et dans la partie septentrionale des Etats-Unis, bas et marécageux depuis le cap Hatteras jusqu'à la Floride et sur les côtes du golfe du Mexique et de la mer des

Antilles, sauf dans le Vénézuéla (États-Unis, Mexique, Amérique centrale, Colombie et Vénézuéla), se relève dans l'Amérique du Sud aux environs du cap Saint-Roch. Du cap Saint-Roch à l'île Sainte-Catherine, la côte du Brésil est rocheuse, creusée de baies nombreuses et sûres ; elle s'abaisse dans la partie méridionale et sur les bords du Rio de la Plata pour se relever de nouveau en Patagonie.

Le littoral de l'océan Pacifique n'est, dans les deux continents, qu'une étroite lisière de terrains souvent insalubres, resserrée entre la montagne et la mer, et n'offrant qu'un petit nombre de ports dont le meilleur est celui de San-Francisco. Au nord (Amérique anglaise et Alaska) et au sud (Chili) elle est semée d'îles montagneuses dont les plus grandes sont celles de *Wellington* et de *Chiloé*, dans l'Amérique du Sud (Chili), et de *Vancouver*, dans l'Amérique du Nord. Le littoral de l'Atlantique offre des conditions beaucoup plus favorables à la navigation que celui de l'océan Pacifique.

Exercices.

Carte du littoral des deux Amériques. — Indiquer par des traits de couleurs différentes les parties basses et les parties élevées de la côte.

Lectures.

LANIER. *Lectures de géographie. L'Amérique.*
E. RECLUS. *Nouvelle Géographie universelle*, vol. XV.

CHAPITRE III

Le relief du sol.

I

Configuration générale des deux Amériques. — Le relief du sol offre dans les deux Amériques une étrange symétrie et des caractères qui ne se retrouvent dans aucune des parties de l'ancien monde. En Europe et en Asie, les montagnes et les plateaux les plus élevés forment en quelque sorte le noyau du continent ; en Afrique même, où la côte est souvent montagneuse, les grandes plaines de l'intérieur sont coupées par des plateaux et par des massifs qui en rompent l'unité.

En Amérique, une région de hautes terres (Montagnes
Rocheuses, Cordillères et plateaux du Mexique et de l'Amérique centrale, Cordillères des Andes) occupe toute la partie
occidentale des deux continents, et les talus de ce gigantesque plateau bordent depuis le cap Horn jusqu'à la
presqu'île d'Alaska le littoral de l'océan Pacifique.

Dans l'Amérique du Nord, cette zone élevée couvre près
de 8 millions de kilomètres carrés, plus d'un tiers du
continent; dans l'Amérique du Sud, la bande est plus étroite :
la superficie ne dépasse pas 2 millions et demi de kilomètres carrés, à peu près le septième du triangle sud-amé-
ricain.

A l'est, parallèlement au littoral de l'Atlantique, mais
plus loin de la mer que les montagnes de l'ouest, se dressent,
dans l'Amérique du Nord, les chaînes et les plateaux du
Bas-Canada et du Labrador, et celles des Alléghanys
(superficie totale d'environ 1 million de kilomètres carrés);
dans l'Amérique du Sud, les montagnes de la Guyane et
les plateaux du Brésil (superficie totale d'environ 3 millions de kilomètres carrés). Leurs cimes ne dépassent
guère 2 500 mètres, à peu près la moitié de celles des Montagnes Rocheuses, un peu plus du tiers de celles des
Cordillères de l'Amérique méridionale. Entre ces deux renflements inégaux du sol américain, des bords glacés de
l'Océan Arctique aux rivages brûlants du golfe du Mexique,
de la Cordillère qui longe la mer des Antilles au détroit de
Magellan, s'étend la plaine symétrique comme la montagne :
dans les deux continents une zone de forêts s'allonge de
l'ouest à l'est entre deux régions de steppes qui portent
le nom de *prairies* et de *savanes* dans l'Amérique du Nord,
de *llanos* et de *pampas* dans l'Amérique du Sud. La région
forestière de l'Amérique du Nord, déjà dévastée par l'in-
cendie ou la hache du bûcheron, n'a guère plus d'un million
et demi de kilomètres carrés : celle de l'Amérique du Sud,
encore intacte, en compte près de 7 millions, les deux
tiers de la superficie de l'Europe.

II

AMÉRIQUE DU NORD

Les Montagnes Rocheuses. — C'est sur les bords
de la mer de Béring, dans la presqu'île d'Alaska, que com-

mence cet énorme massif qui, sous le nom général de Montagnes Rocheuses, couvre près d'un tiers de l'Amérique du Nord, depuis les frontières du Mexique jusqu'à l'entrée des mers polaires. Comme l'Atlas africain, cette région de hautes terres est un plateau tourmenté, creusé de dépressions profondes, sillonné de chaînes confuses et enfermé entre deux rangées parallèles de hautes montagnes : à l'est les **Montagnes Rocheuses** proprement dites (*Rocky mountains*) ; à l'ouest, le long du Pacifique, les volcans de l'Alaska, la chaîne des *Cascades* et la *Sierra-Nevada* qui se prolonge par la presqu'île de la Vieille-Californie.

Au nord, dans le territoire d'Alaska, le plateau est large de 200 à 300 kilomètres ; les plus hauts sommets : le volcan *Saint-Elie* (5 500 mètres), le mont *Fairweather* (*Beau temps*), appartiennent à la chaîne côtière ; ils surplombent le Pacifique et leurs glaciers se prolongent presque jusqu'à la mer.

Dans l'Amérique anglaise, le massif s'élargit. il a près de 500 kilomètres, de l'est à l'ouest : la chaîne orientale s'élève rapidement par des rangées de collines couvertes de sapins et semées de rochers, jusqu'à une altitude de plus de 4 000 mètres. Sur la ligne de faîte se dressent avec leur couronne de neige et leur ceinture de glaciers les géants des Montagnes Rocheuses, le mont *Brown*, le mont *Murchison*, qui dépassent 4 800 mètres.

Entre les Montagnes Rocheuses et la chaîne côtière des **Cascades** dont les pics les plus élevés n'atteignent pas 3 000 mètres, s'étend une des régions les plus sauvages de l'Amérique du Nord : gorges étroites où le *Fraser* et ses affluents roulent de cascade en cascade, et que dominent des falaises à pic hautes de 1 000 à 1 200 mètres; sommets dénudés se dressant au milieu d'un océan de verdure ; lacs dormant au fond des précipices ; arbres gigantesques escaladant les montagnes ; gradins réguliers qu'on dirait taillés de main d'homme, et que les anciens glaciers ont creusés au flanc des vallées. Il y a peu d'années, quelques sentiers tracés par les Indiens ou les trappeurs étaient les seules routes qui fissent communiquer les plaines de l'est avec le versant du Pacifique : aujourd'hui le chemin de fer transcontinental canadien, qui franchit les Montagnes Rocheuses à la passe de la *Tête jaune*, rattache *Montréal* sur le Saint-Laurent à *Vancouver* sur le Pacifique (4 650 kilomètres).

Sur le territoire des États-Unis, le massif s'élargit encore : sous la latitude de San-Francisco, il mesure plus de 2 000 kilomètres de la mer aux plaines du Nebraska et du Colorado. La chaîne orientale, tout en conservant sa direction vers le sud, se brise, se divise en plusieurs branches, et celle qui possède les sommets les plus élevés, le pic *Long* (4 350 mètres), le mont *Harvard* (4 384 mètres), le pic *Blanca* 4 409 mètres), etc..., cesse de former la ligne de partage des eaux. Elle livre passage, par des brèches profondes, à quelques-uns des affluents ou sous-affluents du Mississipi qui prennent leur source dans les chaînes intérieures. En avant de cette chaîne, qui continue à porter le nom de Montagnes Rocheuses, sauf dans la partie la plus méridionale et la moins élevée où elle prend le nom d'une des tribus indiennes qui l'habitent encore, les *Apaches*, s'avance comme un premier gradin de ce majestueux amphithéâtre, une longue bande de terrains stériles, où les nuages arrêtés par les Montagnes Rocheuses viennent rarement troubler la sérénité implacable d'un ciel sans pluies et sans brumes ; ce serait un Sahara sans les rivières qui la sillonnent et qui parfois se dessèchent en traversant pendant l'été ce sol brûlé par le soleil. Ce désert présente cependant une assez grande variété d'aspects : au sud, les plateaux monotones du Texas, les *llanos estacados* (plateaux jalonnés), comme les appelaient les Espagnols, parce que de longues perches jalonnaient la route à travers ces espaces sans eau, sans verdure et sans habitants ; dans le centre, des dunes de sables, où le nomade africain croirait retrouver sa patrie ; dans le nord, sur le territoire du Wyoming et du Dakota, la région des *Mauvaises Terres*, chaos de collines rougeâtres, de plaines arides couvertes d'efflorescences salines, de vallées stériles, de roches étrangement déchiquetées, taillées en pyramides, en tours, en obélisques et qu'on prendrait de loin pour les ruines de villes détruites. Ce désert est dominé par le massif des *Montagnes Noires*, dont les forêts, les eaux courantes et les vertes clairières contrastent avec l'aspect désolé de la plaine qui les entoure.

Sur le versant occidental des Montagnes Rocheuses, s'étalent de vastes plateaux, au nord celui de l'*Idaho* et de l'*Orégon*, couvert de forêts, creusé de vallées sauvages où roulent de gigantesques torrents, coupé de hautes plaines désertes et sablonneuses, tour à tour blanches de neige ou

Fig. 21. — La Cité du Grand Lac Salé.

calcinées par le soleil. C'est sur la limite orientale de ce plateau que se cache, aux bords du lac de *Yellow-Stone* (pierre jaune), dans un des replis des Montagnes Rocheuses, le *Parc National*, une des merveilles des États-Unis, avec ses cratères volcaniques, ses cascades écumantes, ses gorges sans issue, ses sources thermales et ses innombrables geysers qui laissent bien loin derrière eux ceux de l'Islande. L'État s'est réservé la propriété de cette curieuse région.

Le plateau de l'*Utah*, au sud de celui de l'Idaho, est un des plus secs de l'Amérique du Nord ; un climat extrême, car l'altitude moyenne dépasse 1 500 mètres ; des plaines couvertes de sel ; des montagnes âpres et dénudées ; une sorte de mer intérieure, le *Grand lac Salé* qui se dessèche lentement et dont les eaux, comme celles de la mer Morte, ne nourrissent aucun poisson ; quelques torrents qui roulent plus de pierres que d'eau, telle est cette terre désolée que la secte des Mormons, les premiers colons de ce triste pays, avait justement baptisée du nom de *désert*. A l'est de l'Utah, le *Colorado*, moitié plaine, moitié montagne, est mieux arrosé et plus fertile ; à l'ouest, la *Nevada* étale ses plateaux aussi mornes, aussi arides, sillonnés de collines monotones et de vallées sans eau : au sud l'*Arizona* (la terre des cactus) et le *Nouveau-Mexique*, avec leur soleil brûlant et leur végétation déjà tropicale, sont traversés plutôt qu'arrosés par de grands fleuves : le *Rio-del-Norte* (Nouveau-Mexique), le *Colorado* et son affluent le *Rio-Gila* (Arizona) ; mais ces grands torrents roulent leurs eaux capricieuses, tantôt grossies par les orages et la fonte des neiges, tantôt presque taries, au fond de gorges étroites que les Espagnols appellent cañons (1), dont les parois à pic se dressent comme des murailles hautes de 800 à 1200 mètres, et ne laissent pas pénétrer le jour dans l'abîme où gronde le fleuve. Le plus long et le plus sauvage de ces cañons, celui du Colorado dans l'Utah, a près de 500 kilomètres, et ceux du même fleuve dans l'Arizona ne le lui cèdent guère en longueur et en profondeur. Les plateaux où les eaux ont creusé ces effroyables vallées ne sont que des déserts de sable ou de pierres semés çà et là de rares oasis.

La chaîne des Cascades et la Sierra Nevada.

(1) Ce mot se prononce *cagnon*.

— A l'est de cette région de hautes plaines, s'étend, de la frontière de la confédération canadienne à celle du Mexique, une double chaîne de montagnes parallèles au littoral du Pacifique, coupées par des gorges profondes et couvertes de forêts où croissent ces sapins gigantesques (*sequoia gigantea*) dont quelques-uns s'élèvent à près de 100 pieds et comptent plus de trois mille années. La chaîne intérieure porte, dans sa partie septentrionale jusqu'au 42° degré de latitude, le nom de **Chaîne des Cascades,** dans sa partie méridionale celui de **Sierra Nevada.** Leurs plus hauts sommets, le pic *Rainier* (4072 mètres), le mont *Hood* (3637 mètres), le mont *Shasta* (4401 mètres), le mont *Whitney* (4800 mètres), atteignent ceux des Montagnes Rocheuses.

La *chaîne littorale* (*Coast Range*), qui s'abaisse en pente douce vers le Pacifique, est moins élevée ; après avoir longé les côtes de la Californie, elle forme l'arête de la presqu'île de *Vieille-Californie* et se termine au cap Saint-Lucas.

Le versant occidental de la chaîne des Cascades et de la Sierra Nevada projette de nombreux contreforts qui séparent des vallées presque toutes fertiles et bien arrosées : le versant oriental s'abaisse brusquement vers les plateaux intérieurs, semés de lacs sans écoulement, et coupés par des chaînes de montagnes abruptes et dénudées. La partie de ces plateaux qui s'étend entre le fleuve Colorado et la Sierra Nevada, du 37° au 34° degré de latitude nord, et qui porte le nom de *Grand Bassin*, est un véritable désert aussi aride et presque aussi brûlant que le Sahara. Au milieu de cette plaine de sable s'ouvre une dépression, la *Vallée de la Mort*, située à 50 mètres au-dessous du niveau de l'Océan Pacifique, sorte de mer Morte desséchée dont le nom n'exagère pas la sinistre désolation.

Les lignes de chemins de fer transcontinentales. — Il y a un siècle, ces montagnes et ces plateaux n'avaient d'autres habitants que quelques tribus indiennes, quelques chasseurs d'origine anglo-américaine ou canadienne, et quelques chercheurs d'or mexicains ; trois ou quatre bourgades, assises sur les bords du Pacifique et sur le cours du Rio del Norte, servaient de centres au commerce des fourrures, et les seules routes étaient les pistes de chasse des Indiens.

La découverte des mines d'or de la Californie en 1848, et plus tard celle des mines d'argent de la Nevada, fut le signal d'une transformation sans exemple jusque-là dans l'histoire.

En quelques années des centaines de milliers d'émigrants se ruèrent vers cet eldorado qui semblait réaliser les rêves des aventuriers du seizième siècle : des villes s'improvisèrent au milieu des bois ou des déserts, des routes franchirent les montagnes et sillonnèrent les steppes; en 1869 le premier train de chemin de fer gravissait les Montagnes Rocheuses, San-Francisco était rattaché à New-York par une voie ferrée non interrompue de 5 200 kilomètres.

Aujourd'hui, les États-Unis comptent trois lignes de chemins de fer transcontinentales. La plus septentrionale (*Northern Pacific Railroad*), inaugurée en 1883, part de Saint-Paul sur le haut Mississipi, traverse le parc national de Yellowstone et aboutit à l'embouchure de la Columbia après un trajet de 3 200 kilomètres.

Fig. 22. — Le bison.

La ligne centrale, la plus ancienne (*Central Pacific Railroad*), franchit les Montagnes Rocheuses par la passe de Cheyenne, longe les rives orientale et septentrionale du grand lac Salé, traverse la Sierra Nevada par le défilé de Truckee et se termine à San-Francisco.

La plus méridionale (*South Pacific Railroad*) part de la Nouvelle-Orléans (golfe du Mexique), traverse le Texas, le Nouveau-Mexique, l'Arizona et la Nevada, se rattache à une

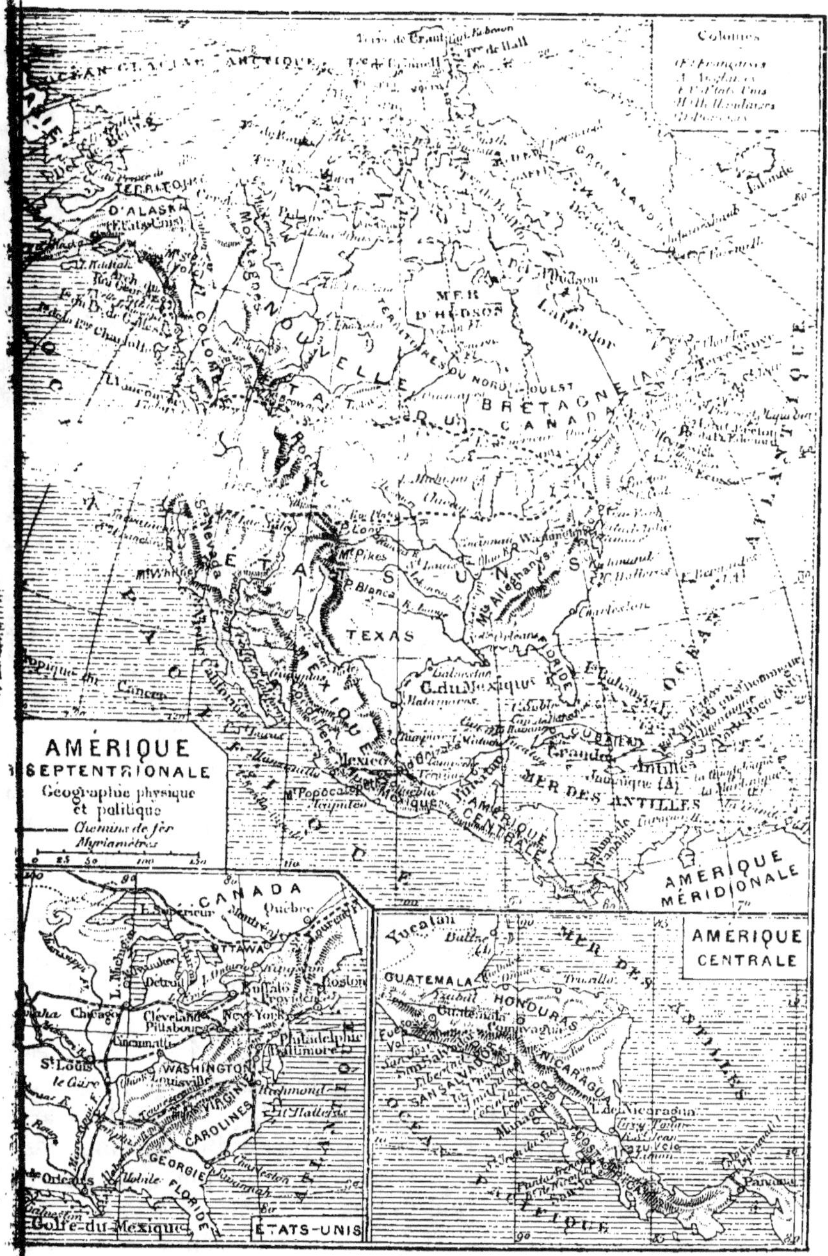

Colonies
AMÉRIQUE
SEPTENTRIONALE
Géographie physique
et politique
Chemins de fer
Myriamètres
OCÉAN GLACIAL ARCTIQUE
TERRITOIRE D'ALASKA
(États-Unis)
GROENLAND
MER D'HUDSON
Labrador
NOUVELLE BRETAGNE (OU CANADA)
TERRITOIRES DU NORD-OUEST
MONTAGNES ROCHEUSES
ÉTATS-UNIS
TEXAS
MEXIQUE
G. du Mexique
MER DES ANTILLES
Grandes Antilles
AMÉRIQUE CENTRALE
AMÉRIQUE MÉRIDIONALE
OCÉAN ATLANTIQUE
OCÉAN PACIFIQUE
CANADA
Québec
Montréal
OTTAWA
Détroit
Chicago
Cleveland
New York
Philadelphie
Baltimore
St Louis
WASHINGTON
Richmond
VIRGINIE
CAROLINES
GÉORGIE
FLORIDE
Golfe du Mexique
Nlle Orléans
Boston
ÉTATS-UNIS
AMÉRIQUE CENTRALE
Yucatan
Balize
GUATEMALA
HONDURAS
SAN SALVADOR
NICARAGUA
L. de Nicaragua
COSTA RICA
Panama
MER DES ANTILLES
OCÉAN PACIFIQUE

Carte VII.

autre ligne qui a pour point de départ Saint-Louis sur le Mississipi et finit à San-Francisco après un trajet de plus de 4 000 kilomètres.

Le plateau du Labrador et les Alléghanys. — Entre les hautes terres de l'ouest et l'Atlantique, la plaine de l'Amérique du Nord n'est interrompue que par les âpres collines de la rive gauche du Saint-Laurent, désignées sous le nom de *Laurentides*, par les plateaux du **Labrador,** qui s'élèvent à plus de 2 000 mètres et que sillonne un réseau de lacs et de rivières imparfaitement explorées, et par une longue chaîne de montagnes, les **Alléghanys,** qui s'étend parallèlement au littoral de l'Atlantique depuis le golfe du Saint-Laurent jusqu'aux plaines marécageuses de la Floride. Désignés dans leur partie septentrionale le *Montagnes Blanches* et de *Montagnes Vertes*, dans leur partie centrale sous celui de *Montagnes Bleues*, au sud enfin, sous celui de *Montagnes Noires*, les monts Alléghanys ne sauraient rivaliser avec la majesté sauvage des Montagnes Rocheuses. Leur plus haut sommet, le *Dôme Noir* (*Black Dome*), dans la Caroline septentrionale, n'a que 2 040 mètres, le mont *Washington*, dans les Montagnes Blanches, 1 920 mètres, et la hauteur moyenne ne dépasse pas 1 000 mètres. Formés, comme le Jura, de chaînons parallèles que séparent de larges vallées, ils gardent encore leur couronne de forêts déjà éclaircie cependant par les défrichements. Les Alléghanys du nord et du sud sont granitiques, ceux du centre sont calcaires; c'est dans un de leurs rameaux, sur les bords de la *Rivière Verte*, affluent de l'Ohio, que s'ouvrent les fameuses grottes du *Mammouth*, avec leurs lacs souterrains, leurs rivières qui se perdent dans des abîmes, leurs salles gigantesques et leur inextricable labyrinthe de routes souterraines qui mesurent plus de 250 kilomètres.

Les prairies. — Entre les Alléghanys et les Montagnes Rocheuses, du golfe du Mexique à l'océan Glacial, s'étend une région de plaines plus vaste que l'Europe, et dont les ondulations monotones se succèdent comme les longues vagues de l'Océan. Cependant la grande plaine américaine se divise en quatre zones naturelles différentes d'aspect et de climat. — A l'est du Mississipi, jusqu'aux premières pentes des monts Alléghanys, elle est accidentée, semée de forêts, sillonnée de cours d'eau; elle ressemble au littoral de l'Atlantique avec un climat moins humide, car la barrière

des Alléghanys suffit pour arrêter en partie les nuées que
poussent les vents d'est.

Sur la rive occidentale du grand fleuve, les savanes du
Texas et de l'Arkansas, les prairies du Kansas, du Missouri,
de l'Iowa, du Nebraska, du Dakota et du Minnesota, le
Far-West (grand-ouest), comme l'appellent eux-mêmes les Américains des États de l'Est, se déroulent en une immense mer
d'herbes, parsemée de quelques bouquets d'arbres et de
quelques collines rocheuses qui rompent çà et là la monotonie de la plaine. Les rivières s'y traînent dans des plaines
sablonneuses encaissées entre des berges à pic, mais aucune
ligne de hauteurs ne dessine leurs vallées, et les buissons
qui les bordent sont le seul indice qui les révèle de loin à
l'œil du voyageur. Il y a peu d'années, les prairies n'étaient
parcourues que par des bandes d'Indiens nomades et par
les troupeaux de bisons, d'antilopes et de chevaux sauvages,
seuls habitants de ces déserts. Aujourd'hui des chemins de
fer les sillonnent, des villes s'y construisent, la culture les
envahit, les derniers Indiens disputent leurs derniers terrains
de chasse au flot des émigrants, et le temps n'est pas éloigné
où les races indigènes, hommes et animaux, auront disparu
dans le Far-West, comme elles ont disparu déjà dans la
région de l'Atlantique.

La région forestière. — Au nord des grands lacs
et de la frontière des États-Unis, à la région des steppes
succède une zone forestière coupée de vastes clairières et qui
s'étend sur une largeur variable entre les prairies situées
au pied des Montagnes Rocheuses et la baie d'Hudson,
jusqu'au 55° ou 60° degré de latitude septentrionale.

Au sud, les essences dominantes sont : le chêne, le pin
rouge, l'érable, le peuplier d'Amérique ; au nord, le sapin et
le bouleau que l'on rencontre sur le bord des fleuves presque
jusqu'au cercle polaire.

Les plaines septentrionales. — Au nord de la
zone des forêts qui se rétrécit en se rapprochant des Montagnes Rocheuses, et qui n'atteint pas leurs premiers plateaux, terres ocreuses ou sablonneuses, sans verdure, presque
sans eau, rebelles à la culture et à la civilisation, la prairie
recommence et se prolonge jusqu'aux bords des mers
arctiques. Du 50° au 54° ou 55° degré, où elle occupe de
vastes espaces entre les Montagnes Rocheuses et la grande
forêt canadienne, elle est marneuse ou calcaire, recouverte

d'une couche assez épaisse de terre végétale mélangée à un sable noirâtre, semée de lagunes et d'étangs presque tous saumâtres, arrosée par des eaux courantes, tapissée d'un gazon aussi vert, et de fleurs aussi variées que la prairie des États-Unis; elle nourrit encore quelques troupeaux de bisons, de chevreuils, et de coyotes (loups des prairies), mais dans le Far-West canadien comme dans le Far-West américain, la charrue empiète peu à peu sur le pâturage, le cultivateur refoule le chasseur, la locomotive roule sur les pistes tracées par le bison ou l'Indien. On peut prévoir le moment où la nature sauvage ne sera plus qu'un souvenir.

Il n'en est pas de même dans la zone septentrionale qui s'étend du 58° ou 60° degré de latitude jusqu'à l'océan Glacial, sur une superficie de plus de 4 millions de kilomètres carrés. Dans ces mornes solitudes de schiste ou de granit, couvertes de neige pendant huit à neuf mois de l'année, les pommes de terre et les céréales ne mûrissent plus au delà du 60° degré, le sapin et le bouleau s'arrêtent au 68°, le gazon même disparaît; le sol ne nourrit plus d'autre végétation que les mousses, les lichens, de maigres bruyères et quelques tiges rampantes qui servent de bois de chauffage dans ces contrées deshéritées où le saule lui-même ne se montre plus que de loin en loin sur le bord des lacs ou des rivières. Cependant l'aspect de ces steppes du nord est moins monotone que celui des grandes prairies méridionales. Ils sont coupés de véritables chaînes de montagnes que projettent les Montagnes Rocheuses; d'âpres mamelons, qui se détachent des *Laurentides*, bordent la mer d'Hudson et se prolongent jusqu'à la presqu'île Boothia; de dunes de sable, de plateaux herbacés, de tourbières, de plaines arides : d'innombrables coûrs d'eau les arrosent, des lacs grands comme des mers et qui communiquent entre eux par un inextricable réseau de rivières navigables, y dorment sous la glace dans leurs vasques de granit, ou battent les rochers de leurs vagues presque aussi puissantes que celles de l'Océan. Ces déserts où les seuls établissements européens sont des postes fortifiés, échelonnés à des distances de 200 ou 300 kilomètres, seront le dernier refuge de l'Indien, comme ils sont le dernier asile de l'élan du castor, du renne, du bœuf musqué qui reculent devant l'invasion de la vie civilisée et que les glaces arctiques ne défendront pas toujours.

Les plateaux du Mexique. — Le continent de l'Amérique du Nord se rattache à celui de l'Amérique du Sud par un isthme qui se rétrécit à mesure qu'il se rapproche du continent méridional, et qui forme une région caractéristique désignée parfois sous le nom de Centre-Amérique. Cette région comprend le Mexique et les républiques de l'Amérique centrale. Si on y ajoutait le golfe du Mexique et la mer des Antilles, et les groupes des grandes et des petites Antilles, on y retrouverait la disposition symétrique que nous avons signalée dans l'Amérique du Nord proprement dite : à l'ouest, un plateau sillonné ou limité par de hautes chaînes de montagnes ; à l'est, une zone montagneuse moins élevée que celle de l'ouest (les Antilles) ; au centre, une vaste dépression formée par les deux cuvettes du golfe du Mexique et de la mer des Antilles. Les grands sommets des Antilles, le pic *Cibao* dans l'île de Haïti (2 622 mètres), les *Montagnes Bleues* de la Jamaïque (2 400 à 2 500 mètres) ne dépassent guère que de 400 à 600 mètres les cimes les plus élevées des Alléghanys, et les plateaux du Mexique ne sont que le prolongement de ceux de l'Utah et de l'Arizona, enfermés comme eux entre deux chaînes de montagnes qui continuent les Montagnes Rocheuses et la Sierra Nevada.

Les talus du plateau mexicain, la *Sierra de Sonora* et la *Sierra Madre* à l'ouest, les terrasses du Nouveau Léon et du Tamaulipas à l'est, s'abaissent par une pente rapide vers l'océan Pacifique et vers le golfe du Mexique, surmontés çà et là de quelques pics isolés qui dépassent 3 000 mètres : mais les plus fières cimes mexicaines appartiennent à un massif volcanique dont les sommets se dressent au sud des grands plateaux, au nord de cette dépression connue sous le nom d'isthme de **Tehuantepec**, qui forme comme un fossé entre les hautes plaines du Mexique et celles de l'Amérique centrale. Deux de ces volcans dépassent 5 000 mètres, le pic d'*Orizaba*, le point culminant de l'Amérique du Nord (5 450 mètres) et la *Montagne Fumante* (Popocatepelt, dans l'ancienne langue mexicaine, 5 420 mètres) ; cinq ou six autres, la *Femme Blanche*, le volcan de *Colima*, le *coffre de Perrote*, etc., s'élèvent au-dessus de 4 000 mètres.

Grâce à la configuration des plateaux mexicains, le pays se divise en trois zones où tout diffère, l'aspect, le climat et les productions : sur les bords du Pacifique et du golfe du Mexique, une étroite bande de plaines, dévorées par le soleil, plongées dans une chaleur d'étuve, souvent marécageuses, désolées par la fièvre jaune, mais couvertes d'une végétation où la flore des tropiques déploie toutes ses magnificences : ce sont les terres chaudes (*Tierras calientes*) : sur les pentes du plateau ou dans les plaines de l'intérieur, entre 900 et 2 000 mètres, une région dont la température ne dépasse pas 20 degrés, et où la végétation tropicale se marie à celle de l'Europe méridionale : ce sont les terres tempérées (*Tierras templadas*) : enfin sur les plateaux élevés de plus de 2 000 mètres, des champs de blé et de maïs, des savanes herbeuses, des steppes arides semés de lagunes desséchées et de véritables forêts de cactus, des déserts de sable, sans pluies, sans eaux courantes, avec leurs lacs de sel qui rappellent ceux des plateaux de l'Atlas. Ce sont les terres froides (*Tierras frias*), dont le climat se rapproche de celui des régions tempérées de l'Europe.

Les plateaux de l'Amérique centrale. — Au point de vue géographique, l'Amérique centrale commence à l'isthme de Tehuantepec, où le point le plus bas de la ligne de partage entre les deux versants ne dépasse pas 220 mètres ; de chaque côté de cette espèce de détroit long de 280 kilomètres d'une mer à l'autre, le terrain monte rapidement ; les plateaux qui le dominent à l'est et à l'ouest ont une altitude de 1 000 à 1 200 mètres. Sauf la presqu'île du **Yucatan** qui est un pays de plaines sillonné par quelques chaînes de collines, l'Amérique centrale présente les mêmes caractères que la région mexicaine, mais l'isthme est plus étroit, les plateaux moins élevés, la plaine maritime plus resserrée ; une centaine de volcans, dont plusieurs, encore en activité, vomissent des laves ou de la boue, se dressent plus nombreux et plus menaçants que ceux du Mexique ; mais les plus hautes cimes volcaniques, celles du Guatemala, ne dépassent pas 4 150 mètres ; celles du San-Salvador atteignent 2 400 mètres ; celles du Honduras, 3 000 ; celles du Nicaragua approchent de 2 200, et celles du Costa-Rica, de 3 600. Les plateaux, moins monotones et moins arides que ceux du Mexique, se maintiennent entre 600 et 2 000 mètres, sauf dans le Nicaragua où le lac du même nom, qui communique par le fleuve Saint-Jean avec la mer des Antilles, n'est situé qu'à 37 mètres au-dessus du niveau de la mer et n'est séparé de l'océan Pacifique que par un isthme large de 20 à 40 kilomètres, près de *Rivas*. Cet isthme est à peine plus élevé que le lac (46 mètres) ; c'est le point le plus bas de l'énorme massif qui longe, depuis le détroit de Magellan jusqu'à la presqu'île d'Alaska, le littoral du Grand Océan.

On a songé depuis longtemps à profiter de la vallée du fleuve Saint-Jean, du lac de Nicaragua et de la faible altitude du seuil de *Rivas* pour ouvrir un canal entre la mer des Antilles et le Pacifique : ce serait, il est vrai, un trajet de plus de 291 kilomètres, au moins aussi long que celui de l'isthme de Tehuantepec (290 kilomètres) ; mais, au lieu de 140 écluses que ce dernier tracé comporterait, on pourrait réduire à une vingtaine l'escalier hydraulique de l'isthme de Nicaragua. L'échec du canal de Panama a rendu au projet du canal de Nicaragua, vivement soutenu par les ingénieurs et le gouvernement des Etats-Unis, des chances de succès.

Les isthmes de Panama et de Darien. — Chemin de fer et canal de Panama. — Au point de vue politique, les isthmes de Panama et de Darien, qui dépendent des Etats-Unis de Colombie, appartiennent à l'Amérique du Sud ; géographiquement, ils ne font que prolonger l'Amérique centrale, dont la véritable limite est marquée par les hauteurs du Darien méridional qui s'étendent du golfe d'*Uraba* sur la mer des Antilles à l'océan Pacifique. Larges de 50 à 230 kilomètres, semés de collines et de petites montagnes qui s'élèvent jusqu'à 1 500 mètres, arrosés par des torrents, le *Rio-Chagres* (mer des Antilles), le *Rio-Grande* (océan Pacifique), dont le niveau varie suivant les saisons de 10 et quelquefois de 15 mètres, les deux isthmes sont une région tourmentée, revêtue d'une admirable végétation, mais insalubre, surtout sur les bords de la mer des Antilles, et dont les chaleurs humides énervent l'Européen. — Les courtes distances qui séparent les deux mers, l'altitude médiocre de quelques-uns des cols (celui de la Culebra, que traverse le chemin de fer de Panama à Colon, n'a que 82 mètres), ont attiré de bonne heure l'attention sur l'isthme de *Panama* proprement dit (56 kilomètres d'une mer à l'autre), sur celui de *San-Blas*, un peu plus à l'est (50 kilomètres), et sur celui de Darien (125 kilomètres), que les Espagnols songeaient déjà à percer au seizième siècle. Ces vagues projets, qui reparurent un instant à la fin du dix-septième siècle, ne prirent corps qu'au dix-neuvième. De 1800 à 1876, une centaine de tracés plus ou moins sérieusement étudiés furent proposés pour réunir les deux Océans ; tous comportaient des tunnels et des écluses et devaient entraîner des dépenses considérables; enfin en 1878, vingt-trois ans après la construction du chemin de fer de *Panama à Colon* (72 kilomètres), une expédition dirigée par deux officiers de la marine française, MM. Wyse et Reclus, s'arrêta, après une exploration complète de l'isthme, qui avait duré trois années (1876-1878), à une solution déjà indiquée quinze ans auparavant par un autre Français, M. de Puydt, la construction d'un canal à niveau, sans écluses et sans tunnel, qui partirait de Colon sur la mer des Antilles et aboutirait à Panama après un parcours de 73 kilomètres. Cette solution fut adoptée, en 1879, par une commission spéciale dont M. de Lesseps avait accepté la présidence; une compagnie s'organisa sous la direction du créateur du canal de Suez, et les travaux commencèrent en 1881. Malheureusement toutes les difficultés n'avaient pas été prévues, et les devis avaient été dressés par des calculateurs trop optimistes : il a fallu, faute de ressources suffisantes, suspendre les travaux (1889), et des années s'écouleront sans doute avant qu'on réussisse à terminer cette œuvre gigantesque, ou à la reprendre sur un autre point. La Cordillère de l'Amérique centrale sera moins facile à dompter que les sables de Suez.

III

AMÉRIQUE DU SUD

Configuration générale. — On a quelquefois comparé l'Amérique du Sud à l'Afrique. C'est une ressemblance tout extérieure, qui se réduit à des analogies plus ou moins lointaines entre la forme des deux continents, tous deux se terminant en pointe et figurant grossièrement un triangle; mais c'est le seul trait commun; tout le reste diffère, conformation intérieure, structure géologique, climat, régime et répartition des eaux. Bien que les contours n'offrent que peu de rapports, c'est plutôt à l'Amérique du Nord qu'il faudrait comparer l'Amérique du Sud pour la disposition de ses plaines, de ses plateaux et de ses montagnes. Nous avons déjà remarqué cette symétrie du relief des deux continents américains. Les Andes correspondent aux Montagnes Rocheuses dont elles ne sont du reste que la prolongation, les montagnes du Brésil aux monts Alléghanys, la grande plaine centrale où se succèdent les llanos du Vénézuela et de la Colombie, les forêts de l'Amazone et les pampas de la Plata aux prairies des Etats-Unis, à la zone forestière du Canada et aux mornes plateaux de l'Amérique anglaise septentrionale.

Les Andes de la Colombie. — La vallée de l'*Atrato*, qui se jette dans la mer des Antilles (golfe d'*Uraba*) et qui n'est séparée du littoral du Pacifique que par une chaine de collines peu élevée, marque la limite de l'isthme de Darien et la véritable séparation entre l'Amérique Centrale et l'Amérique du Sud. C'est sur la rive droite de cette rivière, sur les bords du golfe d'*Uraba*, que se dressent les premières assises de la *Cordillère occidentale de Colombie,* celle qui longe de près le littoral du Pacifique et qui s'élève rapidement jusqu'à une altitude moyenne de 3 000 mètres, dépassée de 1 000 à 1 700 mètres par des cimes pour la plupart volcaniques dont la plus haute est celle du *Cumbal* (4 700 mètres). Cette cordillère forme le talus occidental d'un long plateau qui s'élargit dans sa partie septentrionale et que limite à l'est la *Cordillère orientale*, moins élevée, moins volcanique, moins hérissée de pics. Entre les deux profondes vallées, celle du Rio Cauca et celle de la Magdalena, qui coupent du sud au nord le plateau colombien, se dresse une troisième *cordillère* parallèle aux deux autres (*Cordillère centrale*), mais qui leur est supérieure par le nombre de ses volcans, la majesté de ses *nevados* (massifs neigeux) et l'étendue de ses neiges éternelles. Ses principaux sommets, le *volcan de Tolima* et la *Mesa* (la table) *de Herveo*, dépassent 5 580 mètres.

La cordillère du Vénézuela. — La cordillère orientale, à peu de distance de la frontière des Etats-Unis de Colombie et de la République du Vénézuela, se bifurque en deux rameaux. L'un conserve la direction du nord, et, sous le nom de *Sierra de Parija* (1 200 mètres de hauteur moyenne), se rattache à l'énorme massif de *Sainte-Marthe* qui surgit au bord de la mer des Antilles, dressant à 5 100 mètres la double cime de la *Horqueta*, blanche de neige, tandis que la plaine étale à ses pieds toutes les splendeurs de la végétation tropicale.

La seconde branche, inclinée vers le nord-est, se relève jusqu'à 4 600 mètres dans la *cordillère de Merida*, puis se rapproche de la mer des Antilles dont elle borde le littoral

jusqu'au golfe de Paria, enveloppant de ses contreforts le
golfe envasé de Maracaïbo et dominant d'un côté les plateaux
qui descendent vers l'Orénoque, de l'autre les côtes insalubres et brûlantes qu'elle surplombe de 2 000 mètres.

Les Andes de l'Équateur. — Les trois branches de
la cordillère de Colombie se réunissent au nœud de *Pasto* que
domine le volcan de Cumbal et que coupe la ligne frontière
entre les États-Unis de Colombie et l'Équateur. De ce plateau
élevé de plus de 2 500 mètres, se détachent deux chaînes parallèles, l'une qui longe le Pacifique à une distance d'environ
200 kilomètres, l'autre qui s'abaisse en gradins vers les
plaines de l'intérieur et qui n'est séparée de la première que
par un plateau large de 70 à 120 kilomètres et dont l'altitude varie entre 2 800 et 3 000 mètres. Les deux chaînes ont
à peu près la même hauteur moyenne (4 000 mètres), et leurs
sommets volcaniques, échelonnés avec une sorte de symétrie
sur le bord du plateau, rivalisent de majesté sauvage; cependant la chaîne orientale, avec ses volcans de l'*Antisana*
(5 748), du *Cotopaxi* (5 943), l'emporterait sur la chaîne occidentale si celle-ci ne possédait le roi des volcans équatoriaux, le *Chimborazo* (montagne neigeuse), qui s'élève à
6 310 mètres et qu'on a longtemps regardé comme le plus
haut sommet des Andes.

Les plateaux de l'Équateur, par la douceur et l'égalité de
leur climat, réalisent le rêve du printemps éternel. A Quito, à
près de 3 000 mètres d'altitude, l'écart entre les températures
extrêmes est à peine de quelques degrés. Le thermomètre ne
descend guère au-dessous de 12 et monte rarement au-dessus
de 20 degrés centigrades, et quelques averses d'octobre à
avril indiquent seules la différence des saisons.

Andes du Pérou et de la Bolivie. — Du nœud
de *Loja* où viennent se confondre les deux cordillères équatoriales au nœud du *Cerro de Pasco* (11° degré de latitude
méridionale), la cordillère se divise encore une fois en trois
branches. La chaîne orientale, qui sépare la vallée de l'*U-
cayale* de celle du *Huallaga*, deux des trois cours d'eau qui
forment le fleuve des Amazones, n'est qu'une humble chaîne
de collines si on la compare aux géants du massif andin :
ses sommets n'ont pas 900 mètres. La chaîne centrale, qui
s'élève entre la vallée du Huallaga et celle du *Marañon* qu'on
regarde comme la branche principale du haut fleuve des
Amazones, est un large plateau sans grandes cimes, mais

dont l'altitude varie de 2 500 à 3 500 mètres; la chaîne
occidentale, coupée par des cols qui s'abaissent à 2 200 mètres,

Fig. 23. — Vue des Andes (Bolivie).

se maintient à une altitude moyenne de plus de 4 000 mètres.

mais plusieurs de ses massifs approchent de la hauteur du Chimborazo, et l'un d'eux la dépasse, le *Huascan,* haut de 6 720 mètres, qui n'a pas de rival dans les Andes péruviennes.

Au sud du nœud de Cerro de Pasco, la troisième chaîne andine s'efface et le plateau s'élargit ; sa surface tourmentée, creusée de profondes vallées, sillonnée par des chaînes transversales dont les cimes dépassent notre mont Blanc, n'a plus rien de l'aspect d'une plaine : c'est la Suisse moins les glaciers et les neiges, car sur ces plateaux de 3 000 à 3 500 mètres, couverts de champs de blé et de maïs, et où réussissent presque toutes nos cultures européennes, la température est aussi douce, l'air est plus sec et plus pur que dans les plaines de la Lombardie ou de la Gascogne. Mais, pour atteindre cette heureuse région, berceau de la vieille civilisation péruvienne et de l'empire des Incas, il faut gravir, en suivant les étroits sillons tracés par les pluies ou les vallées sauvages creusées par les torrents (*quebradas*), les parois abruptes des deux Cordillères hautes de 4 000 mètres et dominées par des sommets qui atteignent 5 000 mètres.

Les plateaux boliviens sont plus âpres, plus froids, plus desséchés, et leur altitude moyenne est supérieure de quelques centaines de mètres ; au-dessus de 3 500 mètres, la culture du blé s'arrête, les *terres froides,* la *puña,* comme l'appellent les indigènes, ne produisent plus que le seigle ou la pomme de terre ; c'est le séjour du lama et de la vigogne, c'est presque la limite de la végétation qui ne dépasse guère 4 000 mètres, bien que les habitations humaines montent jusqu'à 4 900, dans la région des *paramos,* plaines arides, où la terre, quand elle n'est pas couverte de neige, n'a d'autre parure que les lichens du Groënland et les mousses des toundras sibériennes.

Les plateaux de la Bolivie ont cependant quelques riantes vallées et quelques bassins fertiles dont le plus connu est celui du lac *Titicaca,* à 3 800 mètres au-dessus du niveau de la mer, moitié péruvien, moitié bolivien, et dont les îles sacrées furent, dit-on, la première demeure de Manco-Capac, le fils du soleil, le fondateur de Cuzco et le créateur de l'empire péruvien. D'autres lacs existaient autrefois sur le plateau de Bolivie : les uns ne sont plus, comme la *Pampa de Sal,* qu'une cuvette couverte d'une croûte de sel et que les pluies remplissent parfois d'une eau saumâtre ; les autres, comme le lac *Aullagas*, que des lagunes à demi desséchées et qui s'évaporent pendant la saison chaude.

La double cordillère qui encadre les hauts plateaux, et dont l'écart varie de 300 à 750 kilomètres, ne descend guère au-dessous de 4000 mètres et compte un grand nombre de sommets qui dépassent 5000. Dans la Cordillère orientale, le pic de *Sorata* s'élève à 6550 mètres, le pic d'*Illimani* à 6410. La sierra de *Cochabamba* et les autres sierras plus méridionales, d'où descendent les affluents de l'Amazone et du Paraguay, sont plus modestes; mais les volcans de la Cordillère occidentale, le *Sajama* 6415 mètres, le *Parinacota* (6376 mètres), le *Llallagaco* (6170 mètres) et quelques-unes des cimes volcaniques qui surgissent au milieu du plateau, le pic de *Lipez* (5988 mètres), le pic de *Tous les Saints* (5907 mètres), ne le cèdent guère au géant des Andes boliviennes, le pic majestueux de Sorata.

Chemins de fer transandins du Pérou. — Le Pérou n'a pas encore comme les États-Unis ses voies ferrées transcontinentales, mais déjà deux chemins de fer gravissent la Cordillère occidentale, l'un qui part de Callao, le port de Lima, et s'arrête au massif de Cerro de Pasco après s'être élevé à 4700 mètres au-dessus du niveau de la mer; l'autre, plus méridional, qui part du Pacifique, à Mollendo, atteint à Puño le lac Titicaca et se bifurque d'un côté sur Cuzco, de l'autre vers la Paz.

Les Andes chiliennes. — Les Andes chiliennes, celles auxquelles appartient en propre ce nom qui s'est étendu, dans le vocabulaire des géographes, à la chaîne tout entière, commencent au sud du tropique, vers le 27e degré de latitude méridionale. Le plateau se rétrécit, les deux cordons se rapprochent parfois jusqu'à se confondre, mais l'altitude des hautes plaines de plus en plus désertes et glacées et celle des cimes qui les dominent, restent considérables; les plateaux ne s'abaissent guère au-dessous de 4000 mètres : le volcan de *Copiapo* a 6000 mètres, le *Cerro del Cubre* en a 5600, et les cols assez accessibles dans la chaîne orientale sont difficiles dans celle qui longe le Pacifique, où ils descendent rarement au-dessous de 3000 mètres.

A partir du massif volcanique dont les maîtresses cimes sont le *Cerro de Mercedario* (6798 mètres) et l'*Aconcagua* (6834 mètres), situé sur le territoire argentin et qui jusqu'à présent est regardé comme le point culminant des deux Amériques, les Andes se resserrent de plus en plus ; le massif est encore épais, mais ce n'est plus un plateau, c'est une chaîne, précédée, dans le versant du Pacifique, d'une large terrasse ravinée par les torrents et qui se termine par une sorte de bourrelet connu sous le nom de *Cordillère de la Côte*, et projetant dans le versant oriental de nombreuses ramifications qui s'étagent en gradins jusqu'à la plaine argentine. La montagne s'abaisse en même temps qu'elle se rétrécit ; au sud de l'Aconcagua, les sommets de 6 000 mètres sont rares (*Tupunguto*, 6 178 mètres, *volcan de San-José*, 6 096 mètres, sur la ligne de crête entre la République Argentine et le Chili) ; au delà du 36° degré de latitude méridionale, le mont *Saint-Valentin* (3 870 mètres) et le *Tronador* (3 010 mètres), sont les seuls qui s'élèvent au-dessus de 3 000 mètres ; mais la chaîne, qui se rapproche de plus en plus de la mer et dont les derniers contreforts dessinent des fiords aussi capricieux et aussi sauvages que ceux de la Norvège, paraît plus majestueuse et plus élevée que dans les régions tropicales où des plateaux de 3 000 à 4 000 mètres servent de piédestal à ses cimes gigantesques. Les glaciers et les neiges éternelles, presque inconnus dans la zone équatoriale et sous le ciel aride de la Bolivie, occupent au contraire de vastes espaces dans les montagnes du Chili méridional et de la Patagonie où ils sont alimentés par les brumes de l'océan Pacifique et où la température du littoral est refroidie par les courants polaires qui rasent la côte occidentale de l'Amérique du Sud. Dans la *Terre de Feu*, la neige ne fond jamais sur la cime du mont *Sarmiento* et du mont *Darwin*, qui ne dépassent pas 2 100 mètres, et les glaciers du territoire de Magellan, comme ceux de l'Alaska, descendent jusqu'à la mer, bien que les plus hauts sommets aient 1 600 mètres de moins que le mont Saint-Élie et que les grands glaciers de l'Alaska soient plus voisins du pôle que l'extrême pointe de l'Amérique méridionale, la sombre pyramide du cap Horn.

Chemins de fer transandins du Chili. — Les cols chiliens fréquentés par les nombreux troupeaux qui passent des plaines de la République Argentine aux vallées du Chili sont plus accessibles et en général moins élevés que ceux qui franchissent les Cordillères de la Bolivie et du Pérou. — De l'Aconcagua au Tronador, on compte quatre ou cinq routes muletières qui traversent les Andes par des cols de 2 000 à 4 200 mètres : celui de Pedro Rosales, au

pied du Tronador, n'en a que 800; le plus important, celui
que franchit la grande route entre Valparaiso (Chili) et
Mendoza (République Argentine) et qu'on désigne sous les
noms de passe de *la Cumbre* ou de *Uspallata*, s'ouvre dans le
massif des Andes entre l'Aconcagua au nord et le *Cerro de
Juncal* au sud, qui ne le cède que de 900 mètres au roi des
sommets américains. Le point culminant du passage atteint
3 900 mètres. C'est ce col que les ingénieurs ont choisi pour
y tracer la ligne de raccordement entre les chemins de fer
chiliens et ceux de la République Argentine qui, par le
tunnel d'Uspallata, rattacheront le versant de l'Atlantique à
celui du Pacifique et mettront un jour Buenos-Ayres à qua-
rante-huit heures de Valparaiso.

Les monts de la Parime et des Guyanes. —
Dans l'Amérique du Sud, comme dans l'Amérique du Nord,
les montagnes et les plateaux de la région orientale sont loin
de pouvoir rivaliser avec les hautes terres et les chaînes
gigantesques qui bordent le littoral de l'océan Pacifique. Au
sud du Vénézuéla, le massif imparfaitement exploré de la
Parime, qui donne naissance à l'Orénoque, ne dépasse pas
2 500 mètres; les monts *Tumuc-Humac* et les autres chaînes
qui séparent les plateaux des Guyanes du bassin de
l'Amazone ne sont que des collines de 300 à 600 mètres
qui se relèvent en se rapprochant du bassin de l'Orénoque et
dont quelques sommets, situés sur la frontière du Vénézuéla
et de la Guyane anglaise, atteignent à peu près les mêmes
altitudes que les monts de la Parime (2 400 mètres).

Les montagnes et les plateaux du Brésil. —
Les plateaux et les montagnes du Brésil couvrent une superficie de deux millions et demi de kilomètres carrés, à peu
près autant que le massif des Andes. Sur le littoral de
l'Atlantique, à partir du cap Saint-Roch, la pente orientale
du plateau est rapide; des montagnes granitiques se dressent
brusquement à quelques kilomètres de la côte (*Serra dos
Orgaos,* montagne des orgues, *Serra do Mar,* montagne de
la mer, etc.); le plus haut sommet brésilien, l'*Itatiaya*
(2 712 mètres), qui tous les ans se couvre de neige pendant
quelques semaines, est visible de la rade de Rio Janeiro. Le
talus septentrional et occidental, qui s'abaisse vers la vallée
de l'Amazone et celle du Paraguay par une série de terrasses
tantôt boisées, tantôt couvertes de pâturages, est beaucoup
moins abrupt, bien qu'il présente de brusques ressauts que

les cours d'eau descendent par des rapides ou par des cataractes souvent infranchissables à la navigation. Au nord-est et à l'est, le plateau est sillonné par de véritables chaînes de montagnes orientées pour la plupart du nord au sud et dont les rameaux, confusément enchevêtrés, dessinent les vallées du Paranahyba, du San Francisco, du Parana et du Tocantins : au centre et à l'ouest, dans les provinces de Goyaz, de Saint-Paul et de Matto-Grosso, s'étalent de larges plaines, des *campos*, comme les appellent les Brésiliens, semées de collines de grès rougeâtre ou verdâtre au sommet aplati en forme de table, des steppes où croissent çà et là quelques bouquets d'arbres, et des lagunes inondées par les pluies des tropiques et qui couvrent des millions d'hectares, surtout dans le sud de la province de Matto-Grosso.

Les llanos de l'Orénoque et de l'Amazone. — Dans l'Amérique du Sud, comme dans l'Amérique du Nord, entre les hautes terres de l'ouest et celles de l'est, s'étend une région de plaines qui occupe à peu près les deux tiers du continent. Au nord, entre la chaîne côtière du Vénézuéla, la Cordillère orientale de la Nouvelle-Grenade, la vallée de l'Amazone et les montagnes des Guyanes et de la Parime, le plateau qu'arrosent l'Orénoque et ses tributaires et les affluents de gauche de l'Amazone porte le nom de *llanos* : c'est la savane mexicaine, la prairie des États-Unis : çà et là, au milieu de la plaine sans limites, quelques bouquets de palmiers, quelques tertres aplatis (*mesas*, tables), quelques traînées de roches calcaires (*bancos*, les bancs) qui semblent les îles et les écueils d'une mer desséchée ; pendant la saison des pluies, les savanes inondées ne sont plus qu'un lac ; pendant les sécheresses, la terre, aride et crevassée, se change en poussière, la végétation disparaît, le lac est devenu un Sahara : c'est seulement à l'époque où les pluies commencent et à celle où elles finissent, que la végétation herbacée se développe avec une incroyable puissance et que les troupeaux se répandent dans les pâturages d'où les chassent tour à tour la sécheresse et l'inondation.

Les forêts de l'Amazone. — La zone des forêts (*selvas*) commence sur les bords de l'Amazone et s'étend sur l'immense plaine arrosée par le fleuve et ses affluents de droite, sur les terrasses inférieures des plateaux brésiliens et sur une longue bande de terrains accidentés qui forment les

AMÉRIQUE
MÉRIDIONALE
Géographie physique et politique
Myriamètres
0   50   100   150   200
Michelet sc.

Carte VIII.

derniers gradins du versant oriental des Andes, depuis l'équateur jusqu'aux massifs qui dominent le lac Titicaca. La forêt amazonienne, où les clairières naturelles sont plus rares que dans les grands bois de l'Amérique du Nord, a échappé jusqu'ici aux défrichements qui ont éclairci les forêts du Canada et des Etats-Unis. La chaleur humide qui règne sous ses ombrages éternels, les hôtes redoutables qui l'habitent, le jaguar, les serpents, le caïman, sans compter l'Indien, qui n'est pas le moins dangereux, la défendent contre l'invasion des races civilisées ; mais la richesse et la variété de ses produits, depuis le cèdre, le palmier, le cotonnier, le cacaoyer, les bois d'ébénisterie et de teinture, jusqu'au caoutchouc et aux plantes médicinales, sont un puissant attrait qui finira par l'emporter sur les terreurs qu'elle inspire. Déjà des villes s'élèvent sur les bords de l'Amazone, des vapeurs ont remonté la plupart de ses affluents ; des *fazendas* (fermes) se sont établies çà et là près des cours d'eau : la forêt tropicale n'est plus inviolable, et le temps n'est pas loin où les chemins de fer y feront leur trouée et enlèveront à la vie sauvage son dernier asile sur le sol américain.

Le Grand Chaco et les Pampas. — Au sud de la zone forestière et des plateaux brésiliens, recommence la prairie, qui se prolonge jusqu'à l'extrémité du continent.

Dans le nord, le *Grand Chaco* s'étend des Andes au Parana et au Paraguay, coupé par trois cours d'eau à demi desséchés, le *Pilcomayo*, le *Rio Vermejo* et le *Rio Salado*, les deux premiers tributaires du Paraguay, le troisième, du Parana ; c'est une terre désolée, où errent des tribus d'Indiens insoumis ; au nord, des forêts rabougries et des fourrés de plantes épineuses ; au sud, quelques bouquets de palmiers, quelques touffes de roseaux sur le bord des rivières marécageuses qui débordent dans la saison des pluies et transforment la plaine en lac ; au centre, des lagunes couvertes d'une croûte de sel, un désert de sable, sans eau, sans végétation, tel est l'aspect de la plaine septentrionale qui contraste avec les forêts de la région andine et les vallées humides du Paraguay.

Au delà du rio Salado, s'étale la *pampa* (plaine, dans la langue des Indiens Quichuas), qui a pour limites : à l'ouest, les Andes ; au sud, le détroit de Magellan ; à l'est, l'Atlantique et le cours du Parana.

« Celui qui a traversé les mers et contemplé l'horizon de

l'océan calme a vu la pampa. Immense, sans limites, sans variété, à peine accidentée de quelques plis de terrain plus étendus que profonds, semblables à la longue vague de l'Atlantique, elle apparaît partout comme un désert de verdure : même dans les endroits peuplés d'animaux, les troupeaux les plus nombreux se voient à peine, ne réalisant en rien l'idée du nombre infini que les statistiques ont laissée dans l'esprit du voyageur. Si vous sortez de Buenos-Ayres, vous la trouvez à la porte, et vous la retrouverez encore, toujours semblable à elle-même, à cinq cents lieues de là, sans arbres, sans fleuves, sans montagnes, presque sans villages (1). »

Cependant la pampa n'est verdoyante et peuplée de troupeaux que dans le voisinage des marais ou des lagunes qui se forment dans les dépressions et qui entretiennent l'humidité, même pendant la saison sèche. Au sud, dans la Patagonie, elle est aride et rocailleuse, et sur les plateaux, qui, du reste, ne dépassent guère 150 à 200 mètres, le sol est une poussière grisâtre qui ne se couvre d'un maigre gazon que dans la saison des orages et des pluies diluviennes.

Comparaison des deux Amériques. — L'Amérique du Sud, bien qu'elle ne renferme aucun territoire tout à fait inhabitable, comme le nord de l'Amérique anglaise et de l'Alaska, n'offre pas à la colonisation et à l'avenir des races européennes des conditions aussi favorables que l'Amérique septentrionale. Les deux tiers du littoral sont insalubres et brûlés par le soleil. Les llanos de l'Orénoque, la plaine boisée de l'Amazone, les mornes pampas de la Patagonie, les plateaux glacés de la Bolivie resteront encore le domaine de la vie sauvage, quand l'Indien et le bison des États-Unis et du Canada ne seront plus qu'un souvenir. Le blanc supporte mieux les froids du cercle polaire que les chaleurs accablantes des plaines équatoriales : son génie actif s'accommode mal de cette nature puissante qui l'absorbe et qui l'écrase : il n'a fallu qu'un siècle pour décupler la population de l'Amérique du Nord, et c'est tout au plus si celle de l'Amérique du Sud a triplé depuis la conquête espagnole.

(1) DAIREAUX. *Buenos-Ayres, la Pampa, la Patagonie.*

RÉSUMÉ

Le relief du sol.

I

Les deux Amériques, bien que la forme des deux continents diffère, présentent de grandes analogies dans l'ensemble de la configuration intérieure. A l'ouest, un massif de hautes terres qui borde le littoral du Pacifique; à l'est, des montagnes et des plateaux moins élevés qui se rapprochent plus ou moins du littoral de l'Atlantique; au centre, une région de plaines basses ou de plateaux d'une élévation médiocre qui s'étendent de l'océan Glacial au golfe du Mexique et de la mer des Antilles au détroit de Magellan.

II

La région occidentale de l'Amérique du Nord est un plateau large de 300 à 2 000 kilomètres, dont l'altitude varie de 1 000 à 1 600 mètres et dont la limite est dessinée par deux chaines de montagnes parallèles, à l'est, les MONTAGNES ROCHEUSES, dont les pics les plus élevés (*mont Brown*, 4 850 mètres, *mont Murchison*, dans l'Amérique anglaise, *pic Long*, *mont Harvard*, *pic Blanca*, 4 409 mètres, aux Etats-Unis) n'atteignent pas 5 000 mètres; à l'ouest, la chaine volcanique de l'*Alaska* (point culminant, le volcan *Saint-Elie*, 5 500 mètres), la chaine des CASCADES (*mont Rainier*, 4 072 mètres), et la SIERRA-NEVADA (*mont Shasta*, 4 400 mètres, *mont Withney*, 4 800 mètres).

Le plateau est sillonné de chaines de montagnes dénudées, de vallées étroites et profondes (cañons) où roulent des rivières torrentueuses, semé de lacs salés, de déserts sablonneux et de plaines stériles.

Les Montagnes Rocheuses et la chaine côtière sont franchies par quatre lignes de chemins de fer, dont les deux plus importantes sont celles de *Montréal à Vancouver* (confédération canadienne (4 650 kilomètres) et de *New-York à San-Francisco* (5 200 kilomètres).

A l'est du continent s'élèvent les plateaux du *Labrador*, la chaine des *Laurentides*, sur la rive gauche du fleuve Saint-Laurent, et les monts ALLÉGHANYS (point culminant, le *Dôme-Noir*, 2 050 mètres), formés de plusieurs chaines parallèles qui se prolongent du nord au sud depuis la rive droite du Saint-Laurent jusqu'aux plaines de la Floride.

Entre les Montagnes Rocheuses et les Alléghanys, s'étend, de l'océan Glacial au golfe du Mexique, une région de plaines, glacées et à peu près désertes sur les bords de l'océan Glacial, semées, entre le cercle polaire et le 55° degré de latitude septentrionale, de lacs, de tourbières et de pâturages, couvertes de forêts entre le 55° degré et la frontière des États-Unis, et presque sans arbres, mais revêtues d'un épais gazon sur le territoire des États-Unis, où elles portent le nom de *prairies*.

Le continent de l'Amérique du Nord se termine par un isthme qui se rétrécit à mesure qu'il se rapproche de l'Amérique méridionale et qui, sous le nom de Mexique et d'Amérique centrale, n'est que la prolongation des hauts plateaux des Montagnes Rocheuses. Ces plateaux, qui dominent par une pente rapide le littoral du Pacifique et celui du golfe du Mexique et de la mer des Antilles, sont hérissés de massifs volcaniques dont les plus élevés appartiennent au Mexique (pic d'*Orizaba*, 5450 mètres, point culminant de l'Amérique du Nord, *Popocatepelt*, 5420 mètres, etc.), et coupés par plusieurs dépressions dont les plus basses sont : l'isthme de *Tehuantepec*, l'isthme du *Nicaragua*, celui de *Panama*, celui de *San-Blas* et celui de *Darien*. Un canal de 73 kilomètres a été commencé, en 1881, à travers l'isthme de Panama (point culminant du tracé du canal, 82 mètres), pour rattacher la mer des Antilles et l'océan Pacifique, mais les travaux ont dû être interrompus : un autre canal, que les États-Unis veulent établir, doit franchir l'isthme de Nicaragua, en suivant la rivière Saint-Jean, tributaire de la mer des Antilles, et en traversant le lac de Nicaragua.

III

Le littoral occidental de l'Amérique du Sud est dominé, comme celui de l'Amérique du Nord, par une longue bande de plateaux granitiques, plus étroits que ceux des Montagnes Rocheuses et qui portent le nom de CORDILLÈRES DES ANDES.

Depuis l'isthme de Darien jusqu'au plateau de *Pasto*, à peu de distance au nord de l'équateur, la *Cordillère* de la NOUVELLE-GRENADE se compose de trois chaînes parallèles, dont la plus élevée est la chaîne centrale : quelques sommets dépassent 5500 mètres.

La chaîne orientale se bifurque, à son extrémité septentrionale, en deux rameaux, dont l'un se termine sur les bords de la mer des Antilles par le massif de *Sainte-Marthe*, et l'autre longe le littoral de la mer des Antilles sous le nom de *Cordillères du Vénézuela.*

Depuis le nœud de Pasto jusqu'à celui de *Loja,* les ANDES DE L'ÉQUATEUR se divisent en deux branches parallèles embrassant un plateau élevé de 2000 à 3000 mètres et dominé à l'ouest par le *Chimborazo* (6310 mètres), à l'est par les volcans de l'*Antisana,* du *Cotopaxi* (5943 mètres).

Les ANDES DU PÉROU, qui s'étendent du nœud de Loja à celui du *Cerro de Pasco,* se divisent de nouveau en trois chaînes, dont la plus élevée, la chaîne occidentale, atteint une altitude de 6720 mètres (volcan *Huascan*).

Les ANDES DE BOLIVIE forment la partie la plus abrupte de la chaîne, celle dont les plateaux atteignent la plus grande élévation (3500 à 5000 mètres) et que dominent quelques-unes des plus hautes cimes (pics de *Sorata,* 6550 mètres, d'*Ilimani,* 6410 mètres, de *Sajama,* 6415 mètres, etc.). — C'est sur les plateaux boliviens qu'est situé le lac *Titicaca* (3800 mètres d'altitude), le plus vaste de l'Amérique du Sud.

Les ANDES DU CHILI et DE LA PLATA, hérissées de volcans (*Cerro de Mercedario,* 6798 mètres, *Aconcagua,* point culminant de l'Amérique du Sud, 6840 mètres), se rétrécissent peu à peu à mesure qu'elles descendent vers le sud, et finissent par ne former qu'une seule chaîne, où quelques cols s'abaissent jusqu'à une hauteur de moins de 1000 mètres, et dont les derniers contreforts viennent plonger dans l'océan au cap Horn.

Trois lignes de chemin de fer gravissent déjà les plateaux des Andes ; la plus méridionale les franchira bientôt et rattachera par le tunnel d'*Uspallata,* le *Chili* à la *République Argentine.*

Le littoral oriental de l'Amérique du Sud est dominé par un noyau de terres élevées qui sont loin d'atteindre les gigantesques proportions des Andes : au nord les montagnes de la *Parime* (2500 mètres) et des *Guyanes,* plus au sud celles qui dessinent le rebord oriental de l'immense plateau du BRÉSIL (point culminant des montagnes du Brésil oriental, 2712 mètres). Ce vaste amphithéâtre, sillonné en tous sens par des chaînes confuses et taillé presque à pic sur le versant oriental, s'abaisse au nord-est et au nord par des terrasses successives qui descendent vers l'Atlantique et vers le bassin du fleuve des Amazones ; il s'incline au sud-ouest par une pente plus longue et moins rapide qui verse les eaux vers le centre du continent.

Au sud du plateau brésilien, entre les Andes à l'ouest, les collines de l'Uruguay et l'Atlantique à l'est, s'étendent des plaines élevées en moyenne de 60 à 200 mètres, couvertes de lagunes, de pâturages salins et parcourues par d'innombrables troupeaux. Ces plaines portent dans le nord le nom de *Grand-Chaco,* dans le sud (République Argentine et Patagonie) celui de *Pampas.*

Au nord du plateau brésilien, dans les plaines basses qui forment le bassin du fleuve des *Amazones*, s'étend une zone de forêts vierges qui couvrent presque tout le continent entre l'Atlantique et les Andes, et qui remontent sur le flanc des montagnes jusqu'à une hauteur de plus de 1500 mètres.

Au nord de la zone des forêts, sur le plateau peu élevé qu'arrosent l'Orénoque et ses affluents, s'étendent les *llanos*, steppes sablonneux dont l'aspect change deux fois chaque année : arides et nus pendant la saison sèche, verdoyants et inondés pendant la saison des pluies.

Lectures.

Lanier. *Choix de lectures géographiques. L'Amérique.*
E. Reclus. *Nouvelle Géographie universelle,* tomes XV, XVI et XVII.
Ch. d'Ursel. *Sud-Amérique.*
De Robiano. *Dix-huit mois dans l'Amérique du Sud.*
Simonin. *Le Monde américain.*

CHAPITRE IV

Les fleuves et les lacs.

I

Le régime des eaux dans les deux Amériques. — La symétrie que nous avons constatée dans le relief des deux continents américains se retrouve, mais à un moindre degré, dans le régime des eaux. L'Amérique du Nord, comme l'Amérique du Sud, est partagée en quatre versants. Dans ceux de l'océan Glacial (Amérique du Nord) et de la mer des Antilles (Amérique du Sud), les principaux cours d'eau suivent la direction générale du sud au nord (*Mackensie* et *Magdalena*) ; dans celui de l'Atlantique septentrional (Amérique du Nord) et de l'Atlantique tropical (Amérique du Sud), ils coulent en général du sud-ouest au nord-est (*Saint-Laurent, Orénoque,* fleuve des *Amazones*) ; dans celui du Pacifique, de l'est à l'ouest ; enfin au *Mississipi* de l'Amérique du Nord qui coule du nord au sud, vers le golfe du Mexique, correspond le **Parana** de l'Amérique du Sud, auquel la pente des plateaux brésiliens et des pampas argentines imprime la même direction vers le large estuaire de la Plata. Cependant les contrastes ne sont pas moins frappants que les analogies. Le Pacifique a de puissants tributaires dans l'Amérique du Nord, où les Montagnes Rocheuses qui leur donnent naissance s'élèvent à une grande distance de la mer : il n'en a pas dans l'Amérique du Sud, où le massif des Andes serre de trop près la côte et ne peut y jeter que des torrents. Si on retrouve sur les plateaux de la Bolivie les lacs salés de l'Utah ou de la Nevada, rien ne correspond, dans les llanos de l'Orénoque et la plaine boisée de l'Amazone formée de terres d'alluvions, aux lacs de l'Amérique anglaise dont les terrains granitiques et imperméables retiennent les eaux dans ces énormes cuvettes où dorment des méditerranées inconnues à l'Amérique méridionale. — Du reste, la masse d'eau douce que les deux continents versent à la mer est à peu près égale; mais l'Amérique du Sud l'emporte par l'étendue de ses fleuves constamment navigables : plus d'un quart des rivières de l'Amérique du Nord sont obstruées par les glaces, pendant la moitié, les deux tiers ou les trois quarts de l'année: le fleuve des Amazones et ses innombrables affluents dépassent alors à eux seuls le réseau navigable de tout le continent septentrional.

II

AMÉRIQUE DU NORD.

Versant occidental. Océan Pacifique. — Les Montagnes Rocheuses prolongées par les sierras du Mexique forment la ligne de partage des eaux entre le Pacifique à l'ouest, l'Atlantique, le golfe du Mexique et la mer des Antilles à l'est. Les grands tributaires de l'océan Pacifique qui naissent dans les Montagnes Rocheuses sont des fleuves de montagnes. Coupés par des rapides et des cataractes, resserrés dans des vallées étroites, forcés de s'ouvrir un passage à travers la chaîne côtière, ils ne sont navigables que depuis cette chaîne jusqu'à la mer. La pirogue de l'Indien peut seule affronter les caprices de leur cours supérieur.

Youkon. — Le plus septentrional, le **Youkon,** fait

exception. Formé de plusieurs branches qui descendent du versant oriental des montagnes Rocheuses, il coule d'abord vers le nord, comme s'il devait aboutir aux mers arctiques : mais, repoussé vers l'ouest par une chaîne granitique parallèle au littoral de l'océan Glacial, il va se jeter dans la mer de Béring. Son cours se déroule sur les plateaux et dans les plaines de l'Amérique anglaise et de l'Alaska, et sur 3 570 kilomètres plus de 2 800 sont navigables, mais le fleuve est couvert de glaces du mois d'octobre au mois de juin : ce cours d'eau majestueux n'arrose que des forêts désertes, des plaines de neige, quelques campements indiens et quelques forts anglais ou américains séparés par des centaines de kilomètres. Dans son bassin se trouvent les mines d'or du Klondyke exploitées depuis 1896.

Fraser. — Le **Fraser,** le plus grand fleuve de la Colombie britannique, prend sa source au pic de Robson, coule du nord au sud au milieu des rochers et des forêts, dans une vallée accidentée où l'on trouve des mines d'or, et débouche dans le canal qui sépare l'île de Vancouver du continent.

Orégon. — L'*Orégon* ou *Colombia* descend des Montagnes Rocheuses, roule de cascade en cascade dans les profondes vallées de la Colombie britannique, serpente sur les plateaux du territoire américain de Washington, et reçoit un peu au nord du 46° degré de latitude son plus grand tributaire, la rivière *Snake* (rivière du serpent), qui naît dans un des lacs du parc national de Yellowstone, draine par ses nombreux affluents les plateaux de l'Idaho et de l'Orégon, et lui apporte une masse d'eau plus considérable que celle du fleuve lui-même. A partir du confluent de ces deux branches principales, l'une qui vient du nord-est (Colombia), l'autre qui vient du sud-est (rivière Snake), l'*Orégon* se dirige vers l'ouest, s'ouvre un passage à travers la chaîne des Cascades, entre le mont Hood et le mont Saint-Helens, et se jette dans le Pacifique par un large estuaire, après un cours de 1 800 kilomètres.

Sacramento. — Le *Sacramento,* qui sort, sous le nom de rivière *Pit,* d'un des lacs situés à l'est de la Sierra Nevada, franchit cette chaîne, au sud du mont Shasta, en y creusant une gorge sauvage, puis coule du nord au sud dans une des plus riches vallées de la Californie, et se confond avec le *San-Joaquin,* venu du sud, pour former l'admirable baie de

San-Francisco, la plus vaste et la plus sûre du littoral du
Pacifique.

Colorado. — La branche maîtresse du Colorado, la
Rivière verte, prend sa source dans les Montagnes Rocheuses
(État de Wyoming), non loin du mont *Hayden,* et dans le
même massif d'où sortent la rivière Snake et le Missouri.
Une autre branche, la *grande Rivière,* descend du Pic Long,
dans l'État de Colorado. Le fleuve, après leur confluent,
traverse les plateaux de l'Utah et de l'Arizona, en y creusant,
sur une longueur de plusieurs centaines de kilomètres, entre
des parois à pic de 800 à 1200 mètres, le plus étroit et le
plus sauvage des cañons de l'Amérique du Nord. Gigantesque torrent après les orages ou dans la saison de la fonte
des neiges, le Colorado n'est plus, le reste de l'année, qu'un
ruisseau à demi tari, dont les plus grands affluents, le *Rio
san Juan,* le *Rio Gila,* ne sont également que des torrents
desséchés : malgré ses 1700 kilomètres de cours, il verse
dans le golfe de Californie moins d'eau que les plus modestes rivières des Alléghanys n'en apportent à l'Atlantique.

**Cours d'eau du Mexique et de l'Amérique
centrale.** — Les plateaux du Mexique, et ceux de l'Amérique centrale, n'envoient à l'océan Pacifique aucun cours
d'eau navigable et digne du nom de fleuve. Une partie
des torrents de la Sierra Madre n'arrivent même pas à la
mer. Les deux seules rivières mexicaines qui méritent une
mention sont le *Rio grande de Santiago,* qui prend sa source
au nord du massif du Popocatepelt, non loin de Mexico, et
qui forme le lac *Chapala,* et le *Rio de las Balsas,* qui descend
du revers méridional du même massif.

**Versant septentrional. Océan Glacial et mer
d'Hudson.** — Le versant de l'océan Glacial et de la
mer d'Hudson est nettement délimité à l'ouest par les Montagnes Rocheuses, moins bien indiqué au sud-est et à l'est
par les Laurentides et par les plateaux du Labrador; au sud,
la limite est indécise : la ligne de partage des eaux n'est
tracée ni par des montagnes, ni par des collines; un pli de
terrain la dessine; quelquefois même elle disparaît. Tel lac
ou tel marécage se déverse à la fois dans deux directions
différentes par deux cours d'eau, dont l'un grossira les tributaires de l'Atlantique, tandis que l'autre ira se perdre dans
les solitudes glacées des mers arctiques.

Le plus grand fleuve du versant de l'océan Glacial, et l'un
des plus grands de l'Amérique, prend sa source, sous le
nom d'*Athabasca* (fleuve de l'Elan), dans le massif des
Montagnes Rocheuses d'où sortent le Fraser et la Colombia.
Il roule à travers les bois et les prairies ses flots solitaires,
à peine sillonnés par quelques pirogues indiennes et quelques chalands chargés de pelleteries, confond un instant
ses eaux avec celles du lac Athabasca, en sort, sous le nom de
Rivière de l'Esclave, et, après avoir reçu à gauche la
Rivière de la Paix, née comme lui dans les Montagnes
Rocheuses, se jette dans le *grand lac de l'Esclave*. C'est au
sortir du lac qu'il prend le nom d'un de ses explorateurs,
l'Anglais **Mackensie**. Grossi, sur sa rive droite, de la rivière
qui sert de déversoir au lac des Ours; sur sa rive gauche, de
plusieurs cours d'eau, qui descendent des premières terrasses
des Montagnes Rocheuses, il forme, à son embouchure dans
l'océan Glacial, un delta marécageux presque aussi vaste que
celui du Mississipi. Sa direction générale, comme celle de
l'Athabasca, est celle du sud au nord.

Malheureusement, ce fleuve de plus de 4000 kilomètres
est gelé dans la plus grande partie de son cours, pendant
huit à neuf mois de l'année, et se perd dans un océan de
glace, au lieu d'aboutir à une mer libre. Les autres tributaires de l'océan Glacial, la *Rivière de la mine de cuivre* (*Cop-
permine*), la *Rivière de la Baleine*, etc., coulent dans des
régions désertes, que parcourent à peine quelques familles
d'Esquimaux.

Presque toutes les rivières qui se jettent dans la mer
d'Hudson sont un chapelet de lacs, gelés du mois de novembre au mois de mai, et dont le régime capricieux semble
fait pour dérouter toutes les théories géographiques. La
plupart d'entre elles sont à peine séparées par quelques kilomètres d'autres rivières ou d'autres lacs qui se déversent
soit dans l'océan Glacial, soit dans l'Atlantique. On passe des
unes aux autres en transportant à bras les canots dont se
servent les Indiens ou les chasseurs d'animaux à fourrures (1).
Quelquefois même ce transport est inutile, et les deux bassins communiquent d'une manière permanente ou intermittente par des voies de navigation naturelles.

(1) La distance qu'il faut franchir ainsi entre deux cours d'eau ou
entre deux parties d'un même cours d'eau séparées par des cataractes
ou des rapides infranchissables s'appelle un *portage*.

La rivière *Churchill* (mer d'Hudson) confond assez souvent ses eaux avec celles des affluents du lac Athabasca.

Le lac **Ouinnipeg** (eau salée), qui sert de déversoir aux eaux des lacs *Ouinnipegosis* et *Manitoba*, à celles de la *Rivière Rouge*, à celles du *lac des Bois*, reçoit la **Saskatchéouanne**, dont les deux branches descendent des Montagnes Rocheuses et qui communique, pendant la saison de la fonte des neiges, avec un affluent du lac Athabasca. Le lac Ouinnipeg se déverse à son tour dans la mer d'Hudson par le **Nelson**, quelquefois aussi par la *Severn* ou même par l'*Albany* qui coule plus au sud, et se trouve ainsi en communication plus ou moins intermittente tout à la fois avec l'océan Glacial, la mer d'Hudson et l'Atlantique, car le *lac des Bois* communique à certaines époques avec d'autres lacs plus petits qui se déversent dans le lac Supérieur. Il en est de même de plusieurs lacs du Labrador qui s'écoulent à la fois dans la mer d'Hudson et dans l'Atlantique.

Versant oriental. Océan Atlantique. — Le versant de l'Atlantique n'a de limite bien tracée que vers les monts Alléghanys qui le séparent de celui du golfe du Mexique. Dans les plaines du Canada comme dans celles de la Floride, c'est à peine si quelques rides du sol indiquent où commence son domaine.

Le Saint-Laurent. — Le roi des fleuves du versant oriental est le **Saint-Laurent**, long de 1 200 kilomètres depuis le lac Ontario jusqu'à l'île d'Anticosti qui marque l'entrée de l'estuaire ; mais la navigation, prolongée par un canal qui contourne les chutes du Niagara, se développe sur une ligne de plus de 3 500 kilomètres, si l'on ajoute à la longueur du fleuve celle des cinq grands lacs, *Supérieur*, *Michigan*, *Huron*, *Érié* et *Ontario* auxquels il sert de déversoir.

Faut-il chercher l'origine du Saint-Laurent dans tel ou tel ruisseau qui se déverse dans le lac Supérieur? La question ne vaut guère la peine d'être discutée : il ne cesse d'être mer et ne devient fleuve qu'au sortir du lac Ontario ; son lit embarrassé d'îles se resserre peu à peu ; jusqu'à Montréal, la navigation est gênée par des rapides que permettent d'éviter des tronçons de canaux d'une longueur totale de 69 kilomètres. De Montréal à Québec, le fleuve autrefois bordé de forêts impénétrables, mais qui coule aujourd'hui au milieu de prairies et de plaines cultivées, est navigable pour des navires de plus de 1 000 tonneaux. A Québec, qui domine du haut de ses falaises abruptes toute la plaine canadienne, commence la navigation maritime; au confluent du Saint-Laurent et du Saguenay, l'estuaire a 50 kilomètres de large, il en a 500 à la hauteur de la pointe occidentale d'Anticosti, et il emporte à la mer 30000 mètres cubes d'eau par seconde. Ses affluents de gauche, l'*Ottawa*, qui roule ses flots noirs dans un pays de lacs et de forêts, et dont le débit dans la saison des grandes eaux égale presque celui du fleuve, le *Saint-Maurice*, avec ses cascades qui rappellent le Niagara, le *Saguenay*, déversoir du lac *Saint-Jean*, qui s'est creusé à travers des plateaux granitiques un lit large de 2 à 3 kilomètres, bordé de gigantesques falaises, lui amènent les trains de bois qui se rassemblent à Québec. Son principal affluent de droite, le *Richelieu*, déversoir du lac *Champlain*, n'est qu'à moitié canadien : le lac appartient aux États-Unis, la rivière seule est anglaise.

Aucun des tributaires de l'Atlantique qui coulent sur le territoire de la République américaine n'est comparable au Saint-Laurent; presque tous cependant sont navigables et forment à leur embouchure des estuaires sur le bord desquels s'élèvent des ports autrement puissants que ceux du grand fleuve. Le *Connecticut* (500 kilomètres) débouche dans le golfe de Long-Island, l'*Hudson* dans la rade de New-York, la *Delaware* dans la baie qui porte son nom et qui a vu grandir Philadelphie, la grande ville des États-Unis, la *Susquehanna* et le *Potomac* dans le golfe de Chesapeake, à l'entrée duquel se jette également la *rivière James*, qui descend comme eux des Alléghanys : leurs eaux limpides et profondes, la rapidité de leur cours, la variété de leurs rives contrastent avec la lenteur des rivières de la Caroline du Sud et de la Floride, qui traînent paresseusement leurs eaux à travers des marécages ou des plaines monotones et se perdent dans les lagunes ou s'ouvrent à peine un passage à travers les dunes de la côte.

Versant méridional. Golfe du Mexique. — Limité à l'ouest par les Montagnes Rocheuses et le plateau mexicain, à l'est par les monts Alléghanys, le versant du golfe du Mexique n'est séparé au nord que par des hauteurs insignifiantes de ceux de l'Atlantique et de la mer d'Hudson.

Le Mississipi. — Le *Mississipi*, le Père des eaux, comme l'appellent les Indiens, est le plus long fleuve de l'Amérique du Nord, et il serait le plus long du monde si on le mesurait à partir de sa véritable source, celle du Missouri. Du point où naît le Mississipi officiel à la mer on ne compte que 5 080 kilomètres; on en compte à peu près 7 600 de la source du Missouri au golfe du Mexique.

Le ruisseau que la géographie consacrée regarde comme la tête du Mississipi sort à 520 mètres d'altitude du lac d'*Itaska*, à l'ouest du lac Supérieur, dans l'Etat de Minnesota; il traverse plusieurs autres lacs, roulant, tantôt au milieu des prairies, tantôt à travers les bois de cèdres et d'érables, ses flots bleuâtres bientôt grossis par de nombreux affluents.

Après avoir franchi par plusieurs rapides les gradins qui séparent les divers étages de prairies, il devient navigable à Saint-Paul (Minnesota): grossi à droite du *Minnesota*, de l'*Iowa*, de la rivière *des Moines*, à gauche du *Wisconsin* et de l'*Illinois*, rivières navigables, de 500 à 800 kilomètres de cours, le Mississipi, avant sa jonction avec le Missouri, est déjà un fleuve large de près d'un kilomètre et dont les eaux tranquilles et limpides pourraient porter des navires de 500 tonneaux.

Le *Missouri* qui le rejoint en face de la petite ville d'Alton, un peu au-dessus de Saint-Louis, et qui lui apporte une masse d'eau triple de la sienne, change tout à la fois l'aspect et les allures du fleuve. Les flots rapides et boueux du grand torrent des Montagnes Rocheuses viennent troubler et précipiter le courant du Mississipi, qui semble hésiter à mêler ses eaux bleues aux eaux jaunâtres de son tributaire ou plutôt de son vainqueur. Avant Saint-Louis, la lutte est terminée : le Missouri a absorbé le Mississipi, et le fleuve roule ses eaux troubles, qui ne retrouveront plus leur pureté, dans un lit large de 1 200 à 1 500 mètres, embarrassé de bancs de sable, de troncs d'arbres déracinés, d'îles flottantes qui tantôt se dispersent, tantôt s'entassent sur les hauts fonds et détournent le courant obstrué par ces digues naturelles sans cesse déplacées et renouvelées.

A partir de Saint-Louis, le Mississipi coule en plaine; mais, presque au confluent de l'Ohio, des roches isolées, comme le Tower-Rock, se dressent encore sur ses bords et resserrent de temps en temps son lit. Au-dessous de *Cairo*, où les eaux limpides de l'Ohio viennent se perdre dans les flots bourbeux du Mississipi, la plaine d'alluvions se déroule jusqu'à la mer sur une longueur de plus de 1 800 kilomètres; la largeur du fleuve varie de 1 800 à 2 400 mètres, sa profondeur de 8 à 70 mètres, sauf sur deux ou trois points où elle n'est que de 3 à 4 mètres dans la saison des basses eaux ; son débit moyen est de 20 000 mètres cubes par seconde ; les îles se multiplient : elles sont si nombreuses qu'au lieu de leur donner des noms, on a dû les désigner par des numéros. Les berges bordées de prairies, de marécages et de forêts sont si basses, qu'il a fallu, pour protéger la plaine contre les inondations, contenir le fleuve, surtout sur la rive droite, par d'énormes levées qui s'étendent presque sans interruption de Cairo à la Nouvelle-Orléans ; la pente est si faible et les méandres si capricieux, que les chalands se retrouvent après une journée de navigation presque en vue de leur point de départ et que les innombrables bateaux à vapeur qui sillonnent le fleuve remontent à peu près aussi vite qu'ils descendent.

Le delta commence au-dessous de Bâton-Rouge : c'est une plaine de boue, couverte de roseaux et de cyprières, semée de lacs marécageux, infestée de crocodiles, de serpents à sonnettes et de maringouins, un des foyers de la fièvre jaune, qui dévaste périodiquement la Nouvelle-Orléans.

Chaque année le delta avance dans le golfe du Mexique de 75 à 100 mètres et un siècle suffit pour en bouleverser complètement la carte.

Le lac *Maurepas* et le lac *Pontchartrain,* qui communiquaient autrefois avec le fleuve et avec la mer, ne sont plus aujourd'hui que des lagunes envasées comme l'étang de Valcarez ou celui de Sigean : les passes maritimes sont ensablées, le canal qui les unissait au Mississipi a disparu, et ce n'est qu'à force de travaux qu'on a pu maintenir le chenal qui rend accessible aux grands navires le bras principal du Mississipi et leur permet de remonter jusqu'à la Nouvelle-Orléans.

Le Mississipi, depuis ses derniers rapides jusqu'au golfe du Mexique, coule du nord au sud ; le **Missouri,** son principal affluent ou plutôt la véritable tête du fleuve, coule du nord-ouest au sud-est. Trois torrents, sortis du massif qui encadre le parc national de Yellowstone, se réunissent pour former cette puissante rivière qui devient navigable au sortir des défilés des Montagnes Rocheuses, à 5 000 kilomètres de son confluent avec le Mississipi. Il roule ses eaux bourbeuses à travers les prairies, dans un lit mal tracé, bordé de bouquets d'arbres qu'il déracine et qu'il emporte pendant les crues.

Ses grands affluents de droite, la rivière de *Yellowstone*, la rivière *Platte*, le *Kansas*, lui apportent les eaux des Montagnes Rocheuses, tribut assez modeste et qui n'est

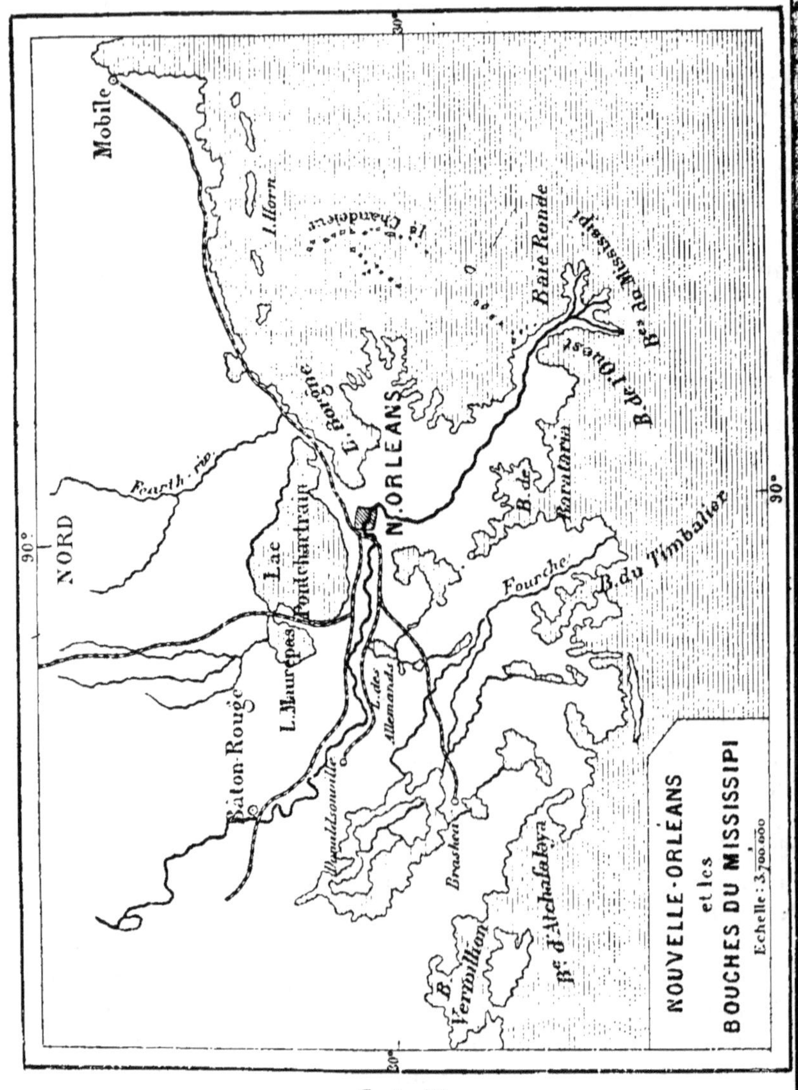

Carte IX.

en rapport ni avec la longueur de leur cours, ni avec la puissance du massif qui leur donne naissance. Dans toute cette région du continent, trop éloignée de l'Atlantique, du

Pacifique, du golfe du Mexique et des grands lacs, les pluies sont rares et les cours d'eau se ressentent de la sécheresse du climat.

Les autres affluents de droite du Mississipi, l'*Arkansas* (3 500 kilomètres), qui prend sa source au pied du mont Harvard, et qui reçoit des affluents de plus de 1 200 kilomètres (la *Rivière Canadienne*), la *Rivière Rouge*, qui naît sur les plateaux arides du Haut-Texas, ne lui apportent aussi qu'un médiocre contingent. Ces longues rivières roulent moins d'eau que nos petits fleuves européens, l'Elbe, le Rhône ou la Garonne.

Le seul affluent de gauche qui rappelle de loin par la masse de ses eaux, sinon par le développement de son cours (1 600 kilomètres), le gigantesque Missouri, est l'**Ohio** (la Belle-Rivière), qui naît dans les monts Alléghanys et reçoit par le *Cumberland* et le *Tennessee* (rive gauche) toutes les eaux du versant occidental de cette longue chaîne de montagnes.

Sa riante vallée, une des régions les plus peuplées et les plus riches des Etats-Unis, contraste avec les plaines monotones que traverse le Missouri, comme ses eaux limpides avec les flots boueux du grand torrent des prairies.

Rio Grande del Norte. — Parmi les autres tributaires du golfe du Mexique, l'*Alabama*, qui descend des monts Alléghanys, le *Rio Brazos*, et le *Rio Colorado* du Texas qui naissent sur les plateaux du Texas, un seul, le *Rio Grande del Norte*, compte parmi les grands fleuves américains. Sorti, sur le territoire du Colorado, d'un des massifs des Montagnes Rocheuses, dont les cimes dépassent 4 200 mètres, il roule dans une étroite vallée sur les plateaux du Colorado et du Nouveau-Mexique, puis sert de frontière entre les Etats-Unis et la république mexicaine et se jette dans le golfe du Mexique après avoir arrosé Matamoros, le plus septentrional des ports mexicains. Son cours, dont la direction générale est celle du nord au sud, a près de 2 700 kilomètres.

Les torrents qui descendent des plateaux mexicains vers le golfe du Mexique ou qui se perdent dans les lagunes des hautes plaines et qui n'ont d'eau que pendant la saison des pluies, et les cours d'eau de l'Amérique centrale, moins intermittents, mais encore plus courts, ne méritent pas d'être cités : leurs noms ne sont qu'une curiosité géographique.

7.

Le seul qui intéresse la géographie générale est le *San-Juan* (Saint-Jean), déversoir des lacs de Nicaragua et de Managua, rivière marécageuse de 200 kilomètres, qui serait tout aussi obscure que les autres si sa vallée n'avait été choisie pour y tracer le futur canal de Nicaragua.

Les lacs de l'Amérique du Nord. — Aucun continent, pas même l'Afrique, ne le dispute à l'Amérique du Nord par le nombre et l'étendue de ses lacs. La plupart sont des lacs de plaines, qui se déversent par des cours d'eau plus ou moins considérables, et appartiennent à l'Amérique anglaise, terre granitique qui n'absorbe pas les eaux comme les terrains perméables du bassin du Mississipi. On peut ranger les lacs canadiens en quatre groupes principaux : 1° ceux qui se déversent dans l'océan Glacial par le Mackensie; 2° ceux qui se déversent dans la mer d'Hudson par le Nelson et la Severn; 3° ceux qui s'écoulent dans l'Atlantique par le Saint-Laurent; 4° ceux des plateaux du Labrador.

Au premier groupe appartiennent le lac des *Daims* (Deerlake) et le lac *Wollaston,* qui se déchargent dans le lac *Athabasca* (lac de l'Élan), six fois plus grand que le lac de Genève (3600 kilomètres carrés), et les deux énormes bassins du lac *de l'Esclave* (30000 kilomètres carrés) et du *grand lac des Ours* (20400 kilomètres carrés), gelés pendant la plus grande partie de l'année.

Au second se rattachent les lacs *Ouinnipegosis* (4900 kilomètres), *Manitoba* (4700 kilomètres carrés), le lac *des Bois* avec ses nombreuses îles et ses baies capricieuses, qui se déversent tous dans le lac *Ouinnipeg* (près de 22000 kilomètres carrés), formé par la *Saskatchéouanne*, par le *Ouinnipeg*, déversoir du lac des Bois et par la *Rivière Rouge* qui descend du même plateau que le Mississipi.

Le troisième groupe, celui des grands lacs, forme, au cœur même du continent, entre les États-Unis et l'Amérique anglaise une véritable mer d'eau douce, dont la superficie 244000 kilomètres carrés) est le dixième de celle de la Méditerranée et plus de la moitié de celle de la Caspienne.

Le plus septentrional et le plus occidental des cinq lacs, le lac **Supérieur,** élevé d'un peu plus de 180 mètres au-dessus du niveau des mers et profond de plus de 300 mètres, couvre près du tiers de la superficie totale (88000 kilomètres carrés). Ses rives encadrées de hautes falaises granitiques, ses îles rocheuses et sauvages, ses vagues aussi puissantes que celles de l'Océan, lui donnent un caractère de grandeur sévère qui contraste avec l'aspect plus riant des lacs inférieurs. Il reçoit une centaine de torrents, dont le plus considérable sert de déversoir au lac *Nipigon* qu'on a regardé quelquefois comme la source du Saint-Laurent. Il communique par un large canal, la rivière de *Sainte-Marie*, avec le lac **Huron** (58 000 kilomètres carrés) et le lac **Michigan** (62 000 kilomètres carrés) qui appartient tout entier aux États-Unis, tandis que le lac Supérieur et le lac Huron sont

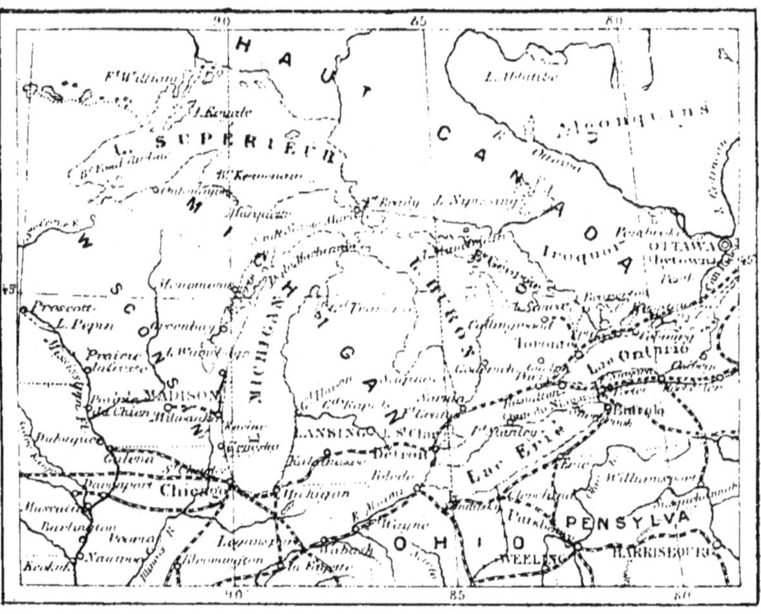

Carte X.

canadiens sur leur rive septentrionale. Aussi profond et presque aussi long que le lac Supérieur, mais moins large, le lac Michigan, qui baigne une des métropoles des États-Unis, *Chicago*, est la plus fréquentée de ces petites mers intérieures que sillonnent de nombreuses lignes de navires à vapeur.

Le lac **Huron** ne dépasse pas 140 mètres de profondeur, et plus d'un quart de sa superficie est occupée par la baie de Georgia, séparée du lac par une longue presqu'île et par la grande île *Manitoulin*, encore couverte de forêts.

Entre le lac Huron et le lac **Erié**, la différence de niveau n'est que de 4 mètres. La rivière *Saint-Clair*, le lac *Saint-Clair* et la *rivière de Détroit*, n'ont pas de rapides comme celle de *Sainte-Marie*. Le lac **Erié** n'a que 20 000 kilomètres carrés et 160 mètres de profondeur au maximum; ses bords, moins escarpés que ceux du lac Supérieur, sont couverts de villes florissantes qui ont pris la place des déserts et des forêts : c'est le lac de Genève avec une superficie trente fois plus grande et sans la ceinture de montagnes qui l'encadre. L'émissaire du lac Erié, le *Niagara* (l'eau qui tonne), qui le fait communiquer avec le lac Ontario, n'a que 57 kilomètres de longueur, mais la différence d'altitude entre les deux lacs est de 100 mètres (172 mètres au-dessus du niveau de la mer, pour l'Erié, 72 pour l'Ontario). Du lac Erié aux fameuses cataractes, le Niagara coule en plaine, parsemé de grandes îles, sillonné par des bateaux à vapeur et moins rapide que la rivière Sainte-Marie; mais, à environ 45 kilomètres du lac Erié, la terre lui manque tout à coup et la masse du fleuve, divisée par une île en deux branches, l'une large de près de 600 mètres sur la rive canadienne, l'autre de 280 sur la rive américaine, se précipite d'une hauteur de 50 mètres dans une étroite vallée (250 à 400 mètres de large), surplombée par des parois à pic qui s'élèvent de 70 à 80 mètres et creusée en plein granit par le formidable torrent qui y roule ses eaux mugissantes. Ce cañon se termine un peu avant que le fleuve ne débouche dans le lac **Ontario** (14 800 kilomètres carrés, 180 mètres de profondeur), le plus petit et le plus riant des cinq grands lacs américains. Les voyageurs du commencement de notre siècle ne reconnaîtraient plus aujourd'hui les chutes gigantesques qu'ils avaient admirées dans leur majesté sauvage et solitaire. Comme les glaciers et les précipices des Alpes, le Niagara a été domestiqué : ses bords sont couverts d'usines, de villas et d'hôtels; ses eaux font tourner des moulins, marcher des scieries et actionnent des moteurs électriques : des convois de chemins de fer traversent ses rapides sur un pont suspendu à une hauteur de 80 mètres, et les cataractes sont éclairées, comme la chute du Rhin, à l'électricité.

Le canal *Welland*, long de 45 kilomètres, réunit le lac Erié au lac Ontario et permet aux navires de tourner les chutes du Niagara.

Les lacs du bassin de l'*Ottawa*, le lac *Saint-Jean*, qui a pour émissaire le Saguenay, le beau lac *Champlain*, le lac *Georges*, que les Indiens appelaient *l'eau Souriante*, et qui se déverse par le Richelieu, appartiennent, comme les grands lacs, au système du Saint-Laurent.

Le quatrième groupe, assez mal connu, celui du Labrador, se compose d'un réseau de lacs et de rivières qui coulent au milieu de forêts inexplorées ou se précipitent du haut des rochers en formant des cascades dont quelques-unes auraient jusqu'à 500 mètres de hauteur. Le plus grand lac du Labrador paraît être le *Mistassini*, long de 160 kilomètres, large en moyenne de 19 à 20 kilomètres et qui n'est qu'un épanchement de la rivière *Rupert*, un des tributaires de la mer d'Hudson.

Au sud du lac Michigan et du lac Georges, on ne rencontre plus, dans le versant de l'Atlantique et dans celui du golfe du Mexique, que de vastes étangs destinés à devenir des tourbières, comme ceux qui bordent la rive droite du Mississipi, entre le 37ᵉ et le 35ᵉ degré de latitude, et le cours de la Rivière-Rouge dans la Louisiane, ou des lagunes marécageuses comme celles des côtes du Texas et de la Louisiane, celles du delta du Mississipi, celles de la Floride et de la Caroline du Nord.

Lacs des Montagnes Rocheuses, des plateaux mexicains et de l'Amérique centrale. — Les lacs de montagnes de l'Amérique du Nord sont en partie des lacs d'eau douce, les uns sans écoulement (lac *Pyramide*, lac *Humboldt*, dans l'État de Nevada), les autres qui se déversent soit dans le Missouri, comme le lac de *Yellostowne* d'où sort la rivière du même nom, soit dans les tributaires du Pacifique, comme ceux que forment la rivière *Clarke*, affluent de la Colombia, le haut *Sacramento* (lac *Goose*), le *San-Joaquin* (lac *Tulare*), etc... D'autres sont des bassins sans déversoir, aux eaux chargées de sel, ne nourrissant aucun coquillage ni aucun poisson, et tendant à se dessécher lentement, comme les lagunes du Grand Bassin et surtout le *grand lac Salé* dont la profondeur moyenne ne dépasse pas 2 ou 3 mètres, et dont la densité est si grande que le corps humain y flotte sans effort et sans danger de s'enfoncer. — Semé de grandes îles dont l'une s'élève à 1 000 mètres au-dessus du niveau du lac, long de 100 kilomètres sur 30 à 35 de largeur, le lac Salé reçoit un certain nombre de rivières, entre autres le *Jourdain*, qui descend du lac *Utah*, plus haut de 100 mètres que le grand lac des Mormon ; mais l'évaporation est si active que le niveau du lac baisse progressivement et que la salure est plus forte que celle de l'océan.

Les lacs des plateaux mexicains offrent les mêmes caractères que ceux des Montagnes Rocheuses : la plupart ne sont que des cuvettes desséchées, au fond desquelles s'est déposée une croûte de sel ; quelques-uns, comme le lac de *Chapala* (2 500 kilomètres carrés), sont alimentés par des eaux courantes, et se déversent dans la mer.

Les seuls lacs de l'Amérique centrale qui n'aient pas une origine volcanique sont ceux de *Managua* et de *Nicaragua*, qui communiquent par un canal marécageux et se déversent dans la mer des Antilles par le San-Juan. Le lac de Nicaragua a 6 500 kilomètres carrés : c'est le plus grand lac d'eau douce de la région montagneuse de l'Amérique du Nord, et sa profondeur moyenne est de 30 mètres. Le canal interocéanique projeté pourrait donc le traverser sans exiger aucun travail de dragage et de protection contre l'ensablement.

III

AMÉRIQUE DU SUD

Dans l'Amérique du Sud comme dans l'Amérique du Nord les eaux coulent dans quatre directions principales.

Versant de l'océan Pacifique. — Le versant de l'ouest, longue bande resserrée entre l'océan Pacifique et les Andes, n'a que des torrents dont aucun n'est navigable, et qui ne sont permanents que dans le Chili méridional où ils servent souvent de déversoirs à des lacs grossis par des pluies abondantes.

Versant septentrional, mer des Antilles. Magdalena. — L'étroit bassin de la mer des Antilles est dessiné par la chaîne côtière du Venezuela, la Cordillère orientale et la Cordillère occidentale de la Nouvelle-Grenade. A l'exception de l'*Atrato* qui descend de la Cordillère occidentale pour se jeter dans le golfe de Darien et qui, géographiquement, appartient à l'Amérique centrale plutôt qu'à l'Amérique du Sud, il ne reçoit qu'un cours d'eau considérable, la **Magdalena,** long de 1 800 kilomètres, qui coule d'abord dans une vallée profonde entre la Cordillère centrale et la Cordillère orientale de la Nouvelle-Grenade, et ne devient navigable pour les vapeurs qu'après les rapides de Honda, à 1 000 kilomètres de la mer. Le fleuve forme à son embouchure un delta dont les passes ensablées sont difficilement accessibles aux grands navires.

Le plus important de ses cinq cents affluents, le *Rio Cauca* (1 350 kilomètres), qui coule entre la Cordillère centrale et la Cordillère occidentale, est embarrassé de rapides qui rendent la navigation dangereuse et souvent impossible.

Atlantique tropical. Orénoque. — Tout le reste de l'Amérique du Sud, à l'est des Andes, appartient au versant de l'Atlantique; les trois principaux réservoirs de ses eaux sont les Andes, les montagnes de la Parime et des Guyanes, et les plateaux du Brésil.

Le plus septentrional de ses grands tributaires, l'**Orénoque** (*Orinoco*), descend des montagnes de la Parime où ses sources ont été récemment découvertes par un voyageur français, M. Chaffanjon. Il coule d'abord vers le nord, dans un lit argileux, encaissé entre des berges à pic, embarrassé de rapides et à peine navigable pour les pirogues indiennes. Grossi par de nombreux affluents, qui prennent leur source dans les Andes (*Guaviare*, *Meta*, etc.) et qui arrosent les llanos des Etats-Unis de Colombie, il prend peu à peu, sous la poussée de ces puissantes rivières, la direction de l'est : son lit devient plus large (1 800 à 2 500 mètres); ses eaux blanchâtres, et troublées par l'argile qui s'y dissout, sont plus tranquilles : les îles, boisées ou couvertes de roseaux, se multiplient : la grande navigation commence dans le tiers intérieur de son cours, à 1 600 kilomètres de la source et 800 kilomètres de la mer. Six cents kilomètres plus bas, le fleuve se divise, et forme un vaste delta couvert de forêts, inondé pendant la saison des pluies, et sillonné par une cinquantaine de bras, dont sept ou huit sont accessibles à des navires de 150 à 300 tonneaux. A l'époque des crues, du mois d'avril au mois de septembre, le fleuve roule, à *Bolivar*, plus de 9 000 mètres cubes d'eau par seconde, presque le tiers du débit moyen du Saint-Laurent à son embouchure.

Les fleuves des Guyanes, l'*Essequibo* (Guyane anglaise), le *Surinam* (Guyane hollandaise), le *Maroni*, l'*Oyapock*

(Guyane française), navigables jusqu'à 200 ou 300 kilomètres de la mer, mais torrentueux et coupés de cataractes et de rapides dans leur cours supérieur, descendent des hauteurs qui séparent leur bassin de celui de l'Orénoque et du fleuve des Amazones.

Le fleuve des Amazones. — Trois branches de longueur et de puissance inégales concourent à former le roi des fleuves américains (6000 kilomètres), que le Nil lui-même dépasse à peine par l'étendue de son cours, et qui n'a pas de rival dans le monde, pour la masse de ses eaux, le nombre et l'importance de ses affluents. Le *Maragnon* et le *Huallaga*, qui descendent du plateau de Pasco, l'*Ucayali* grossi de l'*Apurimac*, qui prennent leur source sur les hauts plateaux des Andes péruviennes, au nord du lac Titicaca, à environ 4 000 mètres d'altitude, sont d'énormes torrents, coulant tous trois vers le nord, dans de profondes vallées, entre deux murailles d'arbres séculaires, sous une voûte de lianes et de feuillage, et sur un lit de rochers où ils se précipitent de rapides en rapides.

Avant de descendre les dernières terrasses de la Cordillère, le Maragnon, que l'on regarde comme la branche principale, bien que le cours de l'Ucayali soit plus long et la masse de ses eaux plus considérable, se détourne vers l'est, direction que le fleuve gardera jusqu'à son embouchure. C'est à partir du confluent du Maragnon avec l'Ucayali que les géographes le désignent sous le nom de fleuve des **Amazones**, qui lui fut donné par l'Espagnol Orellana, son premier explorateur (1541); mais les Brésiliens l'appellent Rio de *Solimoens* (1), jusqu'à son confluent avec le Rio Negro, et *Maranhao* (Maragnon), depuis le Rio Negro jusqu'à la mer. A Nauta, au point de jonction de l'Ucayali et du Maragnon (Pérou), et à plus de 4 500 kilomètres de l'Océan, l'altitude du fleuve n'est que de 127 mètres. Il conservera cependant jusqu'à son embouchure une vitesse de 4 kilomètres à l'heure dans les basses eaux, de 8 à 9 kilomètres dans la saison des crues, et sa profondeur, qui dépasse souvent 100 mètres, n'est presque jamais inférieure à 40 ou 50. Le canal principal, bordé sur ses deux rives d'une ceinture de forêts, et semé d'îles boisées, que le courant ronge et désagrège, est large de 2 500 à 16 000 mètres et pourrait porter

(1) Ce mot se prononce *Solimouns*.

jusqu'à Nauta des navires de 800 à 1 000 tonneaux ; mais de la masse du fleuve se détachent des branches latérales plus étroites et moins profondes, qui se croisent, s'enchevêtrent, décrivent sous le couvert de la forêt mille détours capricieux, coupent les affluents, et forment d'innombrables lagunes, qui, suivant la saison, se déversent dans l'Amazone, ou reçoivent le trop-plein de ses eaux. Du mois de février au mois de juillet, la fonte des neiges et les pluies tropicales déterminent des crues régulières, qui s'élèvent à 12 ou 13 mètres au-dessus de l'étiage, inondent les rivages et emportent les forêts. A Obidos, au-dessus de son confluent avec le Tapajos, l'Amazone roule, pendant ces crues, 240 000 mètres cubes d'eau par seconde, huit fois plus que le Mississipi et que le Saint-Laurent.

L'Amazone n'a pas de delta, bien que la partie inférieure de son cours soit encombrée de grandes îles, qui le divisent en un certain nombre de bras. Il débouche dans la mer par deux branches principales, le canal du nord et le canal du sud, et forme un estuaire large de 300 kilomètres, où ses eaux bourbeuses ne se mêlent pas à celles de l'Océan, qu'elles refoulent, emportant jusque sur les côtes de Guyane les alluvions, qui ensablent 400 kilomètres de littoral. Mais, à l'époque des grandes marées, l'Océan prend sa revanche : il pénètre à son tour dans l'estuaire ; ses vagues, hautes de 12 à 15 mètres, repoussent le courant, s'abattent sur le rivage, avec le bruit du tonnerre, inondent les îles, et balayent tout ce qu'elles rencontrent sur leur passage. L'action de ce terrible mascaret, que les Indiens nomment *pororoca*, se fait sentir jusqu'à 700 kilomètres de l'embouchure du fleuve.

L'Amazone compte plus de 1 100 affluents, les uns d'*eau blanche*, les autres d'*eau noire* (1), presque tous navigables sur une longue étendue, et qui lui apportent les eaux des Andes et des plateaux brésiliens.

Sur la rive gauche, ses grands affluents (*Napo, Putumayo, Yapura*) viennent des Andes de l'Equateur et de la Nouvelle-Grenade ; le plus important, le **Rio Negro** (Rivière Noire), aux flots couleur d'encre, est formé par la réunion de deux cours d'eau principaux, l'un qui prend sa

(1) On attribue cette coloration à des résines, provenant des forêts de cèdres ou de pins, que les eaux contiennent en dissolution.

source dans la Cordillère orientale de la Nouvelle-Grenade, l'autre qui naît dans les plateaux colombiens, serpente à travers les llanos et les forêts, et, par un phénomène moins rare qu'on ne le croyait autrefois, communique avec l'Orénoque par un canal naturel, le *Rio Cassiquiare*, navigable pour les canots indiens. Ses crues sont aussi puissantes que celles de l'Amazone; son lit, semé d'îles, est aussi large; ses branches latérales, aussi nombreuses, mais la lenteur de son cours contraste avec la rapidité du grand fleuve; les Indiens ont appelé l'un la rivière morte, et l'autre la rivière vivante. Sur la rive droite, le *Jurua*, le *Purus*, le *Tapajos*, le *Xingu* (Chingou), qui descendent, les deux premiers, des terrasses inférieures des Andes boliviennes, les deux derniers du plateau brésilien de Matto-Grosso, peuvent rivaliser avec le Danube; mais la **Madeira** (1), le plus grand tributaire de l'Amazone, qui roule, aux eaux moyennes, 6 700 mètres cubes d'eau par seconde, non loin de son confluent, n'a pas d'égale en Europe, et n'en a que bien peu dans le reste du monde. Sortie sous le nom de *Rio Grande*, du massif bolivien de *Cochabamba*, grossie à droite par les eaux du plateau brésilien, à gauche par celles des Andes de la Bolivie et du Pérou, elle est malheureusement coupée, presque à la moitié de son cours, par des cataractes et des rapides, qui interrompent la navigation. Ses eaux sont aussi sombres, mais beaucoup plus rapides que celles du Rio Negro.

Tocantins ou Rio Para. — On regarde souvent le Rio Para ou Tocantins (2 500 kilomètres), qui descend du plateau de Matto-Grosso, comme un affluent de l'Amazone : cependant, s'ils ont un estuaire commun, leurs embouchures sont séparées par l'île de *Marajo,* et ils ne communiquent que par les canaux marécageux, qui séparent cette île du continent, et qui se déversent, d'un côté, dans l'Amazone, et, de l'autre, dans le Rio Para, mais qu'il serait difficile de regarder comme une dérivation de l'un ou l'autre des deux fleuves. Le Rio Para coule directement du sud au nord, presque aussi large et aussi profond que l'Amazone dans son cours inférieur, mais sa partie supérieure est coupée par des rapides.

San Francisco. — Les seuls fleuves côtiers du Brésil,

(1) Ce nom, qui signifie *rivière des bois*, lui vient de l'énorme quantité de troncs d'arbres qu'elle roule dans ses eaux.

qui méritent une mention, sont le *Parnahyba* et le *San Francisco*, magnifique cours d'eau de 2 900 kilomètres, navigable dans la partie moyenne de son cours, sur une longueur de 1 500 kilomètres : mais, à 600 kilomètres de la mer, sa vallée se rétrécit, le fleuve redevient torrent, les rapides succèdent aux rapides, et, quand il atteint le bord du plateau brésilien, il se précipite d'une hauteur de 70 mètres avant d'entrer dans la plaine. De ces chutes qui surpasseraient celles du Niagara, si le fleuve n'était resserré dans un étroit canal et divisé par des barrières de rochers, il redevient navigable jusqu'à la mer (300 kilomètres), pour les bâtiments de fort tonnage.

Atlantique méridional. Le Rio de la Plata. — La branche maîtresse des trois grandes rivières qui se réunissent pour former cette énorme masse d'eau, estuaire plutôt que fleuve, désignée sous le nom de Rio de la Plata, naît de plusieurs torrents qui descendent des plateaux de la province de Goyaz, de celle de Minas Geraes et de celle de Saint-Paul, et dont le principal prend sa source au pied du mont Itatiaya. Après leur jonction, ils prennent le nom de **Parana;** mais, tant qu'il coule sur les plateaux, le fleuve garde des allures capricieuses, tantôt large de plusieurs kilomètres, tantôt resserré dans une étroite vallée et franchissant par des rapides et des cascades les divers étages des terrasses brésiliennes. Ce n'est qu'en arrivant dans les plaines du Paraguay et de la République argentine qu'il devient navigable sans interruption : c'est alors un fleuve gigantesque, large de 5 à 20 kilomètres, doublé, comme l'Amazone, de branches latérales, les unes desséchées, les autres navigables, inondant comme lui ses rives marécageuses pendant ses crues périodiques qui montent à cinq ou six mètres au-dessus de l'étiage.

Son principal affluent, le **Paraguay** (rive droite), a des eaux moins abondantes, un cours moins étendu (2 000 kilomètres), mais son courant est moins violent, ses rapides plus franchissables : les bateaux à vapeur peuvent le remonter jusqu'au plateau de Matto-Grosso, à 200 kilomètres de sa source. Les affluents de droite du Paraguay, le *Pilcomayo* et le *Rio Vermejo*, bien qu'ils descendent des Cordillères boliviennes, ne lui apportent qu'un mince tribut : les sables du Grand Chaco les absorbent, avant qu'ils arrivent au fleuve; les affluents de gauche, qui viennent des plateaux brésiliens, sont plus courts, mais ils ne se dessèchent pas comme les rivières andines.

Le Parana coule du nord-est au sud-ouest jusqu'à son confluent avec le Paraguay : dans son cours inférieur, il prend la direction de son grand affluent, celle du nord au sud, qu'il conserve jusqu'à Rosario où commence la navigation maritime.

L'**Uruguay**, qui sort de la chaîne côtière du Brésil et qui descend dans la plaine par une série de rapides, apporte au Parana (rive gauche) plus de 4200 mètres cubes d'eau par seconde aux eaux moyennes.

Au-dessous de son confluent avec l'Uruguay, le fleuve qui prend le nom de **Rio de la Plata**, s'élargit de plus en plus, le chenal a 40 ou 50 mètres de profondeur; à l'entrée de l'estuaire, il roule pendant la saison sèche plus de 18800 mètres cubes d'eau par seconde, et la distance entre ses deux rives est de 250 kilomètres.

Avec son volume égal à celui du Mississipi et sa longueur de 4500 kilomètres, le Parana continué par le Rio de la Plata est le second fleuve de l'Amérique du Sud. Les rivières de la pampa méridionale (*Rio Colorado, Rio Negro*), et celles de la Patagonie (*Chubut*, etc.) qui prennent leur source dans les Andes chiliennes, mais qui coulent en plaine dans la plus grande partie de leur cours, ont cependant les caprices des fleuves de montagnes, torrents impétueux à la fonte des neiges, minces filets d'eau qui se traînent à peine jusqu'à la mer pendant les mois d'été.

Les lacs. — L'Amérique du Sud n'a pas de lacs de plaines. Llanos, pampas, région des forêts amazoniennes, terrasses du Brésil, sont des terres d'alluvions ou des terrains perméables, où peuvent se former des marécages, quand le sous-sol est argileux, mais qui n'offrent pas à la formation des lacs des conditions favorables comme les terrains granitiques de l'Amérique anglaise. Les grands étangs plus ou moins temporaires que forment la Magdalena, l'Amazone et ses affluents, le Parana et le Paraguay, les immenses marais du haut Paraguay, les lagunes littorales de l'Uruguay, du Brésil méridional et septentrional et du Vénézuéla, ne méritent pas plus le nom de lacs que les salines (salinas) (1)

---

(1) Lagunes couvertes d'une croûte de sel, comme les chotts du Sahara algérien ou tunisien.

desséchées des llanos boliviens, du Grand Chaco ou des pampas argentines.

Les lacs de montagnes sont assez nombreux, mais les uns sont des lacs volcaniques de dimension très modeste, les autres, des lacs salés et desséchés comme ceux des hauts plateaux boliviens ou argentins : quelques-uns à peine, situés sur le versant oriental des Andes de Patagonie, sont des nappes d'eau douce d'une assez grande étendue; le seul qui rappelle de loin les lacs de l'Amérique du Nord est le **Titicaca,** situé à 3 800 mètres d'altitude, au pied des massifs de Sorata et d'Illimani, sur la frontière de la Bolivie et du Pérou qui le coupe en deux parties à peu près égales.

Long de 240 kilomètres, large de 150 à 160, atteignant vers le milieu du bassin une profondeur de plus de 200 mètres, semé d'îles autrefois sacrées, et qui gardent encore les ruines des temples et des palais élevés par les Incas, le lac Titicaca couvre une superficie de 8 400 kilomètres carrés; il a ses tempêtes et ses naufrages, et, malgré l'âpreté du climat, ses eaux, presque toujours agitées par les vents du nord-est, ne gèlent que sur les bords. Les torrents ne lui apportent pas assez d'eau pour compenser l'évaporation; aussi son niveau, qui, suivant les saisons, varie de 1 ou 2 mètres, s'abaisse lentement, et ses eaux couvraient autrefois les prairies marécageuses qui bordent ses rives au sud et à l'ouest. Il se déverse par un émissaire qui se dessèche de plus en plus dans le lac *Aullagas* (2 800 kilomètres carrés), qui lui-même communiquait jadis avec la Madeira; mais le ruisseau qui portait au grand affluent de l'Amazone les eaux du lac Aullagas et celles du lac Titicaca n'est plus qu'un filet d'eau qui se perd dans les sables, comme les rivières du Sahara.

RÉSUMÉ

I

Les analogies que présente le relief du sol dans les deux continents américains se retrouvent dans la distribution des eaux. Dans l'Amérique du Nord, comme dans l'Amérique du Sud, elles suivent quatre directions générales : celle du sud au nord (océan Glacial et mer des Antilles); celle de l'ouest à l'est (mer d'Hudson, Atlantique septentrional, Atlantique tropical); celle du nord au sud (Golfe du Mexique, Atlantique méridional), et celle de l'est à l'ouest (océan Pacifique) ; mais l'Amérique du Nord est de tous les continents le plus riche en lacs, tandis que l'Amérique du Sud est le plus pauvre.

II

Amérique du Nord.

L'Amérique du Nord est divisée par les Montagnes Rocheuses, la Cordillère du Mexique et celle de Guatémala en deux grands versants, celui des mers Arctiques et de l'Atlantique à l'est, et celui du Pacifique à l'ouest.

Fleuves du versant occidental. — Le versant du Pacifique est arrosé par des fleuves de montagnes coupés de rapides et de cataractes, qui descendent tous des Montagnes Rocheuses et dont les principaux sont, du nord au sud : le *Youkon* (Amérique anglaise et Alaska. 3570 kilomètres), qui se jette dans la mer de Béring ;

Le *Fraser* (Amérique anglaise), qui débouche dans le canal qui sépare l'île Vancouver du continent ;

La *Columbia* ou *Orégon* (Amérique anglaise et Etats-Unis), formée par la réunion de l'*Orégon* et de la rivière *Snake* (rivière du Serpent) ;

Le *Sacramento*, qui forme à son embouchure la rade de San-Francisco (Etats-Unis) ;

Le *Rio Colorado* (Etats-Unis) ou rivière Verte, qui coule du nord au sud et se jette dans la mer Vermeille. Quant au plateau du Mexique, les rares cours d'eau qu'il verse à l'océan Pacifique ne sont pas navigables.

Le versant de l'océan Glacial et de la mer d'Hudson, limité à l'ouest par les Montagnes Rocheuses, au sud par les prairies et par les plateaux granitiques du Labrador, est arrosé par deux grands fleuves. Le *Mackensie* ou *Athabasca* (4000 kilomètres), formé par la réunion de plusieurs cours d'eau sortis des Montagnes Rocheuses, coule du sud au nord, vers l'océan Glacial ; il forme le lac de l'*Elan* (lac Athabasca) et celui de l'*Esclave*, et reçoit sur sa rive droite les eaux du grand lac des *Ours*.

Le *Saskatchéouanne*, divisé en deux branches qui prennent leur source dans les Montagnes Rocheuses (Amérique anglaise), se perd dans le lac *Ouinnipeg*, grossi des eaux de la *Rivière Rouge*, et qui s'écoule par la rivière *Nelson* dans la mer d'Hudson.

Atlantique. — Le bassin de l'Atlantique, limité à l'ouest par la chaîne des Alleghanys, est arrosé par de belles rivières navigables qui descendent de ces montagnes. la *rivière James*, le *Potomac*, la *Delaware*, l'*Hudson*, et par un fleuve immense.

large de 500 kilomètres à son embouchure, le *Saint-Laurent* (Canada), qui coule du sud-ouest au nord-est. Grossi dans la partie inférieure de son cours par l'*Ottawa*, le *Saguenay* (rive gauche) et par la rivière *Richelieu* (rive droite), qui lui apporte les eaux du lac *Champlain*, le *Saint-Laurent* sert de déversoir au plus vaste amas d'eaux douces qui existe à la surface du globe, aux cinq grands lacs *Supérieur*, *Huron*, *Michigan*, *Erié* et *Ontario* (244000 kilomètres carrés).

GOLFE DU MEXIQUE. — Le BASSIN DU GOLFE DU MEXIQUE est limité à l'ouest par les Montagnes Rocheuses, à l'est par les monts Alléghanys. Il est arrosé par un grand nombre de cours d'eau importants, l'*Alabama*, le *Rio Colorado* du Texas, le *Rio grande del Norte*, qui descend des Montagnes Rocheuses et sépare les Etats-Unis du Mexique ; mais son plus grand fleuve est le **Mississipi** (5 080 kilomètres), qui coule presque directement du nord au sud, bordé de forêts, de marécages, de savanes et embarrassé d'innombrables îles. A son embouchure, il se divise en plusieurs branches qui arrosent un delta marécageux.

Les affluents du Mississipi sont à gauche l'*Illinois* et l'*Ohio* (1 600 kilomètres) grossi du *Tennessee* qui lui apportent les eaux des monts Alléghanys ; à droite le *Missouri* (5 500 kilomètres), qui devrait être regardé comme la branche principale du grand fleuve, et qui lui apporte soit par lui-même, soit par ses af-fluents (la rivière *Platte*, le *Kansas*, etc.), toutes les eaux du versant oriental des Montagnes Rocheuses, depuis la frontière des Etats-Unis jusqu'aux sources de l'*Arkansas*. Dans son cours inférieur le Mississipi reçoit à droite l'*Arkansas* (3 500 ki-lomètres), qui descend du mont Pike, et la *Rivière Rouge*, qui naît sur les plateaux arides du Haut-Texas.

La mer des Antilles reçoit la rivière *Saint-Jean*, qui sert de déversoir au lac de *Nicaragua*, dans l'Amérique centrale.

LES LACS. — Les lacs de plaine de l'Amérique du Nord s'écoulent soit par le Mackensie (lac *Athabasca*), lac de l'*Es-clave* (30 000 kilomètres carrés), *grand lac des Ours* (20 400 ki-lomètres carrés), soit par le Nelson (lac *Ouinnipegosis*, lac de *Manitoba*, lac des *Bois*, lac *Ouinnipeg* (22 000 kilomètres carrés), soit par les rivières du Labrador, soit enfin par le Saint-Laurent, déversoir du lac *Champlain*, formé par la rivière Richelieu, du lac *Saint-Jean*, formé par le Saguenay, et des cinq grands lacs, *Supérieur* (88 000 kilomètres carrés), *Huron* (58 000 kilomètres carrés), *Michigan* (62 000 kilomètres carrés), *Erié* (20 000 kilomètres carrés), et *Ontario* (14 000 kilo-mètres carrés). Ces deux derniers communiquent par le Niagara, fameux par ses chutes qui ont 50 mètres de hauteur, sur une largeur totale de près de 900 mètres. Ces lacs forment une véritable méditerranée d'eau douce navigable depuis l'entrée du lac Ontario jusqu'à l'extrémité du lac Supérieur, sur une longueur de 2 300 kilomètres.

Les lacs de montagnes, situés sur les plateaux des Montagnes Rocheuses, du Mexique ou de l'Amérique centrale, sont pour la plupart sans écoulement, comme le *grand lac Salé*, le lac *Pyramide*, le lac *Humboldt* (États-Unis), et les lagunes à demi desséchées du Mexique : mais les deux plus grands lacs de l'Amérique centrale, ceux de *Managua* et de *Nicaragua*, s'écoulent par la rivière Saint-Jean.

III

Amérique du Sud.

L'Amérique du Sud est divisée, par le massif des Andes, en trois grands versants, celui du PACIFIQUE, à l'*ouest*, qui n'est arrosé que par des torrents, celui de la MER DES ANTILLES au nord, et celui de l'ATLANTIQUE, à l'est, qui se subdivise en un grand nombre de bassins fluviaux.

Les principaux sont : 1° dans la MER DES ANTILLES celui de la *Magdalena*, grossie de la rivière *Cauca*, qui descendent des Cordillères de la Nouvelle-Grenade.

2° Des montagnes de la Parime sort l'*Orénoque* (2 400 kilomètres de cours), qui reçoit à gauche les eaux de la Cordillère orientale de la Nouvelle-Grenade, et se jette dans l'Atlantique en formant un vaste delta boisé.

3° Le **fleuve des Amazones** est formé par la réunion du *Maragnon*, du *Huallaga* et de l'*Ucayali*, qui sortent des Andes du Pérou, et qui se dirigent vers le nord. A partir du confluent du *Maragnon* et de l'*Ucayali*, le fleuve se détourne vers l'est et entre dans la plaine boisée qu'il traverse jusqu'à l'Océan. Le canal principal est large de 2 500 mètres à 16 kilomètres ; mais l'Amazone a en outre de nombreuses branches latérales presque toutes navigables.

L'Amazone n'a pas de delta, et son embouchure est un golfe large de 300 kilomètres. La longueur totale serait de près de 7 000 kilomètres, en calculant tous les détours, et de 6 000 kilomètres si on ne tient compte que des principaux. Le débit du fleuve dans la saison des crues régulières dépasse 200 000 mètres cubes d'eau par seconde, à 500 kilomètres de son embouchure.

Il reçoit plus de onze cents affluents, les uns d'*eau blanche* et les autres d'*eau noire*. Les plus importants, qui ont de 2 580 à 4 000 kilomètres, sont : à droite, le *Purus*, la *Madeira*, qui a son origine sur le haut plateau de Bolivie, le *Tapajos*, le *Chingou* ; à gauche, le *Napo*, le *Yapura* qui naissent sur le versant oriental des Andes et le *Rio-Negro* qui serpente sur le même plateau que l'Orénoque et qu'un canal naturel, le *Rio-Cassiquiaré*, réunit à ce fleuve.

4° Le PARA ou TOCANTINS, qui descend des plateaux du Brésil, confond son estuaire avec celui de l'Amazone dont il n'est séparé que par l'île *Marajo*.

5° Le SAN-FRANCISCO (2900 kilomètres) naît sur les hauts plateaux du Brésil et en franchit le rebord à 300 kilomètres de son embouchure, par des chutes qui interrompent la navigation.

6° Le RIO DE LA PLATA est moins un fleuve qu'un large estuaire formé par la réunion de l'*Uruguay* et du *Parana*, qui descendent des plateaux du Brésil et coulent du nord-est au sud-ouest. Le Parana reçoit lui-même à droite le *Paraguay*, sorti des plateaux de Matto-Grosso (Brésil), et grossi du *Pilcomayo* et du *Vermejo*, qui prennent leur source dans les Andes de Bolivie.

Au sud de l'embouchure du Rio de la Plata, se jettent dans l'Atlantique le *Rio Colorado* et le *Rio Negro*, qui sortent des grands lacs situés sur le versant oriental des Andes.

LACS. — L'Amérique du Sud a des marécages, des lagunes salées, mais aucun lac de plaine de quelque étendue. Les plus considérables de ses lacs de montagnes sont : le lac TITICACA (Pérou et Bolivie, 8 400 kilomètres carrés), et le lac *Aullagas* (Bolivie), situés sur les hauts plateaux des Andes, et qui communiquent par un cours d'eau à demi desséché.

Exercices.

Cartes physiques de l'Amérique du Nord, de l'Amérique du Sud, du Mexique, de l'Amérique Centrale et des Antilles. — Carte des grands lacs de l'Amérique du Nord. — Carte hypsométrique des deux Amériques indiquant par trois teintes différentes les plaines basses; les hautes plaines et les plateaux entre 300 et 1000 mètres au-dessus du niveau de la mer; les hauts plateaux et les pays de montagnes au-dessus de 1 000 mètres.

Lectures.

LANIER. — *L'Amérique.*
E. RECLUS. — *Nouvelle Géographie universelle*, XV, XVI et XVII.
LE TOUR DU MONDE. — *Voyages de MM. P. Marcoy, de Lamothe, Crevaux, Thouar, Chaffanjon*, etc....

CHAPITRE V

Les climats. — La faune. — Les populations. — L'Amérique latine et l'Amérique anglo-saxonne. — Histoire sommaire de la découverte des deux Amériques.

I

Les climats.

Caractères communs aux deux Amériques. — Le climat des deux Amériques a des caractères communs, dus à la forme allongée des deux continents, aux mers qui les enveloppent, aux analogies que présente dans chacun d'eux le relief du sol. Ni l'Amérique du Nord, ni l'Amérique du Sud, malgré l'aridité des hauts plateaux, ne connaissent ces sécheresses implacables, qui stérilisent une partie de l'Asie et de l'Afrique. Les courants atmosphériques chargés des vapeurs de l'Océan, en même temps qu'ils entretiennent l'humidité, tempèrent la chaleur, plus supportable, même dans la zone tropicale, que dans les régions correspondantes du continent africain. Enfin le climat des plateaux des Montagnes Rocheuses se rapproche beaucoup de celui des Andes, et, si ce dernier est plus rude, l'écart s'explique surtout par les différences d'altitude.

Amérique du Nord. — Le climat de l'Amérique du Nord est en général moins tempéré que celui de l'Europe occidentale. A latitudes égales, les étés sont plus chauds, et les hivers plus froids. Ce phénomène tient en grande partie à la conformation même du continent. En hiver, les vents du nord et du nord-ouest, qu'aucune chaine de montagnes n'arrête, que n'attiédit aucune mer libre de glaces, balayent sans obstacles la plaine qui s'étend des mers arctiques au golfe du Mexique, et refoulent les vapeurs chaudes du Gulf-Stream. En été, la prédominance des vents du sud et du sud-est, produit l'effet opposé : Chicago (Etats-Unis), situé sur la même latitude que Rome, a des froids de 38 degrés et des chaleurs de 40.

Cependant le climat de l'Amérique du Nord est loin d'être uniforme, et on peut y distinguer huit zones principales, sans compter les plateaux mexicains, l'isthme de l'Amérique centrale et les Antilles, qui appartiennent à la région tropicale.

1° Au nord du 55° parallèle, règne le *climat arctique* (trois quarts de l'Alaska, près des deux tiers de l'Amérique anglaise). La moyenne de la température annuelle ne s'élève pas au-dessus de zéro : un été de trois mois mi-juin, juillet, août, mi-septembre succède brusquement à un hiver de neuf mois, pendant lequel le thermomètre descend parfois au-dessous de 50 degrés. Les vents du nord dominent, les pluies d'été sont peu abondantes, et les orages très rares. C'est une terre condamnée par la nature à rester éternellement inculte, c'est-à-dire à peu près déserte : l'homme peut y vivre, mais la richesse et la population ne se développent que là où le sol est cultivable.

2° La seconde région comprend le sud de l'Amérique anglaise et le nord des États-Unis, entre les Montagnes Rocheuses et l'Atlantique, à peu près jusqu'au 40° parallèle. C'est le domaine du *climat canadien*, plus humide sur la côte, plus sec dans l'intérieur, mais caractérisé par l'écart considérable des températures extrêmes, par la prédominance des vents du nord en hiver, et des vents du sud en été, et par la courte durée du printemps et de l'automne. La moyenne de la température annuelle ne dépasse pas 10 degrés au-dessus de zéro. Cette plaine, dont la partie maritime est baignée par les courants polaires, est, malgré la rigueur de ses hivers et les brusques variations de température, une des contrées les plus salubres du globe, et l'une des plus favorables au développement de la richesse agricole.

3° Au sud de la région précédente, s'étend de l'Atlantique au Mississipi, jusqu'au 35° ou 34° parallèle, une zone moins vaste, aussi fertile, mieux protégée contre les vents du nord, qu'arrêtent les monts Alléghanys, et qui ne subit plus sur le littoral l'influence des courants polaires : c'est celle du *climat virginien* (1), caractérisé par une température plus égale, dont la moyenne annuelle oscille entre 12 et 16 degrés,

---

(1) Le nom de Virginie s'étendait au dix-huitième siècle non seulement à l'état actuel de Virginie, mais à presque toute la région située entre l'Atlantique, de la baie de Delaware au cap Hatteras, et le cours du Mississipi.

des pluies assez abondantes qui tombent surtout en hiver,
des orages fréquents en été, et la prédominance des vents du
sud-ouest.

4° Au sud du 35° parallèle, le littoral de l'Atlantique et
du golfe du Mexique forme une quatrième zone, celle du
climat floridien (1), chaude, humide, peu salubre surtout
sur les côtes, dont la moyenne annuelle varie entre 20 et
25 degrés, et qui, bien que située tout entière au nord du
tropique du Cancer, présente déjà les caractères des
climats tropicaux.

5° La région intérieure, comprise entre le Mississipi et les
Montagnes Rocheuses, du 40° au 34° ou 33° degré de latitude septentrionale, est celle où règne le *climat des prairies* ;
la moyenne annuelle oscille entre 16 et 17 degrés : les étés
sont brûlants, les hivers relativement rigoureux ; les vents
du nord amènent parfois la neige jusque sur les bords de
l'Arkansas, mais ce qui distingue surtout le climat des prairies, c'est la sécheresse, qu'explique la situation de cette
région, au cœur même du continent, loin de l'Atlantique,
et au pied des Montagnes Rocheuses, qui arrêtent les vapeurs
de l'océan Pacifique. La pluie ne tombe guère qu'au printemps, quand soufflent les vents d'est ou de sud-est.

6° et 7° Les hauts plateaux des Montagnes Rocheuses,
du 60° au 30° parallèle, se divisent en deux régions, qui ne
se ressemblent que par le contraste d'un été très chaud et
d'un hiver très froid. Celle du nord, qui comprend la
Colombie britannique et le nord-ouest des États-Unis (Montana, Washington, Orégon, Idaho, Wyoming), est pluvieuse,
arrosée par de grands cours d'eau, couverte de forêts et de
prairies herbeuses (*climat colombien*) ; celle du sud est aride
et stérile : les pluies sont arrêtées par les hautes montagnes
qui bordent le littoral, et les vents dominants, ceux du nord
et du sud, sont également secs, bien que le second amène
quelquefois des orages violents, mais de peu de durée, et
qui ne suffisent pas à rafraîchir le sol desséché.

8° Le littoral du Pacifique, depuis le sud de l'Alaska jusqu'au Mexique, jouit au contraire d'un climat tempéré (*climat californien*) qui varie avec les latitudes, mais qui, même
dans l'Alaska, est beaucoup plus doux que celui des régions

---

(1) Le nom de Floride avait également aux seizième et dix-septième
siècles une extension beaucoup plus grande qu'aujourd'hui.

correspondantes, baignées par l'Atlantique. Le courant chaud du Japon y entretient une température analogue à celle du littoral de l'Europe occidentale ; des pluies abondantes, amenées par les vents d'ouest et de nord-ouest, y tombent dans toutes les saisons ; c'est la zone la plus fertile, et l'une des plus salubres de l'Amérique du Nord.

Mexique et Amérique centrale. — Nous avons déjà décrit le climat du Mexique, et celui de l'isthme de l'Amérique centrale, avec leurs trois zones superposées : *terres chaudes*, sur le littoral, *terres tempérées*, à mi-côte, et *terres froides*, sur les plateaux (1). Il ne faudrait pas se tromper sur la valeur toute relative de ces expressions, qui s'appliquent à un climat si différent du nôtre. La moyenne annuelle de la température des terres froides oscille entre 14 et 16 degrés, celle des terres tempérées dépasse 20 degrés, et même, dans les plus hautes régions, la neige et la glace sont rares : mais la persistance des vents du nord, qui soufflent sur les plateaux, du mois de novembre au mois de mars, y maintient la température entre 7 et 12 degrés : c'est un hiver pour les habitants des contrées tropicales. Le Mexique et l'Amérique centrale appartiennent à la zone des pluies périodiques, qui coïncident avec la saison chaude (juin, juillet, août, septembre) : elles sont beaucoup plus abondantes dans le versant de l'Atlantique, où les alizés du nord-est apportent les vapeurs de l'Océan, que dans celui du Pacifique, où les mêmes vents les emportent vers la mer. Il tombe 4 mètres de pluie par an à la Vera-Cruz, et 50 centimètres à Acapulco. Le climat des hauts plateaux est généralement sec, surtout dans le nord du Mexique, où l'intérieur du pays est un véritable désert.

Antilles. — Le climat des Antilles est, comme celui des terres basses du Mexique et de l'Amérique centrale, un climat tropical. Bien que la chaleur soit tempérée, pendant le jour, par les vents alizés du nord-est, et pendant la nuit par la brise de terre qui s'élève au coucher du soleil, le thermomètre monte jusqu'à 36° et ne descend guère au-dessous de 22°. La saison sèche, d'octobre à avril, est la plus fraîche : celle des pluies périodiques, d'avril à octobre, qui reçoit le nom d'*hivernage*, est cependant l'époque des chaleurs accablantes, de la fièvre jaune, et de ces terribles oura-

(1) Voir plus haut, pages 121-122.

gans qui bouleversent la mer, submergent ses rivages et dévastent les plantations de l'intérieur.

Amérique du Sud. — L'Amérique du Sud présente
une diversité de climats au moins aussi grande que l'Amérique du Nord : on peut y compter dix zones distinctes.

1° La première, qui comprend le littoral du Vénézuéla, la
Nouvelle-Grenade et l'Équateur (*climat grenadin*), offre de
grandes analogies avec le climat mexicain et surtout avec
celui de l'Amérique centrale : un cordon de terres basses qui
longe le littoral de la mer des Antilles et du Pacifique, marécageuses, insalubres, dévorées par un soleil de feu (température moyenne de 28 à 30 degrés); une région de terres
tempérées où la moyenne annuelle oscille entre 18 et 23 degrés; enfin, sur les hauts plateaux, une région froide où elle
s'abaisse jusqu'à 15 et même 10 degrés. Les pluies périodiques durent du mois de mai au mois d'octobre.

2° Le *climat des llanos* règne sur le bassin de l'Orénoque
et sur la partie septentrionale de celui de l'Amazone. Comme
toutes les régions tropicales, il n'a que deux saisons : celle
des pluies qui recouvrent la terre d'une végétation luxu-
riante, et celle de la sécheresse, qui la transforme en désert
et dont les chaleurs ne sont guère moins fortes que celles de
la saison pluvieuse.

3° Le *climat guyanais* (littoral de l'Atlantique, des bouches de l'Orénoque au cap Saint-Roch), dont on a exagéré l'insalubrité, est caractérisé par l'égalité de la température, qui
descend rarement au-dessous de 20 degrés, mais qui ne dépasse guère 32, et par l'abondance des pluies qui sont à peu
près quotidiennes de décembre à juillet, et qui atteignent
une hauteur de 4 à 5 mètres.

4° Le *climat amazonien*, qui s'étend sur toute la partie
méridionale et centrale du bassin de l'Amazone, est presque
aussi chaud (température moyenne 27 degrés) et presque
aussi humide que celui des Guyanes (3^m,50 de pluie) :
même pendant la saison sèche, d'octobre à avril, le ciel
n'est presque jamais dégagé de nuages, et les pluies, amenées par les vents alizés du sud-est, qui soufflent presque
toute l'année, sont assez abondantes; les orages, au contraire,
sont rares, bien qu'ils soient plus fréquents dans l'intérieur
que sur la côte.

5° Le *climat des plateaux brésiliens* varie suivant l'altitude,
mais la moyenne de la température annuelle ne monte guère

au-dessus de 25 degrés et ne s'abaisse pas au-dessous de 17; les mois les plus chauds sont ceux de décembre et de janvier, les plus froids ceux de juin et de juillet; on y observe quelquefois des chutes de neige, et les gelées ne sont pas très rares. Les pluies, beaucoup moins abondantes que dans la région amazonienne, tombent surtout pendant la saison du printemps et de l'été, c'est-à-dire du mois d'octobre au mois de mars.

6° Le *climat sud-brésilien*, qui domine dans les provinces méridionales du Brésil, dans l'Uruguay, le Paraguay, le nord-ouest de la République Argentine et sur les bords du Rio de la Plata, est un climat tempéré. La moyenne de la température annuelle ne dépasse guère 17 à 20 degrés; les saisons sont plus marquées : les mois de juin et de juillet sont de véritables mois d'hiver; au régime des pluies périodiques, succède celui des pluies irrégulières qui tombent dans toutes les saisons, mais surtout en hiver et en automne; les vents sont variables avec prédominance des vents du nord-est sur le littoral.

7° Le *climat des pampas*, qui s'étend sur le centre et le sud de la République Argentine et sur le nord de la Patagonie, est variable suivant les latitudes, tempéré du 33° au 43° degré, de plus en plus froid à mesure qu'on s'avance vers le sud.

Le littoral est arrosé par des pluies assez abondantes qui tombent surtout en hiver et en automne. Dans l'intérieur, le sol composé de marne, de sable et d'argile, se dessèche en été, et la végétation ne reparaît qu'avec les pluies d'automne. Il pleut cependant même dans les mois de décembre, janvier et février, les plus chauds de l'année. Quand le vent du sud-ouest, le *pampero* (vent des pampas), se lève un peu avant le coucher du soleil, chassant devant lui des tourbillons de poussière, qui semblent se mêler aux nuages et que sillonnent les éclairs, l'ouragan se termine par une pluie diluvienne, mais de courte durée : quelques heures de soleil suffisent pour absorber cette humidité superficielle.

8° Le *climat magellanique* s'étend sur la Terre de Feu et sur les archipels voisins, et sur les parties continentales de la Patagonie situées au sud du 48° degré. La moyenne annuelle de la température oscille entre 5 et 7 degrés; du mois de mai au mois d'octobre, le sol est couvert de neige; d'octobre à janvier, les gelées sont encore très fréquentes; la saison des chaleurs ne dure que trois mois : février, mars et avril. Le

climat, très humide sur le littoral du Pacifique, l'est beaucoup
moins dans le versant de l'Atlantique, malgré la prédominance des vents d'ouest.

9° Le *climat chilien* (Chili méridional et central jusqu'au
30° degré) est un des plus salubres et des plus tempérés de
l'Amérique du Sud. La moyenne de la température annuelle
oscille entre 10 et 20 degrés, suivant les latitudes ; les saisons
sont régulières : l'hiver n'est rigoureux que dans la région
des Andes, il est généralement sec ; l'automne (avril-juin) et
le printemps (septembre-novembre) sont les saisons plu-
vieuses, dans le centre du Chili, entre le 42° et le 30° degré ;
dans le sud où les vents d'ouest soufflent presque toute
l'année, tandis qu'ils alternent dans les régions plus septentrionales avec ceux du sud et du nord, la pluie tombe en
toute saison, mais surtout pendant l'hiver, où elle se transforme en neige dans les régions élevées. Le courant froid
qui longe la côte à partir du 40° degré contribue à rafraîchir
la température du littoral chilien.

10° Le *climat andin* est celui des plateaux de la République
Argentine, de la Bolivie, du Pérou et de l'Équateur, et dans
le versant de l'océan Pacifique il se prolonge jusqu'à la côte
entre le 27° et le 10° degré de latitude méridionale. La caractéristique de ce climat est une extrême sécheresse : le désert
d'Atacama, au nord du Chili, est plus aride que le Sahara,
et, sur certains points du littoral du Pérou, il peut s'écouler
vingt ans sans qu'il tombe une goutte de pluie. Cette sécheresse s'explique par le régime des courants atmosphériques.
Les vents d'est et de sud-est qui viennent de l'Atlantique
sont arrêtés par les montagnes brésiliennes, ou la Cordillère
orientale des Andes ; les alizés du Pacifique soufflent du sud-
est et emportent, par conséquent, les vapeurs au large, au
lieu de les entraîner vers la terre. Les seuls vents qui soufflent sur les plateaux sont ceux du sud ou du nord, l'un
froid, l'autre chaud, mais tous deux également secs : aussi
les neiges ne sont pas moins rares que les pluies, c'est tout
au plus si elles persistent au-dessus de 5 000 mètres, et tous
les glaciers des hautes Andes, depuis l'équateur jusqu'au
35° degré, le cèdent en étendue à ceux des modestes Cordillères du Chili méridional. La température est très égale
dans un même lieu, mais elle varie avec les altitudes ; sur le
littoral, elle est brûlante, et ne serait pas supportable sans
le courant froid qui longe la côte ; sur les pentes de la Cor-

dillère et sur les plateaux jusqu'à 3 600 mètres d'élévation, elle est modérée : c'est une région de terres tempérées ; plus haut, commence la région des terres froides, les *punas* et les *paramos*, habitables, sinon cultivables, jusqu'à près de 5 000 mètres d'altitude.

En résumé, les deux Amériques sont, après l'Europe, les continents dont le climat se prête le mieux au développement de la vie civilisée. Les terres arctiques, condamnées à la stérilité, y tiennent beaucoup moins de place qu'en Asie : les déserts sont insignifiants par rapport à ceux de l'Asie et de l'Afrique centrales ; les contrées chaudes et humides, où la race blanche languit et semble ne devoir jamais s'acclimater qu'à demi, n'occupent guère qu'un dixième de la superficie du Nouveau Monde. En y ajoutant les déserts de glace ou de sable, c'est à peine si les terres inhabitables ou difficilement habitables pour les blancs, couvrent une surface de huit millions de kilomètres carrés ; il en reste trente millions, c'est-à-dire une superficie qui n'est guère inférieure à celle que la nature semble avoir réservée à la race blanche dans tout le reste du monde ; les deux Amériques pourraient, si elles étaient proportionnellement aussi peuplées que l'Europe l'est aujourd'hui, nourrir plus d'un milliard d'habitants appartenant à notre race. C'est assez dire quel rôle leur est assigné dans l'avenir de la civilisation.

II

La faune et la flore américaines.

La flore. — La végétation du Nouveau Monde l'emporte par sa puissance et par sa variété sur celle de l'ancien. Les forêts du Canada et de l'Amazone n'ont de rivales ni en Asie, ni en Afrique, encore moins en Europe, où l'invasion de la culture resserre de plus en plus le domaine des bois. Les cèdres légendaires du Liban et les baobabs d'Afrique le cèdent à ces gigantesques sapins de la vallée de Yosemite et de celle de Mariposa (Californie), hauts de 300 à 400 pieds, et qui mesurent plus de 100 pieds de circonférence. Si l'Amérique doit aux Européens l'importation du froment, du café, et de nos arbres fruitiers de la zone tempérée, elle a donné à l'ancien monde le maïs (1), la pomme de terre, le tabac,

(1) C'est du moins l'opinion la plus répandue : le maïs était cependant connu dès la plus haute antiquité ; on le cultivait en Egypte au

le quinquina (1) : presque tous les végétaux des autres continents y sont indigènes, et certaines espèces sont restées
jusqu'ici sa propriété exclusive, comme le cacaoyer, le bois
de campêche, le coca, le maté ou thé du Paraguay, etc...

La faune. — La faune est beaucoup moins riche : si on
retrouve en Amérique la plupart des genres d'oiseaux, de
reptiles, de cétacés et de poissons de l'ancien monde, si elle

Fig. 24. — Les séquoias de la Californie.

possède même un assez grand nombre d'espèces particulières,
comme le lamantin des Antilles et du Brésil, le condor des
Andes, le colibri de la zone tropicale, le coq d'Inde inconnu
avant la découverte du Nouveau Monde, c'est à l'Europe
qu'elle doit la plupart de nos oiseaux de basse-cour et de nos
races domestiques, le cheval, l'âne, le porc, le bœuf, le mouton. A l'exception du bison des prairies de l'Amérique du Nord
et de l'ours gris des Montagnes Rocheuses, les races autochtones

temps des Pharaons, mais il ne parait s'être répandu en Europe qu'au
seizième siècle.

(1) Le quinquina a été acclimaté aux Indes et à Java.

de quadrupèdes semblent inférieures aux espèces similaires des anciens continents. Le lion américain, le puma; le tigre des forêts équatoriales, le jaguar; le sanglier de l'Amérique du Sud, le pécari; le tapir qui n'est qu'un rudiment d'éléphant, l'alpaca, le lama et la vigogne qui rappellent le chameau, ne sauraient être comparés à leurs congénères de l'ancien monde;

les plus grands singes de l'Amérique tropicale sont des nains à côté du gorille de l'Afrique, et de l'orang-outang de la Malaisie; les espèces particulières à l'Amérique, le fourmilier et le tatou du Brésil et des Guyanes, le paresseux, le sarigue, ont des formes étranges et comme inachevées. Cependant les espèces euro-

Fig. 25. — Le condor.

péennes aussi bien que les végétaux de l'Europe ou de l'Asie n'ont pas dégénéré sur le sol américain. L'Amérique du Nord, qui ne produisait pas un grain de blé en 1492, supplée aujourd'hui à l'insuffisance de nos récoltes : nous consommons la viande des bœufs et des moutons élevés dans les pampas de la Plata, qui ne nourrissaient, il y a quatre siècles, que des troupes de sarigues ou d'autruches (1); les États-Unis, où le porc n'a été acclimaté qu'au dix-septième siècle, sont les premiers producteurs de salaisons du monde entier; les chevaux barbes importés en Amérique par les Espagnols y ont conservé toute la vigueur et l'élégance de leur race, et les laines de l'Amérique du Sud, qui ne récoltait avant l'arrivée des Européens que les rudes toisons de l'alpaca et de la vigogne, n'ont plus aujourd'hui de rivales en Europe.

(1) Le véritable nom de ces animaux plus petits que l'autruche d'Afrique et d'Arabie est *nandou*.

III

Les populations indigènes de l'Amérique. — Les immigrants.

Les Indiens. — Lorsque Colomb et les premiers navigateurs abordèrent en Amérique, ils croyaient avoir touché aux Indes, que les géographes de l'époque prolongeaient indéfiniment vers l'Orient. Ils donnèrent aux habitants des terres nouvelles le nom d'Indiens, que l'usage leur a conservé. Les indigènes de l'Amérique, bien qu'ils différassent entre eux par leurs caractères physiques, leurs mœurs et leur civilisation, au moins autant que les peuples de l'Europe, offraient cependant des traits communs : un teint variant de la couleur de l'orange à celle de la brique la plus foncée, ce qui leur a fait donner le nom de Peaux-Rouges, des cheveux longs, mais rudes et généralement noirs, les yeux légère-

Fig. 26. — Le fourmilier.

ment obliques, les lèvres plus épaisses, et les pommettes plus saillantes que celles des Européens.

La science n'est pas fixée sur les origines de ces populations. Pour les uns, elles sont autochtones ; pour les autres, elles viennent d'Asie, et sont apparentées à la race mongolique ; quelques-uns leur assignent une origine multiple. Que ces hypothèses soient plus ou moins fondées, les Européens ont trouvé au seizième siècle l'Amérique partagée entre des peuples très divers : dans l'Amérique du Nord, des tribus belliqueuses de chasseurs et de pêcheurs, cultivant peu la terre et assez clair-semées ; au Mexique, dans l'Amérique centrale et au Pérou, des empires civilisés, des villes florissantes, des monuments gigantesques, une agriculture et une industrie déjà dévelop-pées ; aux grandes Antilles, des populations de mœurs douces, mais d'une civilisation inférieure ; dans le versant oriental de l'Amérique du Sud, des sauvages, pour la plupart anthro-pophages, vivant dans les bois, et formant plutôt des familles que des tribus.

De ces populations primitives, les unes, comme les Ca-raïbes des Antilles, ont été anéanties par les conquérants espagnols ; d'autres, comme les Indiens des Etats-Unis et du Canada, sont condamnées à disparaître, décimées par les maladies, l'ivrognerie et la misère, ou absorbées par les races européennes ; quelques-unes, parvenues au moment de l'in-vasion à un degré de civilisation plus élevé, comme les habi-tants du Mexique et du Pérou, ou protégées par l'immensité des steppes et des forêts, ont survécu, et c'est encore le sang indien qui domine dans l'Amérique centrale et l'Amérique du Sud.

Le sort des langues américaines a été le même que celui des peuples qui les parlaient : beaucoup de dialectes de l'Amé-rique du Nord ne sont plus qu'un souvenir ; au contraire, les différents idiomes des populations du Mexique (1), le *quicha*, la principale langue du Pérou, le *guarani* (Paraguay et Ré-publique Argentine), subsistent encore ; quelques-uns même ont des monuments écrits, antérieurs à la découverte du Nou-veau Monde, mais ces caractères hiéroglyphiques n'ont été jusqu'à présent que très imparfaitement déchiffrés. Les croise-ments ont tellement modifié les races en Amérique, et le sang indien est si mélangé de sang nègre ou européen, qu'il est difficile d'apprécier le nombre des Indiens de race pure, qui diminue de jour en jour, comme celui des blancs sans mélange. C'est tout au plus si on l'estime à une quinzaine de millions.

2 °Les Esquimaux(2), qui habitent les terres arctiques et les plaines septentrionales du continent, forment une race

(1) Les principaux sont : le *mexicain* proprement dit, ou *aztèque*, et le *maya*, parlé dans le Yucatan.

(2) Ce mot signifie mangeur de poisson cru. Le nom que se donnent eux-mêmes ces peuples, est celui d'*Innuits*.

distincte, que les glaces du pôle protègent contre les invasions étrangères, et que caractérisent la couleur jaunâtre de la peau, les pommettes saillantes, la taille ramassée et la petitesse des extrémités.

3° Toutes les **races européennes** ont des représentants dans le Nouveau Monde. Les blancs de race pure forment la majorité de la population dans l'Amérique du Nord, la minorité dans l'Amérique centrale et dans l'Amérique du Sud; mais presque partout ils ont imposé aux indigènes leur religion, leurs langues et jusqu'à un certain point leurs mœurs; c'est à eux qu'appartient l'avenir du continent américain. Ils sont au nombre de 75 à 78 millions.

4° Les **noirs** originaires d'Afrique, mais acclimatés par l'esclavage dans les régions chaudes des deux Amériques, où le blanc supporte difficilement les fatigues du travail agricole, comptent 10 à 11 millions d'âmes dans les Antilles, dans le sud des États-Unis, dans l'Amérique centrale, dans les Guyanes et au Brésil.

5° La **race jaune** est représentée en Amérique par environ 200 000 immigrants chinois répandus surtout dans l'ouest des États-Unis, dans les Antilles et sur le littoral occidental de l'Amérique du Sud.

6° Enfin, les métis de race blanche et des races indigènes l'emportent probablement par le nombre sur les blancs et sur les Indiens purs, dans l'Amérique centrale et l'Amérique du Sud, tandis que les mulâtres ou métis de race blanche et de race noire se sont multipliés dans le sud des États-Unis, aux Antilles et au Brésil.

L'Amérique latine et l'Amérique anglo-saxonne. — Les pays découverts et colonisés par les Espagnols et les Portugais, qui y ont importé leurs langues d'origine latine (Amérique du Sud, partie des Antilles, Amérique centrale et Mexique) ont reçu le nom d'Amérique latine, tandis qu'on appelle Amérique anglo-saxonne les parties du nouveau continent colonisées par les Anglais et où leur langue domine (États-Unis, Canada). Il ne faudrait pas s'exagérer la valeur de ces expressions. L'Amérique latine est au moins aussi indienne que latine, et, dans l'Amérique anglo-saxonne, le nombre des Anglais est à peine supérieur à celui des habitants d'une autre origine, Irlandais, Allemands, Français qui, au Canada, ont conservé leur langue, Scandinaves, Slaves, etc., sans compter les nègres et les Chinois.

La population totale des deux Amériques est d'environ 132 millions dont 96 pour l'Amérique du Nord et 36 pour l'Amérique du Sud.

IV

Histoire sommaire de la découverte et de l'exploration des deux Amériques.

L'Amérique avant les découvertes européennes. — Nous n'avons que des notions fort incertaines sur l'histoire du Nouveau Monde avant les découvertes européennes. Des restes de constructions gigantesques dispersées dans la vallée du Mississipi, dans celle de l'Ohio et jusque sur les bords des grands lacs, attestent l'existence, dans l'Amérique du Nord, d'une civilisation supérieure à celle des tribus indiennes qui occupaient ce pays au seizième siècle, mais les savants ne sont pas d'accord sur l'âge de ces monuments. Le Mexique était, au moment de la conquête espagnole, le siège d'un puissant empire, fondé vers le septième siècle après l'ère chrétienne, par un peuple qui portait le nom de Toltèques et qui, après des révolutions sanglantes, fut remplacé vers le quatorzième siècle par les Aztèques, encore maîtres du Mexique quand Fernand Cortez y aborda. — Les récits des historiens espagnols et les ruines de temples et de palais qui subsistent encore sur les plateaux du Mexique et dans les forêts du Yucatan donnent une haute idée du degré de civilisation auquel étaient parvenues les populations du Mexique et de l'Amérique centrale, malgré les superstitions cruelles qui déshonoraient leur religion.

Dans l'Amérique du Sud, la dynastie des Incas, qui se prétendaient issus de Manco-Capac, le fils du soleil, avait fondé, sur les plateaux de la Bolivie et du Pérou, un empire aussi vaste et peut-être plus civilisé que celui du Mexique, mais destiné également à disparaître devant l'invasion espagnole.

Les découvertes européennes avant Colomb. — Il est probable que les anciens peuples de l'Europe n'ont jamais eu connaissance du continent américain, mais, au moyen âge, les Scandinaves qui avaient visité l'Islande, dès le neuvième siècle, découvrirent le *Groënland* à la fin du dixième et quelques années plus tard abordèrent sur une côte sablonneuse, située au sud-ouest du Groënland, couverte de bois et de buissons de vigne sauvage qui lui firent donner le nom de *Vinland.* C'était la Nouvelle-Écosse, ou le nord des Etats-Unis. Les Scandinaves du Groënland et peut-être les Irlandais paraissent même avoir fondé sur le littoral de l'Amérique du Nord des établissements qui avaient disparu, lorsque les premiers navigateurs du seizième siècle retrouvèrent ces contrées oubliées depuis le quinzième.

Christophe Colomb. Les découvertes du seizième siècle. — C'est à une erreur géographique qu'est due la découverte du Nouveau Monde. Les récits des voyageurs du treizième et du quatorzième siècle, sur les richesses de l'Inde et de la Chine, avaient enflammé la cupidité des peuples de l'Occident : les perfectionnements apportés à la boussole permettaient aux navires de s'aventurer dans les mers ouvertes. Trouver une route moins coûteuse et moins longue que celle de la Méditerranée, vers les pays de l'or, des diamants et des épices, tel fut le rêve des navigateurs du quinzième siècle. Pendant que les Portugais la cherchaient à l'est, en longeant les côtes d'Afrique, le Génois Christophe Colomb, se fondant sur la rotondité de la terre et sur les dimensions exagérées que les géographes attribuaient à l'Asie, essayait de la trouver à l'ouest.

Rebuté pendant dix-huit ans en Italie, en Angleterre, en Portugal, il obtient enfin de l'Espagne trois chétives caravelles, traverse l'Atlantique, et le 12 octobre 1492 aborde aux *Lucayes,* poussé sans le savoir par les courants de l'équateur. Cependant ni Christophe Colomb qui, dans ses quatre voyages, reconnut les Antilles, découvrit les bouches de l'Orénoque et le littoral du Honduras, ni le Florentin *Améric Vespuce,* l'usurpateur involontaire de sa gloire, ni *Ponce de Léon,* l'explorateur de la Floride, ne soupçonnèrent d'abord toute l'importance de leurs découvertes. Ils croyaient avoir touché à l'une des extrémités de l'Asie : de là le nom d'Indes occidentales qu'ont gardé jusqu'à nos jours les différents groupes des Antilles et celui d'Indiens donné aux habitants de l'Amérique.

Ce fut en 1513 que *Balboa* aperçut pour la première fois, du haut des collines de l'isthme de Panama, l'immensité de l'océan Pacifique, et de 1519 à 1521 que *Magellan* franchit le détroit qui porte son nom, rectifia les erreurs de distance, aborda aux îles Philippines et y succomba, laissant à ses compagnons la gloire d'achever le premier voyage autour du monde.

Dès lors les voiles sont déchirés, les fables du moyen âge disparaissent : au seizième siècle les Espagnols achèvent l'exploration de l'Amérique centrale et de l'Amérique du Sud ; *Fernand Cortez* découvre et soumet le Mexique ; *Pizarre*, le Pérou ; *Almagro*, le Chili ; *Orellana* descend le fleuve des Amazones, le Portugais *Cortéreal*, les Vénitiens *Jean et Sébastien Cabot* au service de l'Angleterre, le Florentin *Verazzano* envoyé par François Ier, le Français *Cartier*, l'Anglais *Walter Raleigh* explorent les côtes de l'Amérique du Nord depuis la Floride jusqu'au détroit d'Hudson ; l'amiral anglais *Drake* fait le tour du monde en trois ans (1577-1580 ; de nombreux géographes, dont le plus célèbre est *Mercator*, inaugurent la science moderne.

Découvertes du dix-septième et du dix-huitième siècle. — Au dix-septième et au dix-huitième siècle les voyages se multiplient. Les Anglais *Hudson* et *Baffin* (dix-septième siècle) achèvent de reconnaître les côtes nord-est de l'Amérique septentrionale ; le Danois *Béring*, le Français *La Pérouse*, l'Anglais *Vancouver* (dix-huitième siècle) complètent l'exploration des côtes occidentales ; *Cavelier de la Salle* (1678-1682) descend le premier le cours du Mississipi, et les chasseurs du Canada s'avancent lentement à travers les prairies de la région des grands lacs jusqu'aux Montagnes Rocheuses. A la fin du dix-huitième siècle, *Hearne* et *Mackensie* explorent les régions boréales de l'Amérique du Nord. De savants géographes, les Français *Sanson* (dix-septième siècle), *Delisle*, *d'Anville* (dix-huitième siècle), l'Allemand *Busching*, recueillent les résultats des découvertes nouvelles, et portent la construction des cartes à une perfection jusqu'alors inconnue.

Principaux voyages au dix-neuvième siècle. — Dès les dernières années du dix-huitième siècle, le continent américain était connu dans son ensemble, la période des découvertes était close, celle des explorations scientifiques commençait. Inaugurée au dix-huitième siècle par le voyage de *La Condamine* dans l'Amérique tropicale (1736-1746), elle se poursuit glorieusement au dix-neuvième siècle par ceux de *Lewis*, de *Clarke*, de *Long*, de *Frémont* dans les Montagnes Rocheuses, du grand *Humboldt* et de *Bonpland* au Mexique et dans l'Amérique du Sud (1799-1804), d'*Orbigny* et de *Castelnau* dans les mêmes régions, de *Darwin* dans les archipels magellaniques, etc... Nos compatriotes

MM. *Charnay*, l'un des maîtres de l'archéologie mexicaine, *Belly* et *A. Reclus*, les explorateurs de l'Amérique centrale, le docteur *Crevaux*, qui, après avoir parcouru en tous sens les Guyanes et le Vénézuéla, est venu mourir, en 1882, sous les coups des Indiens du Gran-Chaco, M. *Coudreau* (Guyanes), M. *Thouar* (Gran-Chaco), qui ont poursuivi son œuvre, MM. *Wiener*, *Olivier Ordinaire* et *Marcel Monnier*, qui ont traversé l'Amérique de l'ouest à l'est, M. *Chaffanjon* qui a reconnu les sources de l'Orénoque, ont largement contribué au progrès des connaissances géographiques dans les deux continents américains.

RÉSUMÉ

I

Les climats

Le climat des deux Amériques est, à latitudes égales, moins tempéré que celui de l'Europe occidentale, moins chaud et plus humide que celui de l'Asie continentale et de l'Afrique. Il offre cependant de grandes variétés : on peut y reconnaître dans l'Amérique du Nord dix régions principales :

1° Dans la zone glaciale arctique, l'Alaska et le nord de l'Amérique anglaise, qui n'ont que deux saisons, un hiver de huit à neuf mois et un été de trois à quatre mois.

2° Dans la zone froide septentrionale, le sud de l'Amérique anglaise et le nord des Etats-Unis (*climat canadien*), où le printemps et l'automne sont très courts.

3°-7° Dans la zone tempérée septentrionale, la plus grande partie des Etats-Unis *climat virginien*, *climat des prairies*, *climat des hauts plateaux des Montagnes Rocheuses*, *climat californien*, où la distinction des saisons est plus nettement marquée.

8°-10° Dans la zone chaude septentrionale, le sud des Etats-Unis *climat floridien*, le Mexique, l'Amérique centrale, les Antilles, où les pluies tropicales alternent avec la saison sèche qui dure de six à huit mois.

Dans l'Amérique du Sud, 1°-4° le *climat grenadin* (littoral du Vénézuéla, Etats-Unis de Colombie, Equateur), le *climat des llanos* (Vénézuéla, Etats-Unis de Colombie et nord du Brésil), le *climat guyanais* (Guyane et littoral du Brésil septentrional), et le *climat amazonien* (bassin de l'Amazone), appartiennent à la zone équatoriale caractérisée par l'élévation et l'égalité de la température, l'alternance des pluies et de la saison sèche et la prédominance des vents alizés du sud-est ou du nord-est.

5°-9° Le *climat des plateaux brésiliens*, celui du Brésil méridional, de l'Uruguay et du Paraguay (*climat sud-brésilien*) appartiennent à la zone chaude méridionale; celui des *pampas* (République Argentine) et du *Chili*, à la zone tempérée méridionale; celui de la Patagonie et des terres magellaniques, à la zone froide (*climat magellanique*). On y retrouve l'ordre régulier des saisons, mais les mois d'hiver sont ceux de juillet, août et septembre, et les mois d'été, ceux de décembre, janvier et février.

10° Le *climat andin* (plateaux des Andes de Bolivie, de la République Argentine, du Pérou et de l'Équateur) est caractérisé par une extrême sécheresse et par l'égalité de la température qui varie beaucoup avec les altitudes, mais peu avec les saisons.

II

La flore et la faune

La flore américaine est d'une grande richesse : elle a donné à l'ancien monde la pomme de terre, le tabac, le quinquina; elle comprend presque toutes les espèces végétales des autres continents, la plupart indigènes, quelques-unes acclimatées, comme le café et le froment.

La faune est moins riche et moins puissante : les races sauvages sont en général inférieures à celles de l'ancien monde, et nos espèces domestiques étaient inconnues avant l'arrivée des Européens. Les principales espèces qui appartiennent en propre au nouveau monde sont le bison des prairies de l'Amérique du Nord, le coq d'Inde ou dindon, le condor, la vigogne, le lama, l'alpaca des plateaux andins, le puma ou lion américain, le jaguar, le pécari, le tapir, le tatou des régions tropicales.

III

Les populations indigènes. — Les immigrants.

1° Les populations indigènes, qui ont reçu le nom d'*Indiens*, parce que les premiers explorateurs de l'Amérique croyaient aborder aux Indes, sont caractérisées surtout par la couleur de la peau, variant du jaune orange au rouge brun, ce qui leur a fait donner le nom de Peaux-Rouges. Les unes étaient sauvages au moment de l'arrivée des Européens, les autres avaient déjà atteint un degré assez élevé de civilisation, surtout au Mexique et au Pérou. La race indienne, qui disparaît de plus en plus dans l'Amérique du Nord, est encore très nombreuse au Mexique, dans l'Amérique centrale et dans l'Amérique du Sud.

2° Les *Esquimaux* des régions arctiques forment une race distincte des Indiens.

3° Les immigrants européens, de race pure, sont en majorité dans l'Amérique du Nord, en minorité dans l'Amérique centrale et dans l'Amérique du Sud. Les langues européennes qui dominent en Amérique sont l'anglais dans l'Amérique anglaise et les Etats-Unis, le portugais au Brésil, et l'espagnol dans le reste du Nouveau Monde. Aussi a-t-on donné le nom d'Amérique anglo-saxonne à l'Amérique du Nord, et d'Amérique latine aux pays de langue espagnole et portugaise.

Le français s'est conservé au Canada, à Haïti et dans les colonies françaises des Antilles et de Guyane.

4° Les noirs amenés d'Afrique comme esclaves, mais qui sont libres aujourd'hui dans toute l'Amérique, sont au nombre d'une dizaine de millions, dans le sud des Etats-Unis, aux Antilles, aux Guyanes et au Brésil.

5° Le littoral du Pacifique (Etats-Unis et Pérou) et les Antilles ont reçu environ 200 000 émigrants chinois de race jaune.

6° Les métis d'Indiens et d'Européens ou de noirs, et les mulâtres issus de l'alliance de la race blanche et de la race noire, représentent environ la moitié de la population totale, dans l'Amérique du Sud, dans les Antilles, dans l'Amérique centrale, au Mexique, et sont assez nombreux dans le sud des Etats-Unis (mulâtres), et au Canada (métis de blancs et d'Indiens).

La population totale des deux Amériques est d'environ 132 millions d'habitants, dont 96 pour l'Amérique du Nord et 36 pour l'Amérique du Sud.

IV

Histoire sommaire de la découverte et de l'exploration des deux Amériques.

Avant le quinzième siècle, deux empires puissants, celui des Toltèques et des Aztèques au Mexique, et des Incas au Pérou, s'étaient déjà fondés en Amérique, et une civilisation probablement plus ancienne avait laissé des traces dans l'Amérique du Nord. Les navigateurs scandinaves avaient déjà entrevu, dès le onzième siècle, certaines parties du littoral de l'Amérique du Nord, mais le souvenir de ces voyages avait fini par se perdre.

C'est seulement au quinzième siècle que les perfectionnements de la boussole rendent possibles les longues navigations dans des mers ouvertes.

Tandis que les Portugais cherchent du coté de l'est la route maritime des Indes, le Génois Christophe Colomb, au service de l'Espagne, la cherche du côté de l'ouest, aborde le 12 octobre 1492 aux îles Lucayes, et explore une partie des Antilles : dans un second et un troisième voyage il continue cette exploration, et reconnaît certains points du littoral de l'Amérique du Sud. Les géographes donnent à ces terres nouvelles le nom d'un des premiers successeurs de Colomb : *Améric Vespuce*. En 1513, *Balboa* découvre l'océan Pacifique; en 1519, *Magellan* traverse le détroit qui porte son nom.

Avant la fin du seizième siècle les Portugais ont occupé le Brésil, les Espagnols *Cortez*, *Pizarre*, *Almagro* ont conquis le Mexique, le Pérou et le Chili.

Les Français ont exploré le Canada; les Français et les Anglais, le littoral oriental de l'Amérique du Nord.

Au dix-septième siècle les Anglais essaient de trouver un passage au nord de l'Amérique pour pénétrer dans le Grand Océan; le Français *Cavelier de la Salle* descend le cours du Mississipi; les colonies européennes se multiplient.

Au dix-huitième siècle les voyages prennent un caractère scientifique : l'Anglais *Vancouver*, le Français *La Pérouse*, complètent l'exploration du littoral de l'océan Pacifique; *Mackensie* explore le bassin du fleuve qui a gardé son nom.

Le dix-neuvième siècle poursuit leur œuvre (voyages de *Clarke*, de *Frémont*, etc..., dans l'Amérique du Nord, de *Humboldt* au Mexique et dans l'Amérique équatoriale, de *Crevaux*, de *Thouar*, de *Coudreau*, de *Wiener*, d'*Olivier Ordinaire*, de *Marcel Monnier*, de *Chaffanjon*, dans l'Amérique du Sud). Aujourd'hui l'ère des découvertes est close pour les continents américains, mais celle des explorations restera bien longtemps ouverte.

Exercices.

Carte des deux Amériques indiquant la division des climats.
Carte ethnographique des deux Amériques.
Tracer sur un planisphère les itinéraires de Colomb, Magellan, etc...

Lectures.

LANIER. *L'Amérique.*
VIVIEN DE SAINT-MARTIN. *Histoire de la Géographie.*
E. CHARTON. *Les Voyageurs anciens et modernes.*

LIVRE III

GÉOGRAPHIE POLITIQUE ET ÉCONOMIQUE DES DEUX AMÉRIQUES

PREMIÈRE PARTIE
AMÉRIQUE DU NORD

CHAPITRE PREMIER
(Région septentrionale)

L'Alaska et l'Amérique anglaise

I

GRANDES DIVISIONS DE L'AMÉRIQUE DU NORD

Les grandes divisions de l'Amérique du Nord sont :

1° Au **nord**, le territoire d'**Alaska** (ancienne Amérique russe), qui appartient aux États-Unis, et l'**Amérique anglaise.**

2° Au **centre**, les **États-Unis.**

3° Au **sud**, le **Mexique**, les Républiques de l'**Amérique centrale** et les **Antilles.**

II

TERRITOIRE D'ALASKA. — (ÉTATS-UNIS)

L'ancienne Amérique russe, aujourd'hui **territoire d'Alaska** (1 376 000 kilomètres carrés, 70 000 habitants), vendue par la Russie aux États-Unis en 1867, est bornée : au nord par l'océan Glacial, à l'ouest par le détroit de *Béring* et la mer de *Béring* qui baigne les îles *Aléou-*

tiennes, au sud par l'océan Pacifique bordé de fiords innombrables et qui baigne l'île *Kadiak*, les archipels du *Prince-Guillaume* et du *Prince-de-Galles*, à l'est par l'Amérique anglaise.

Le territoire d'Alaska se compose en partie de plaines et de plateaux d'une élévation médiocre, en partie de régions montagneuses qui bordent le littoral de l'océan Glacial et de l'océan Pacifique. La chaîne côtière du Pacifique, qui semble la continuation de celle des Cascades, est dominée par des cimes volcaniques (point culminant, mont Saint-Élie, 5 500 mètres) qui se prolongent dans la presqu'île d'Alaska.

Le seul des nombreux cours d'eau qui offre une importance commerciale, bien qu'il soit gelé pendant huit à neuf mois, est le *Youkon*, tributaire de la mer de Béring.

La partie de l'Alaska située entre la chaîne côtière du Pacifique et l'océan Glacial est une terre inculte, glacée par les vents du pôle, où l'été dure trois à quatre mois et où le thermomètre descend en hiver jusqu'à 50 degrés au-dessous de zéro. Le climat du littoral du Pacifique baigné par un des bras du courant chaud du Japon est beaucoup plus doux et plus humide : on peut y cultiver des légumes, la pomme de terre, le blé même, dans le sud, et les montagnes sont couvertes d'admirables forêts.

On a reconnu dans l'intérieur des mines de cuivre et de fer, des gisements de charbon de terre de qualité médiocre ; des mines d'or découvertes dans la vallée du Youkoun ont amené le peuplement de cette région au climat terrible. Les animaux à fourrures, martres, castors, hermines, renards, ours blancs, abondent dans les forêts de la côte et dans les steppes de l'intérieur ; les rivières fourmillent de poissons de toute espèce et surtout de saumons : enfin le littoral de la mer de Béring est fréquenté par les morses et les loutres de mer, dont la pêche attire chaque année plusieurs centaines de navires anglais ou américains et a failli provoquer des conflits entre l'Angleterre et les États-Unis.

Les *Indiens* et les *Esquimaux*, qui représentent les races indigènes, sont tous chasseurs ou pêcheurs, et la plupart des colons américains se livrent aux mêmes occupations.

Les principaux établissements sont la ville de *Sitka* (*Nouvelle-Arkhangel*), dans l'île du même nom, centre du commerce des bois et des fourrures et relâche des bâtiments de pêche, et *Port-Clarence* sur le détroit de Béring.

III

AMÉRIQUE ANGLAISE

Limites. — Les possessions britanniques du nord de l'Amérique (8 400 000 kilomètres carrés) sont bornées : au nord par l'océan Glacial, par la mer d'*Hudson* et le détroit d'*Hudson*; à l'est par l'Atlantique qui forme le golfe du *Saint-Laurent*; au sud par les Etats-Unis; à l'ouest par l'océan Pacifique et le territoire d'Alaska.

Iles. — Les îles qui s'y rattachent sont : dans l'océan Pacifique, l'archipel de la *Reine-Charlotte* et l'île *Vancouver*; dans l'océan Atlantique, l'île *Terre-Neuve*, l'île du *Cap-Breton*, *Anticosti*, l'île du *Prince-Édouard* et les *Bermudes*.

Description physique et politique. — L'Amérique anglaise continentale est coupée, du nord au sud, par le massif des montagnes *Rocheuses* qui la divisent en deux grands versants :

A l'ouest, celui de l'**océan Pacifique;**

Au nord et à l'est, celui de l'**océan Glacial,** de la mer d'**Hudson** et de l'**océan Atlantique.**

Les côtes de l'Atlantique avaient été visitées, dès le onzième siècle, par les navigateurs scandinaves : retrouvé à la fin du quinzième siècle par les Anglais, les Français et les Portugais, le pays qui devait prendre au seizième le nom de *Nouvelle-France* et de *Canada* fut occupé, au nom de la France, par Jacques Cartier sous François Ier, colonisé par Champlain sous Henri IV, entamé sous Louis XIV par l'abandon aux Anglais de Terre-Neuve et de l'Acadie, et perdu sous Louis XV qui céda à l'Angleterre le reste du Canada (traité de Paris, 1763).

L'ensemble des possessions anglaises se divise aujourd'hui en neuf provinces, qui conservent leurs lois et leur administration distinctes; huit d'entre elles ont constitué en 1867, sous le nom de *Puissance du Canada* (*Dominion of Canada*), une confédération régie par un parlement colonial composé d'une Chambre des députés élective, et d'un Sénat nommé à vie par le gouverneur, et par un gouverneur que nomme l'Angleterre. La superficie de la confédération est de 8 400 000 kilomètres carrés.

Les huit provinces sont : 1° à l'ouest, dans le versant du

Pacifique, la **Colombie Britannique** 130 000 hab., arrosée par la rivière *Fraser*, et l'île *Vancouver*, capitale *Victoria* ; région montagneuse, froide sur les hauts plateaux, tempérée sur le bord de la mer, importante autrefois par ses mines d'or, aujourd'hui par ses magnifiques forêts de cèdres et de sapins, par les progrès de la culture et de l'élevage du mouton, du bœuf et du cheval et par l'exploitation des houillères de Vancouver et de l'archipel de la Reine-Charlotte ; *Vancouver*, uni par des paquebots à Yokohama, et la *Nouvelle-Westminster* sont les deux principales villes de la Colombie.

2° Au nord, dans le versant de l'océan Glacial et de la mer d'Hudson, les *Territoires du Nord-Ouest*, arrosés par le *Mackensie*, déversoir des lacs *Athabaska*, de l'*Esclave* et du *Grand-Ours* (océan Glacial), par le *Saskatchéouanne* et par les rivières *Nelson* et *Severn*, déversoirs des lacs *Ouinnipeg*, *Ouinnipégosis* et *Manitoba*, et la presqu'île du **Labrador**, régions immenses, couvertes de lacs, de forêts et de steppes, sont à peine habités par quelques tribus d'Indiens et d'Esquimaux et quelques chasseurs au service de la Compagnie des fourrures (35 000 hab.) ; et cependant la colonisation commence à prendre possession de quelques-uns des districts les plus méridionaux (districts d'*Alberta*, d'*Assiniboina* et de *Saskatchéouanne*), propres à la culture et à l'élevage du bétail, qui forment des circonscriptions à part et dont la population sédentaire dépasse 50 000 habitants.

Les provinces de l'est, dans le versant de l'Atlantique, sont :

3° L'île du **Prince-Édouard** (120 000 hab.), capitale *Charlottetown* ;

4° La presqu'île de la **Nouvelle-Écosse** (ancienne *Acadie*, cédée aux Anglais par la France en 1713), capitale *Halifax* (45 000 hab.), sur l'Atlantique, port qui est relié à l'Angleterre par des paquebots ;

5° Le **Nouveau-Brunswick**, capitale *Fredericktown*, ville principale *Saint-John* (350 000 hab.) ;

6° Le **Bas-Canada** (500 000 kilom. carr., 1 600 000 hab.), dont la population est en majorité d'origine française, est arrosé par le fleuve Saint-Laurent, déversoir des grands lacs qui séparent l'Amérique anglaise des États-Unis, capitale *Québec* (65 000 hab.), ville principale *Montréal* (200 000 hab.), sur le Saint-Laurent ;

7° Le **Haut-Canada** ou **Ontario** (378 000 kilom.

carrés, 2 050 000 hab.), est baigné par le Saint-Laurent, par les lacs Supérieur, Huron, Érié et Ontario, ces deux derniers communiquant par la fameuse cataracte du **Niagara**.

Un sol aussi fertile, des forêts presque aussi vastes, des prairies aussi plantureuses que celles du Bas-Canada, des mines de fer et de cuivre, d'abondantes sources de pétrole ont rapidement élevé cette province au-dessus de sa voisine. Les villes principales sont : *Kingston*, sur le Saint-Laurent, *Toronto* (180 000 hab.), et *Hamilton*, sur le lac Ontario. La capitale de la Confédération, *Ottawa* (40 000 hab.), sur un des affluents du Saint-Laurent, est située dans la province d'Ontario.

8° Le *Manitoba* (200 000 hab.), au nord-ouest du lac Supérieur, l'une des régions privilégiées de l'Amérique pour la culture du blé, a pour ville principale *Ouinnipeg*, au confluent de la rivière Rouge et de la rivière Assiniboine. Les Franco-Canadiens et les métis indiens d'origine française y sont encore en majorité.

L'île de **Terre-Neuve** (110 000 kilom. car., 200 000 hab.), à l'entrée du golfe du Saint-Laurent, sauvage, accidentée, et inculte dans l'intérieur, mais importante par ses pêcheries, ne fait pas partie de la confédération, non plus que la côte orientale du *Labrador* (310 000 kilom. carr.), à peu près déserte, sauf pendant la saison de la pêche. La capitale de Terre-Neuve est *Saint-Jean*.

Au gouvernement du Canada se rattachent les îles *Bermudes*, groupe isolé situé dans l'Atlantique, à l'est des États-Unis, et qui appartient à l'Angleterre.

Population. — Une population active, intelligente (près de 5 millions d'hab.), sans cesse recrutée par l'émigration anglaise et irlandaise, mais où l'élément franco-canadien qui a conservé la langue et le souvenir de la mère patrie tient une large place (1 600 000 hab.), a développé depuis un siècle les ressources naturelles du pays, multiplié les routes, les canaux, les chemins de fer, et poursuit encore chaque jour le défrichement du sol.

Les protestants sont en majorité parmi les colons de race anglaise, les catholiques parmi les Franco-Canadiens et les Irlandais.

Production agricole. — Les céréales (froment et avoine) mûrissent au Canada, jusqu'au 54° degré de latitude, et dépassent de plusieurs millions d'hectolitres les besoins de la consommation : la pomme de terre, le houblon, les arbres fruitiers du nord de l'Europe, sont cultivés dans la région du Saint-Laurent et des grands lacs : les plantes textiles, le lin et le chanvre, les plantes oléagineuses réussissent jusqu'au 51e degré. Des forêts immenses fournissent des bois de construction sans rivaux en Amérique (chêne, pin rouge, sapin); les prairies nourrissent de nombreux bestiaux (plus de quatre millions de bœufs, surtout dans la Colombie et les deux Canadas), des chevaux (plus d'un million), des moutons qui deviendront une des richesses de l'Amérique anglaise. La chasse des animaux à fourrure dans les territoires du nord-ouest a beaucoup perdu de son importance.

Production minérale. Pêcheries. — Jusqu'ici on n'a pas découvert de mines de houille au Canada, mais la Nouvelle-Écosse possède des gisements considérables qui s'étendent dans le Nouveau-Brunswick et l'île du Cap-Breton, et les houillères de Vancouver sont peut-être les plus riches de l'Amérique du Nord. Le fer et le cuivre sont exploités dans la région des lacs et dans la Nouvelle-Écosse; l'or dans la Colombie, l'huile de pétrole dans tout le Canada occidental; mais, après ses forêts, la plus grande ressource de l'Amérique anglaise, ce sont ses admirables pêcheries. Sans compter la pêche de Terre-Neuve, celle du golfe du Saint-Laurent et de la Nouvelle-Écosse (morues, harengs et homards) représente une valeur de plus de cinquante millions, et la pêche du Saint-Laurent, celle des grands lacs et des rivières de la Colombie britannique (saumon, etc.), surpassent les plus riches pêcheries d'Europe.

Industrie. — L'industrie, favorisée par d'innombrables chutes d'eau, par l'abondance du combustible minéral et végétal, par les produits des mines et des forêts, se développe, bien qu'avec une certaine lenteur. Les chantiers de construction de Saint-John, d'Halifax, de l'île du Prince-Édouard, de Toronto, conservent leur ancienne réputation : les machines agricoles du Haut-Canada, la carrosserie de Québec et de Toronto, les forges et les fonderies de Saint-Maurice, de Kingston, d'Ottawa; la tannerie de Montréal et d'Halifax, les fonderies de suif et les minoteries du Haut-Canada, peuvent figurer avec honneur à côté des industries européennes.

Cependant ni l'industrie agricole, ni l'industrie manufacturière ne sont encore à la hauteur des ressources du pays. Le manque de bras et de capitaux et la concurrence des États-Unis n'ont permis jusqu'ici au Canada de mettre en valeur qu'un vingtième à peine du sol cultivable, et la production industrielle est relativement très inférieure à la production agricole.

Routes maritimes. Principaux ports. — Une partie du mouvement maritime de la côte de l'Atlantique est concentrée dans le vaste golfe formé par le Saint-Laurent et défendu par le banc et l'île de Terre-Neuve; malheureusement l'embouchure du Saint-Laurent est trop septentrionale; la vraie route des grands lacs aboutit à Boston et à New-York et non à Québec : c'est une des causes de l'infériorité du Canada dans sa lutte commerciale avec les États-Unis.

Trois grands ports se partagent le commerce de l'Atlantique : **Halifax,** capitale de la Nouvelle-Écosse, rattachée à Liverpool, à Boston et à New-York par des services anglais.

Québec, sur le Saint-Laurent, à 547 kil. de son embouchure, chef-lieu du Bas-Canada. Son port est vaste et profond, mais fermé par les glaces du mois de novembre au mois de mai.

Québec est la plus ancienne ville européenne de l'Amérique septentrionale : la ville haute avec ses rues étroites, ses escaliers, ses maisons de bois, qui montent à l'assaut de la falaise où s'élève fièrement la vieille citadelle, n'a pas la régularité monotone des jeunes cités américaines : elle n'en a pas non plus la vie fiévreuse et l'activité dévorante. Sa population n'a guère augmenté que de trois à quatre mille habitants en vingt ans : celle de Montréal a doublé.

Montréal, fondé en 1640, à 258 kilomètres de Québec, est le centre des chemins de fer canadiens, l'entrepôt du commerce des grands lacs, la plus grande ville de l'Amérique anglaise; ses larges voies, l'architecture un peu prétentieuse de ses maisons, le luxe de ses magasins contrastent avec l'aspect beaucoup plus pittoresque, mais beaucoup moins élégant de Québec : c'est la vraie capitale du Canada.

Les ports de *Saint-John* dans le Nouveau-Brunswick, de *Charlottetown* dans l'île du Prince-Édouard, sont surtout des ports de pêche et ont des chantiers de construction.

Sur l'océan Pacifique, les ports de **Victoria,** dans l'île de Vancouver, et de *Vancouver,* où vient aboutir le transcontinental canadien, sont appelés à devenir les rivaux de San-Francisco.

Le mouvement de la navigation dans les ports maritimes canadiens dépasse 11 millions de tonneaux, et la flotte marchande du Canada jauge 1 200 000 tonneaux.

Navigation intérieure. — La nature a donné au Canada une des plus belles voies de navigation intérieure du monde, le Saint-Laurent et les grands lacs, cette mer d'eau douce qui sépare les États-Unis des possessions anglaises.

Les ports de *Sarnia*, sur le lac Huron ; de *Dover*, sur le lac Érié ; d'*Hamilton*, et de *Toronto*, sur le lac Ontario, la seconde ville de l'Amérique anglaise, le disputent à ceux de la rive américaine.

Cette navigation se prolonge par celle du Saint-Laurent avec ses ports de *Kingston,* de Montréal et de Québec, et ses grands affluents navigables, le Saguenay, le Saint-Maurice, l'Ottawa, sur lequel est assise la capitale de la Confédération Canadienne, *Ottawa-City.* Cent quinze kilomètres de canaux permettent d'éviter ou de franchir les rapides qui arrêteraient la navigation. Le plus important est le canal *Welland* (45 kilomètres), qui tourne les chutes du Niagara et fait communiquer le lac Érié avec le lac Ontario ; on travaille activement à rendre ces canaux praticables pour des navires de 1000 tonneaux.

Routes de terre et chemins de fer. — Les routes de terre ne sont encore que des sentiers de chasse, dans les trois quarts du vaste territoire de la Confédération Canadienne ; mais de nombreux chemins de fer, qui ont pour centre la ville de Montréal, rayonnent sur les deux rives du Saint-Laurent, desservent toutes les grandes villes de commerce et d'industrie (24 000 kilomètres), franchissent depuis 1886 les Montagnes Rocheuses et aboutissent au Pacifique. Le chemin de fer canadien du Pacifique (*Pacific canadian Railway*), long de 4 600 kilomètres de Montréal à Port-Moody, est la route la plus courte pour traverser le continent, mais il lui manque un port sur l'Atlantique.

Commerce extérieur. — Le commerce extérieur de l'Amérique anglaise s'élève à plus de 1 200 millions, dont 550 millions à l'importation. La Grande-Bretagne et les États-Unis absorbent la presque totalité du chiffre des échanges : l'Amérique du Sud, les Antilles, la Chine, l'Allemagne, les États scandinaves et la France (13 millions à l'importation, un million et demi à l'exportation), n'y figurent que pour des sommes peu considérables.

Le bois, le poisson séché et salé, les céréales, le beurre et le fromage, les fourrures, les métaux, la houille, représentent presque toute l'exportation ; les principaux articles importés d'Angleterre et des États-Unis sont les tissus, les machines, les ouvrages en métaux : les vins viennent de France ; les denrées coloniales et surtout les sucres, des Antilles et de l'Amérique du Sud. Le transit des céréales venant des États-Unis par les grands lacs a déjà une grande importance, bien que la navigation soit arrêtée par les glaces pendant six mois et que les canaux ne soient accessibles qu'à des navires de 300 à 400 tonneaux.

Poids, mesures, monnaies. — Les poids et mesures usités sont ceux de la métropole. Cependant on emploie encore comme mesure pour les liquides l'ancien *gallon* anglais de 3 litres 785, et pour les marchandises sèches le *boisseau* de Winchester = 35 litres 24. Les monnaies de compte sont : le dollar = 5 fr. 14, et le cent = 0 fr. 0514. Les banques ne peuvent émettre de billets au-dessous de 5 dollars. Le gouvernement fédéral s'est réservé l'émission des billets d'une valeur inférieure.

Possessions françaises. Pêcheries de Terre-Neuve. — La France, maîtresse autrefois de Terre-Neuve, possède encore, à 30 kilomètres environ de la côte méridionale, les petites îles de **Saint-Pierre** et **Miquelon,** montagneuses, stériles, presque toujours enveloppées de brouillards et dont la population permanente ne dépasse pas 6 000 âmes, bien que, dans la saison de la pêche, le port de Saint-Pierre, résidence des autorités et entrepôt du commerce, ait jusqu'à douze ou quinze mille habitants.

C'est là que les pêcheurs français viennent s'approvisionner de vivres, d'appât ou de *boëtte* pour la morue, et qu'ils vendent une partie de leur pêche.

Les traités d'Utrecht (1713) et de Paris (1763) et ceux de 1814 et de 1815 ont laissé à la France un droit de pêche exclusif sur les côtes occidentales et septentrionales et sur une partie du littoral oriental de Terre-Neuve, depuis le cap Ray au sud-ouest jusqu'à la pointe Bonavista à l'est. Nos pêcheurs ont également le droit d'établir à terre les hangars ou *chauffauds* (échafauds) nécessaires pour la préparation de la morue. Cette partie des côtes de Terre-Neuve est désignée par les habitants sous le nom de *French-Shore*. Ce privilège a donné lieu, depuis que la population s'est augmentée, à de fréquents conflits entre nos pêcheurs et les Terre-Neuviens. Cependant la pêche se fait beaucoup moins sur le French-Shore que sur le banc situé au sud de l'île, où le poisson est plus abondant.

On évalue le nombre des morues prises chaque année dans les parages de Terre-Neuve à plus de 340 millions, et la valeur de cette pêche à environ 70 millions, dont 10 à 12 pour la pêche française, et le reste partagé entre les Anglais, les Canadiens et les Américains.

La pêche de Terre-Neuve occupe chaque année, d'avril à septembre, 180 bâtiments français équipés surtout dans les ports de la Manche, et montés par 8000 matelots.

RÉSUMÉ

I

Territoire d'Alaska. — (États-Unis)

Le *Territoire d'Alaska* (États-Unis), ancienne *Amérique russe* (1 376 000 kilom. carrés), est borné : au nord par l'océan Glacial, à l'ouest par le détroit et la mer de *Béring* (îles *Aléoutiennes*), au sud par l'océan Pacifique (îles *Kadiak* et du *Prince-de-Galles*), à l'est par l'Amérique anglaise. Il est arrosé par le fleuve *Youkon* : c'est une terre stérile, glacée et habitée par quelques tribus d'Indiens et d'Esquimaux, entre l'océan Glacial et les montagnes qui longent le Pacifique. Le sol est plus fertile et le climat plus doux sur les bords du Grand Océan. Le principal établissement est *Sitka*. Les forêts, la chasse des animaux à fourrures, la pêche du morse et l'exploitation de l'or sont les principales ressources du pays.

II

Possessions anglaises de l'Amérique du Nord

L'AMÉRIQUE ANGLAISE est bornée, au nord par l'océan Glacial, par la mer d'*Hudson* et le détroit d'*Hudson*, à l'est par l'Atlantique, qui forme le golfe du *Saint-Laurent*, au sud par les États-Unis, à l'ouest par l'océan Pacifique et le territoire d'Alaska.

Les îles qui en dépendent sont : dans l'océan Pacifique, l'île *Vancouver* ; dans l'océan Atlantique, *Terre-Neuve*, l'île du *Cap-Breton*, *Anticosti*, l'île du *Prince-Édouard* et les *Bermudes*.

Elle est coupée, du nord au sud, par la chaîne des montagnes *Rocheuses*, qui la divise en deux versants :

À l'ouest, celui de l'océan PACIFIQUE, arrosé par le *Fraser* ;

Au nord et au nord-est, celui de l'océan GLACIAL, qui reçoit le *Mackensie*, déversoir des lacs de l'*Esclave* et du *Grand-Ours*; de la mer d'Hudson, qui reçoit la *Severn* et le *Nelson*, déversoir des lacs *Ouinnipeg* et *Manitoba*; et de l'océan Atlantique, qui reçoit le *Saint-Laurent*, déversoir des cinq grands lacs *Ontario, Érié, Huron, Michigan* et *Supérieur*.

L'Amérique anglaise a en grande partie appartenu à la France, sous le nom de Nouvelle-France ou Canada, cédé aux Anglais en 1763. A l'exception de Terre-Neuve et des Bermudes, elle forme aujourd'hui une confédération divisée en huit provinces autonomes, et qui porte le nom de *Dominion of Canada*. Le gouvernement fédéral se compose d'un gouverneur nommé par le souverain de l'Angleterre, d'un Sénat nommé par le gouverneur et d'une Chambre des députés élective. Superficie, 8 400 000 kilom. carrés. Population, 5 millions d'habitants dont 1 600 000 Franco-Canadiens qui parlent notre langue.

Ces huit provinces sont : 1° A l'ouest, la *Colombie Britannique* et l'île *Vancouver*, capitale *Victoria*; 2° au nord, les *Territoires du Nord-Ouest*, et le *Labrador*; 3° à l'est, l'île du *Prince-Edouard*, capitale *Charlottetown*; 4° la presqu'île de la *Nouvelle-Ecosse* ou *Acadie*, capitale *Halifax*; 5° le *Nouveau-Brunswick*, capitale *Fredericktown*; 6° au sud, le *Bas-Canada*, dont la population est en majorité d'origine et de langue françaises ; capitale *Québec*, ville principale MONTRÉAL (200 000 habitants), la plus grande ville de l'Amérique anglaise, sur le Saint-Laurent ; 7° le *Haut-Canada*: villes principales, *Ottawa*, siège du gouvernement fédéral, *Toronto* (180 000 hab.), la seconde ville de l'Amérique anglaise, sur le lac Ontario, et *Kingston*, sur le Saint-Laurent ; 8° le *Manitoba*, au nord-ouest des grands lacs ; capitale *Ouinnipeg*.

L'île de *Terre-Neuve*, capitale *Saint-Jean*, importante par ses pêcheries de morues, ne fait pas partie de la confédération.

Les principales productions de l'Amérique anglaise sont : les bois, les produits de la pêche, les céréales, le bétail, les fourrures, les minerais de fer, de cuivre et d'or. L'industrie est encore peu développée.

Les principaux ports sont *Québec* et *Montréal* sur le Saint-Laurent, *Toronto* sur le lac Ontario; *Halifax* sur l'Atlantique, *Victoria* et *Port-Moody* sur le Pacifique.

Les chemins de fer ont un développement de 24 000 kilom. La ligne la plus importante est celle du transcontinental canadien, de Montréal à Vancouver (4 600 kilom.). Le commerce extérieur dépasse 1 200 millions. La France n'y prend qu'une très faible part.

POSSESSIONS FRANÇAISES. — La France possède, dans le golfe du Saint-Laurent, les petites îles de *Saint-Pierre* et de *Miquelon*, et le droit de pêcher la morue sur le banc de *Terre-Neuve* et sur les côtes septentrionales et occidentales de l'île.

9.

Exercices.

Carte physique et politique des possessions anglaises (Dominion of Canada). — Carte de Terre-Neuve.

Lectures.

LANIER. *Choix de lectures géographiques. L'Amérique.*
WHYMPER. *Voyage à la Colombie anglaise. Vancouver et l'Alaska.* 1872.
DE LAMOTHE. *Cinq mois chez les Français d'Amérique.* 1880.

CHAPITRE II

(Région centrale)

États-Unis

I

GÉOGRAPHIE POLITIQUE

Bornes et superficie. — La république des Etats-Unis, située entre 25° et 49° de latitude nord, 70° et 126° de longitude ouest, est bornée, au nord par l'Amérique anglaise, à l'ouest par l'océan Pacifique, au sud par le Mexique, le golfe du Mexique et le canal de Bahama, à l'est par l'océan Atlantique. La superficie totale atteint près de 9 300 000 kilomètres carrés, en y comprenant l'Alaska.

Notions historiques. — Les Etats-Unis ont pour origine les colonies anglaises fondées sur le littoral de l'Atlantique de 1620 à 1732, et divisées en deux grands groupes, la Nouvelle-Angleterre au nord, la Virginie au sud. Ces colonies se soulevèrent contre la métropole en 1774 et proclamèrent leur indépendance sous le nom d'Etats-Unis en 1776. Elles étaient alors au nombre de treize : Washington, qui dirigea la guerre de l'indépendance, fut le premier président de la confédération.

Le territoire des Etats-Unis s'est agrandi depuis par l'achat de la *Louisiane* (1803) à la France, par celui de la Floride à l'Espagne (1820), et par la conquête du Texas, du Nouveau-Mexique et de la Californie enlevés au Mexique (1845-1848).

En 1860-1861, les États du sud, qui avaient maintenu l'esclavage des noirs, essayèrent de former une confédération séparée; une guerre sanglante éclata entre les États restés fidèles à l'Union et la confédération nouvelle qui fut vaincue en 1865. Le rétablissement de l'union et la suppression de l'esclavage ont été la conséquence du triomphe des États du nord.

Divisions politiques et gouvernement. — Les États-Unis forment une *république fédérale* gouvernée par un *président*, élu pour quatre ans par le suffrage à deux degrés, et par un *Congrès*. Le Congrès se compose d'un *Sénat* (deux sénateurs par État, élu par les assemblées législatives de chaque État et renouvelable par tiers tous les deux ans, et d'une chambre des *représentants*, élue pour deux ans dans chaque État par le suffrage universel. Le nombre des députés est proportionnel à celui de la population des États qu'ils représentent.

Le siège du gouvernement fédéral est la ville de **Washington**, sur le Potomac (230 000 hab.), qui forme un district spécial.

Chacun des États qui composent la confédération administre librement ses affaires intérieures, et possède ses Chambres, ses finances, sa milice particulière. Les territoires ne peuvent s'élever au rang d'État que par un vote du Congrès et quand la population y dépasse un certain chiffre : ils n'envoient à la Chambre des représentants que des délégués sans droit de suffrage, et ne concourent pas à l'élection du président.

Les États sont au nombre de 44 et les territoires au nombre de 6 en comptant celui d'Alaska.

Versant de l'est. — Les États du versant de l'est (Atlantique) sont du nord au sud :

1° Le **Maine** : capitale *Augusta*, principal port : *Portland*.

2° Le **New-Hampshire** : capitale *Concord*.

3° Le **Vermont** : capitale *Montpellier*.

4° Le **Massachusetts** : capitale *Boston* (450 000 hab.), ville principale *Lowell*, industrie du coton.

5° Le **Connecticut** : capitale *Hartford*, port principal *New-Haven*.

6° Le **Rhode-Island** : capitale *Providence* (130 000 hab.), ville principale *Newport*.

7° Le **New-York** : capitale *Albany*, sur l'Hudson (100 000 habitants), villes principales : **New-York** (3 437 000 hab., en y comprenant la population de Brooklyn), *Buffalo* (250 000 hab.), sur le lac Erié, *Rochester* (100 000 hab.), sur le canal de l'Erié, *Troy* (60 000 hab.) et *Syracuse* (55 000 hab.).

8° Le **New-Jersey** : capitale *Trenton*, villes principales *Newark* (150 000 hab.), *Jersey-City* (150 000 hab.), *Paterson* (55 000 hab.).

9° La **Pensylvanie** : capitale *Harrisbourg*, villes principales : *Philadelphie* sur la Delaware (1 294 000 hab.), *Pittsbourg* sur l'Ohio (250 000 hab.), *Alleghany* (90 000 hab.).

10° La **Delaware** : capitale *Dover*, ville principale *Wilmington*.

11° Le **Maryland** : capitale *Annapolis*, ville principale *Baltimore* (500 000 hab.).

12° et 13° Les **deux Virginies** orientale et occidentale, capitales *Richmond* (65 000 hab.), sur la rivière *James*, et *Wheeling*, ville principale *Norfolk*, port sur l'Atlantique.

14° La **Caroline du nord** : capitale *Raleigh*, port principal *Wilmington*.

15° La **Caroline du sud** : capitale *Columbia*, ville principale *Charleston*, sur l'Atlantique (55 000 hab.).

16° La **Géorgie** : capitale *Atlanta*, villes principales : *Augusta* et *Savannah* (port).

Versant du sud. — Les États compris dans le versant du sud (golfe du Mexique) sont, sur la rive gauche du Mississipi, du nord au sud :

17° Le **Michigan** : capitale *Lansing*, ville principale *Détroit*, sur le lac *Saint-Clair*, entre le lac Huron et le lac Erié (200 000 hab.).

18° Le **Wisconsin** : capitale *Madison*, ville principale *Milwaukee* (240 000 hab.).

19° L'**Illinois** : capitale *Springfield*, ville principale *Chicago*, sur le lac Michigan (1 699 000 hab.).

20° L'**Indiana** : capitale *Indianopolis* (80 000 hab.).

21° L'**Ohio** : capitale *Columbus* (60 000 hab.), villes principales : *Cincinnati* (306 000 hab.), sur l'Ohio, *Cleveland* (250 000 hab.), et *Toledo* (60 000 hab.), sur le lac Erié.

22° Le **Kentucky** : capitale *Frankfort*, villes principales : *Louisville* (140 000 hab.), sur l'Ohio, et *Lexington*.

23° Le **Tennessee** : capitale *Nashville* (50 000 hab.), ville principale *Memphis*, sur le Mississipi.

24° Le **Mississipi** : capitale *Jackson*, ville principale *Wiksbourg*, sur le Mississipi.

25° L'**Alabama** : capitale *Montgomery*, ville principale *Mobile*, port de commerce sur le golfe du Mexique.

26° La **Floride** : capitale *Tallahassee*, ville principale *Pensacola*, sur le golfe du Mexique.

Sur la rive droite du Mississipi (du nord au sud) :

27° L'État de **Montana** : capitale *Virginia-City*.

28° et 29° Les États de **Dakota** nord et sud : capitales *Bismarck* et *Yankton*, sur le Missouri.

30° Le **Minnesota** : capitale *Saint-Paul*, sur le Mississipi, qui possède avec Minneapolis plus de 300 000 habitants.

31° L'**Iowa** : capitale *Des Moines*, villes principales : *Davenport* et *Dubuque*, sur le Mississipi.

32° Le **Nebraska** : capitale *Omaha*, sur le Missouri.

33° Le **Wyoming** : capitale *Cheyenne*.

34° Le **Missouri** : capitale *Jefferson*, villes principales : *Saint-Louis* (576 000 hab.), et *Cairo*, sur le Mississipi.

35° Le **Colorado** : capitale *Denver*, au pied des montagnes Rocheuses.

36° Le **Kansas** : capitale *Topeka*, sur le Kansas, ville principale *Kansas-City*, sur le Missouri.

37° L'**Arkansas** : capitale *Little-Rock*.

38° La **Louisiane** : capitale *Nouvelle-Orléans* (250 000 h.), ville principale *Bâton-Rouge*, sur le Mississipi.

39° Le **Texas** : capitale *Austin*, ville principale *Galveston*, sur le golfe du Mexique.

Ce versant renferme en outre les *territoires* du *Nouveau-Mexique*, capitale *Santa-Fé*, de l'*Oklahoma*, et le territoire *Indien*, encore habité par les restes des populations indigènes, *Osages*, *Chactas*, *Comanches*, etc.

Versant de l'ouest. — Les États et territoires de ce versant sont du nord au sud :

40° L'État de **Washington** : capitale *Olympia*.

41° L'**Orégon** : capitale *Salem*, ports principaux : *Portland* et *Astoria*, sur l'Orégon.

42° L'**Idaho** : capitale *Boisé-City*.

43° La **Californie** : capitale *Sacramento*, sur le Rio Sacramento, villes principales **San-Francisco** (300 000 hab.),

Monterey et *San Pedro de los Angeles*, sur l'océan Pacifique, *Oakland*, *Stockton*, etc.

44° L'État de **Nevada**, dans l'intérieur : capitale *Carson-City*.

Les territoires d'*Alaska*, d'*Utah*, capitale *Great-Salt-Lake-City*, sur le grand lac Salé ; d'*Arizona*, capitale *Tucson*, dans les montagnes Rocheuses.

Population. — La population des États-Unis, sans cesse accrue par une immigration annuelle de 450 000 à 500 000 Anglais, Irlandais (1), Allemands, Scandinaves, Russes, Autrichiens, Italiens, Suisses, et Français, sans compter les Canadiens, et les Chinois, s'élève à 76 295 000 habitants ; elle a plus que décuplé en moins d'un siècle. Les nègres et les mulâtres y figurent pour un chiffre d'environ 7 millions dans les États du Sud ; les Indiens soumis et à demi civilisés et les tribus sauvages et guerrières qui, sous le nom d'*Apaches*, de *Paunies*, de *Sioux*, etc., parcourent encore les solitudes des prairies et des montagnes Rocheuses, disparaissent comme le bison, le cheval sauvage et le castor, devant les progrès de la civilisation : c'est à peine si l'on en compte aujourd'hui 280 000. Les Chinois sont au nombre de plus de 100 000 ; mais la concurrence que font aux races d'origine européenne ces populations sobres, patientes et laborieuses, a provoqué une véritable croisade contre l'immigration chinoise qui a été interdite. L'immigration, en général, tend du reste à diminuer : elle est surveillée de plus près, elle commence à trouver moins de ressources, et depuis 1881 elle n'a jamais dépassé 500 000 individus. Malgré le mélange des races, la langue dominante est l'anglais.

Toutes les religions sont librement exercées aux États-Unis. Les catholiques sont nombreux dans les États du Sud et surtout dans la Louisiane, ancienne possession française, dans la Floride et le Texas, qui ont autrefois obéi à l'Espagne ; mais la majorité de la population appartient aux diverses sectes protestantes.

Notions de statistique financière, militaire, etc. — Le *budget* fédéral s'élève à environ 2 200 millions en recettes et 1 600 en dépenses ; le capital de la dette fédérale est de quatre milliards et demi.

(1) De 1821 à 1889, le nombre des immigrants originaires de la Grande-Bretagne et de l'Irlande a été de 6 200 000 ; celui des immigrants allemands, de 4 462 000 ; celui des Français, de 362 000.

L'*armée* active (armée fédérale) se compose d'une trentaine de mille hommes en temps de paix : la milice comprend tous les citoyens de 18 à 45 ans.

La *marine militaire* compte 82 navires à vapeur dont
18 cuirassés, portant 385 pièces d'artillerie.

L'*instruction publique* est richement dotée par les États et
les particuliers, et complètement libre.

II

GÉOGRAPHIE ÉCONOMIQUE

Grandes régions naturelles. — Les États-Unis
sont divisés par les *montagnes Rocheuses* et les *Alleghanys* en
trois versants : océan Pacifique, océan Atlantique et golfe du
Mexique.

La nature n'a rien refusé à cette grande république, dont
les progrès étonnent et inquiètent notre vieille Europe : une
situation commerciale sans rivale, dominant les deux océans,
qui lui ouvrent, l'un la route de l'Asie, l'autre celle de l'Europe ; d'admirables voies de communication naturelles ; une
variété presque infinie de climats et de produits :

1° A l'**ouest**, dans le versant de l'océan Pacifique États
de *Washington*, d'*Orégon*, d'*Idaho*, de *Californie*, de *Nevada*,
territoires d'*Utah* et d'*Arizona*), un climat froid au nord,
très chaud au midi, mais tempéré, sur le littoral, par les
brises de mer et les courants du Pacifique *(climat californien)* ; des plateaux granitiques, les uns sillonnés par de
grands cours d'eau, et arrosés par des pluies abondantes *(climat colombien)*, les autres arides, semés de déserts sablonneux, de lacs salés, dominés par les cimes des montagnes
Rocheuses, de la Sierra Nevada et des montagnes des Cascades que couronnent de magnifiques forêts, peu propres à
la culture, mais riches en mines d'argent, d'or, de cuivre et
de mercure ; des vallées creusées par les eaux rapides de
l'*Orégon* ou *Columbia*, du *Rio-Sacramento*, du *Rio-Colorado* ;
entre la montagne et la mer, une région de plaines acciden-
tées qui produisent en abondance les céréales, le tabac, la
vigne, et que parcourent de nombreux troupeaux.

2° Dans le versant de l'Atlantique et du golfe du Mexique :
Au **nord** (États du *Maine, New-Hampshire, Massachusetts, Vermont, Connecticut, New-York, Rhode-Island, New-*

Jersey, Pensylvanie, Delaware), un climat salubre et tempéré, malgré les hivers rigoureux des Etats les plus septentrionaux (*climat canadien*), des cours d'eau (*Hudson, Delaware, Susquehannah*), précieux à la fois comme voies de communication et comme forces motrices; un sol accidenté, sans grandes chaînes de montagnes, qui se prête à toutes nos cultures européennes; des mines de houille, de fer et de plomb, d'inépuisables sources de pétrole.

Dans le groupe du **centre,** séparé du précédent par les monts *Alleghanys,* et baigné au nord par les grands lacs *Supérieur, Michigan, Erié* (Etats de *Kentucky, Ohio, Indiana, Michigan, Wisconsin, Illinois, Minnesota, Dakota nord* et *sud, Montana, Wyoming, Iowa, Missouri, Kansas, Nebraska, Colorado*), un climat plus sec, un ciel plus pur que sur la côte (*climat des prairies*), de vastes plaines arrosées par des fleuves immenses (*Mississipi* et ses affluents, à gauche, *Illinois, Ohio,* à droite, *Missouri,* grossi de la *Nebraska,* du *Kansas,* etc.), des steppes que la civilisation transforme en terres à blés ou à maïs, en prairies artificielles et en plantations de tabac; dans la région tourmentée que dominent les *Montagnes Rocheuses,* des mines d'or et d'argent; sur le bord des grands lacs, de riches gisements de cuivre et de fer.

Dans le groupe du **sud** (*Virginie orientale et occidentale, Maryland, Caroline du Nord, Caroline du Sud, Géorgie, Floride, Alabama, Tennessee, Mississipi, Louisiane, Arkansas, Texas,* territoire du *Nouveau-Mexique,* territoire *Indien*), un soleil brûlant, qui développe des exhalaisons marécageuses et des fièvres mortelles, mais qui mûrit les plantes des tropiques : coton, canne à sucre, etc. (*climat virginien* et *climat floridien*); des terrains d'alluvion d'une fertilité sans égale, coupés de montagnes granitiques et de steppes aux terrains calcaires; des cours d'eau majestueux, le *Rio del Norte,* le *Mississipi* avec ses grands affluents (*Arkansas* et *Rivière Rouge*), l'*Alabama,* tributaires du golfe du Mexique; la *Rivière James,* le *Potomac,* etc., tributaires de l'Atlantique.

Statistique de la production agricole. — La production des céréales est une des principales richesses des Etats-Unis. On l'évaluait, pendant la dernière période quinquennale, à plus de 1 200 millions d'hectolitres (800 millions d'hect. de maïs, 170 millions de froment, 200 millions d'avoine, 25 à 30 millions d'orge, etc.). Le groupe du centre (partie septentrionale), *Dakota, Minnesota, Iowa*

Illinois, Wisconsin, Michigan, Indiana et *Ohio*, fournit à lui seul plus des soixante centièmes de la production totale.

Si la culture des céréales domine dans les États du centre, ceux du sud, qui cultivent également le maïs (Texas, Arkansas, etc.), et qui produisent le *riz* (Louisiane et Caroline) inconnu à la région centrale, doivent surtout leur prospérité à la grande **culture industrielle** du *coton*, qui a joué un rôle si important dans la vie commerciale et politique des États-Unis, et exercé sur les destinées du monde entier une si puissante influence.

En 1861, la production totale du *coton* dans les deux Carolines, la Géorgie, la Louisiane, le Texas, l'Arkansas, le Mississipi, le Tennessee, l'Alabama, s'élevait à près de 10 millions de balles en chiffres ronds ; le capital de culture représentait une valeur de six milliards ; le personnel était de 1 500 000 esclaves et 200 000 planteurs, surveillants, ou ouvriers libres. Malgré l'abolition de l'esclavage, et l'extension de la culture du coton aux Indes, en Égypte, au Brésil, les dernières récoltes ont été fort productives.

Parmi les autres cultures alimentaires ou industrielles, celles de la pomme de terre sur les plateaux des montagnes Rocheuses, de la vigne et des arbres fruitiers en Californie, de la canne à sucre dans le delta du Mississipi, du houblon dans les États de New-York et de Wisconsin, n'ont qu'une importance secondaire, mais les *tabacs* du Kentucky, de l'Ohio, du Maryland, de la Louisiane, produisent au moins 250 millions de kilogrammes.

Les **forêts**, qui couvrent près de deux millions de kilom. carrés dans la Californie, la région des Montagnes Rocheuses, celle des grands lacs, la vallée du Mississipi, les monts Alleghanys et la Floride, produisent un revenu d'environ 3 milliards : toutes les essences y sont représentées (1) ; et elles fournissent à la fois les bois de construction, d'ébénisterie, les résines, les écorces à tan, etc.

Les *pâturages* et les *prairies* des États-Unis nourrissent toutes nos races domestiques : les *bœufs* (plus de 53 millions de têtes dans le Texas, les États du nord-est et du centre), et les *chevaux* (16 millions, surtout dans le centre), y sont beaucoup plus nombreux qu'en Angleterre, par rapport au chiffre de la population : le dernier recensement comptait,

---

(1) On estime à 320 milliards le nombre des pieds de sapin qui existent sur le territoire de l'Union.

dans les États de l'Union sur lesquels on a pu réunir des données précises, 44 millions de *moutons* répartis entre la région des montagnes Rocheuses et celle du haut Mississipi. Le nombre des *porcs* dépasse 50 millions; on les élève surtout dans les États du centre. Chicago, qui possède d'immenses parcs à bestiaux, est le principal siège de l'industrie des salaisons; Cincinnati vient ensuite.

L'agriculture des États-Unis a sur celle de l'Europe une supériorité, celle de la jeunesse. Le sol est neuf : il ne réclame pas les engrais nécessaires à nos champs épuisés par de longs siècles de production non interrompue. Bien des régions fertiles sont encore inexploitées; aussi le prix de la terre est peu élevé, et le cultivateur qui peut choisir n'entreprend une culture que là où elle rencontre les conditions les plus favorables. Enfin, l'étendue des propriétés permet l'emploi des procédés mécaniques qui représentent une grande économie de main-d'œuvre, et qu'il est si difficile d'appliquer à nos exploitations morcelées. Ajoutons que la superficie cultivable de l'Europe n'est guère supérieure à celle des États-Unis, en admettant qu'un tiers du sol américain soit impropre à la culture. Ces avantages disparaîtront sans doute avec le temps, mais combien faudra-t-il d'années pour que la vieille agriculture européenne puisse lutter à armes égales contre sa jeune rivale?

Statistique de la production minérale. — Houille. — Les richesses minérales des États-Unis sont immenses. Deux *régions carbonifères*, d'une superficie de 500 000 kilom. carrés, s'étendent sur les deux versants du plateau des Alleghanys, et comprennent toute la Pensylvanie, l'Ohio, l'Indiana, l'Illinois, le Missouri, l'Iowa, le Kentucky, le Tennessee, l'Alabama, la Virginie. La houille est également exploitée dans le versant de l'océan Pacifique. La production atteint 200 millions de tonnes.

Pétrole. — Les sources de *pétrole* (Pensylvanie, New-York, Ohio, Kentucky, Virginie), exploitées par plus de 500 compagnies, avaient produit dans la seule Pensylvanie et dans l'État de New-York, plus de 6 500 000 tonnes.

Fer. — Les mines les plus riches sont celles de la Pensylvanie et du Missouri. La production de la fonte était en 1899, aux États-Unis, de plus de 11 millions de tonnes.

Cuivre. — Les mines de cuivre du lac Supérieur (*Michi-*

gan), celles du Montana, de l'Arizona, du Texas et de la
Californie produisent au moins 100000 tonnes de minerais.

Autres métaux et minéraux. — Le Missouri, le Colorado, et un grand nombre des États de l'ouest renferment
des gisements de plomb, de zinc et d'étain : la Californie exploite des mines de mercure : enfin les granits, les marbres,
le kaolin, le salpêtre, les mines de sel gemme, les sources
salines, abondent dans le nord et dans l'ouest.

Métaux précieux. — La production annuelle de l'or
était évaluée en moyenne, de 1877 à 1881, à 65000 kilogrammes pour la région californienne, le Colorado, le Dakota, l'Idaho et le Montana ; elle n'est plus aujourd'hui que
de 54000 kilogrammes ; celle de l'argent dépasse 1870000
kilogrammes, surtout dans la Sierra Nevada.

Production manufacturière. — L'agriculture,
l'exploitation des mines et le commerce maritime, ont
absorbé longtemps toutes les forces des États-Unis, et c'est à
peine depuis un demi-siècle que la grande industrie a conquis droit de cité. Tout en favorisait le développement :
abondance du combustible et des matières premières, puissance des forces motrices hydrauliques, facilité des communications ; mais les bras manquaient, et c'est à cette insuffisance
de la population ouvrière que les Américains ont dû en partie
leur merveilleux génie mécanique et les applications si générales et si variées de la vapeur et de l'électricité à tous
les usages industriels (plus de 4 millions de chevaux-vapeur
et de 80000 roues hydrauliques). Du reste, les industries
de première nécessité ont été longtemps les seules qui aient
pris un grand essor : produire beaucoup et à bon marché,
malgré la cherté de la main-d'œuvre, telle est la préoccupa-
tion dominante à laquelle les Américains du nord sacrifient
volontiers la perfection du travail. Depuis un petit nombre
d'années, ils ont essayé d'appliquer les mêmes procédés à
certaines industries de luxe ou qui ont la prétention de passer
pour telles. Les montres, les bijoux, les fleurs artificielles
se font à la machine comme une roue de locomotive ou
une maison de bois. Si les produits de ces tours de force ont
peu de chances d'attirer la clientèle riche et intelligente, ne
suffisent-ils pas à la masse des consommateurs en Europe
aussi bien qu'aux Etats-Unis ?

Presque toutes les grandes industries des Etats-Unis sont

filles du sol et trouvent à portée leur matière première. Telles
sont les **minoteries** et les **distilleries** d'alcool de maïs de
Chicago, de *Cincinnati*, de *Milwaukee*, etc. ; les **scieries
mécaniques** de l'*Ohio*, du *Michigan*, du *Vermont*, de la
Pensylvanie, de la *Californie*, de *Chicago* (Illinois), de *New-
York* ; les **salaisons et conserves** de *Cincinnati*, de *Chicago*,
de *Buffalo* (New-York) ; les **brasseries** de la *Pensylvanie*, de
New-York et de l'*Ohio* ; les manufactures de **tabacs** de la
Nouvelle-Orléans, de *Key-West* (Floride), de *Cincinnati*, etc. ;
les **tanneries** et les manufactures de chaussures de *Boston* ;
les manufactures de **coton** de *Boston*, de *Lawrence* et de
Lowell (Massachusetts), sur le Merrimac, le Manchester américain, de *Providence*, etc. (plus de 15 millions de broches et
285 000 métiers en 1889 dans toute l'Union) ; les **lainages**
de New-York, du New-Jersey (*Newark*), de la Pensylvanie,
du Massachusetts (consommation de 120 millions de kilogrammes de laine) ; les **industries métallurgiques** de
Pittsbourg, le Birmingham et le Sheffield américain, de
Cincinnati, de *New-York*, de *Philadelphie*, de *Saint-Louis*, de
Milwaukee (Wisconsin), de *Boston*. Mais les États-Unis ont
l'ambition de le disputer à l'Europe, même pour les industries de luxe auxquelles ils semblent moins préparés.
L'*ébénisterie*, les *papiers peints*, les *bronzes d'art*, les *bro-
deries*, les *fleurs artificielles* de New-York, les **soieries** de
Paterson, de New-York et de Philadelphie, les *faïences* de
Trenton et de Baltimore, l'**orfèvrerie** de Providence,
l'**horlogerie**, la *verrerie d'art* et les *intruments de musique*
de Boston, s'ils imitent volontiers les modèles européens, se
distinguent du moins par l'économie et l'originalité des procédés de fabrication.

Les *constructions maritimes* sont assez actives dans tous les
grands ports, dans les villes situées sur les lacs, à Pittsbourg,
sur l'Ohio, à Saint-Louis, sur le Mississipi ; mais elles sont
loin d'égaler les chantiers de l'Angleterre.

L'industrie des États-Unis, maîtresse du marché national
par des tarifs douaniers plus que protecteurs qui excluent ou
qui restreignent l'importation, fait déjà concurrence sur certains marchés de l'Extrême-Orient et des deux Amériques à
l'industrie européenne. Elle ne l'égale pas encore par la
qualité des produits ; elle la surpasse peut-être par la variété
de l'outillage, par l'esprit d'invention et par la hardiesse de
ses entreprises. L'Europe ne peut pas se passer des États-

Unis, et dans un avenir prochain ils pourront se passer de l'Europe.

Principaux ports, navigation maritime. — 1° La région de l'ouest, baignée par l'océan Pacifique, n'a qu'un port de premier ordre, **San Francisco**, le centre des relations avec la Chine, le Japon, l'Océanie, les côtes occidentales de l'Amérique; le New-York du Pacifique, la tête de tous les chemins de fer transcontinentaux des États-Unis, village de 450 habitants il y a cinquante ans, la septième ville des États-Unis (plus de 300 000 habitants), qui a dû sa prospérité aux mines d'or.

Située sur une baie intérieure sans rivale dans les deux Amériques, à l'embouchure du Rio Sacramento et du Rio San Joaquin, San Francisco est aujourd'hui une des villes les plus riches, les mieux construites et les plus actives de l'Union. Le mouvement de la navigation dépasse 2 300 000 tonneaux.

L'ensemble du commerce de tous les autres ports du Pacifique : *Monterey*, *San Pedro de los Angeles* (Californie), *Astoria* et *Portland* sur l'Orégon (Orégon), *Olympia* (Washington), *Sacramento*, port fluvial sur le Rio Sacramento, est loin d'atteindre le mouvement de San Francisco.

2° Sur l'Atlantique quatre grands ports centralisent presque tout le commerce extérieur des *États du Nord* :

Portland (Maine) est rattaché par une ligne régulière à Liverpool et à Glasgow.

Boston (Massachusetts), centre du commerce avec le Canada; l'un des débouchés des céréales de l'ouest, des viandes, du bétail vivant, du poisson salé, des cuirs, etc., est situé sur une presqu'île rattachée au continent par un isthme étroit; son port, protégé par des îles rocheuses, est assez profond pour que les plus grands navires puissent, même à marée basse, s'amarrer aux quais. Ceux-ci sont construits sur pilotis et présentent un développement de 20 kilomètres. Boston, l'une des plus anciennes villes des États-Unis, se flatte d'être une ville savante en même temps qu'un grand centre de commerce et d'industrie. Son Université d'Harvard est la plus célèbre de l'Union.

New-York, à 28 kilomètres de l'Océan, sur l'Hudson (62 000 hab. en 1800, 3 437 000 hab. en 1900 avec la ville de *Brooklyn*), *Jersey-City* (150 000 habitants), *Long-Island*, *Hoboken*, véritables faubourgs de New-York), est

rattaché par des services réguliers de vapeurs à tous les ports
des deux Amériques ; à l'Europe, par les lignes américaines
ou européennes qui aboutissent à Liverpool, à Glasgow, à
Southampton, au Havre, à Anvers, à Brême, à Hambourg,
à Marseille, etc. Son mouvement commercial dépasse 5 milliards ; son mouvement maritime, y compris le cabotage,
est de plus de 15 millions de tonneaux ; c'est le premier port
des États-Unis.

La cité impériale (*Imperial city*), comme l'appellent les

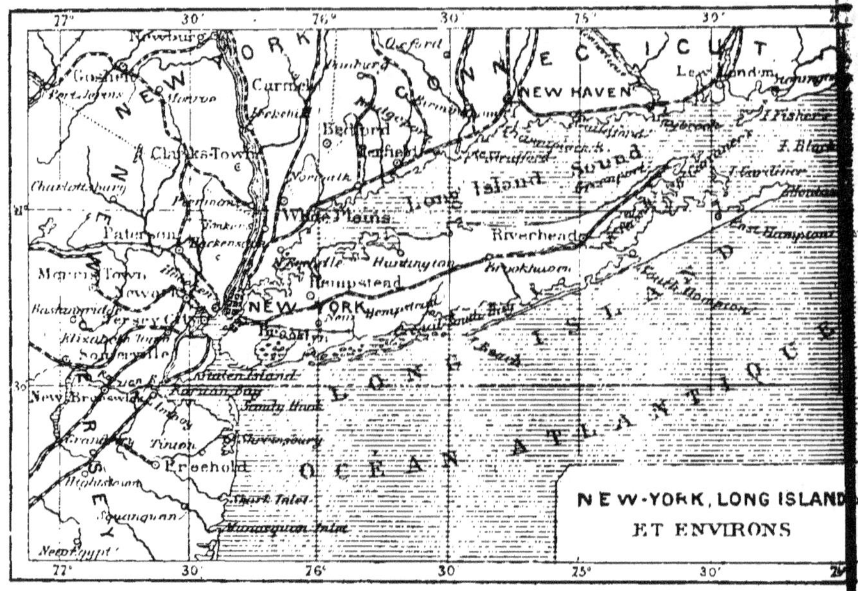

Carte XI.

Américains, ne date pas de trois siècles. Ce fut en 1612 que
quelques Hollandais vinrent s'établir, à l'embouchure de
l'Hudson, dans l'île de Manhattan, alors couverte de forêts,
et y bâtirent un fort qui prit le nom de Nouvelle-Amsterdam,
remplacé plus tard par celui de New-York quand les Anglais
se furent emparés de la colonie hollandaise. Son admirable
situation, la profondeur et la sûreté de son port en firent
rapidement une des villes les plus importantes de l'Union :
cependant elle n'avait encore que 25 000 habitants en 1786,
et la plupart des maisons étaient construites en bois. New-
York a grandi en un siècle plus qu'aucune de nos capitales
européennes depuis le commencement des temps modernes.

Ses rues larges et régulières, éclairées par l'électricité, bordées de maisons magnifiques, sillonnées par des lignes de tramways et de chemins de fer aériens, ses magasins gigantesques, ses douze parcs dont le plus grand (Central-Park) est presque aussi vaste que le bois de Boulogne, l'étendue et le prodigieux mouvement de son port, l'activité de son industrie, ses théâtres, ses musées, ses bibliothèques, ses établissements d'instruction en font la véritable capitale des Etats-Unis : ses faubourgs, Jersey-City, sur la rive droite de l'Hudson, Brooklyn, de l'autre côté d'un bras de mer (la Rivière de l'est) qui sépare l'île de Manhattan de Long-Island et que franchit un pont suspendu à double étage élevé de 25 mètres au-dessus du niveau des plus hautes marées et long de 900 mètres, sont eux-mêmes des villes qui grandissent tous les jours. La population de l'agglomération new-yorkaise dépasse de beaucoup celle de Paris et ne le cède qu'à celle de Londres.

Philadelphie, sur la Delaware, à 213 kilomètres de l'Océan, est par sa population la troisième ville de l'Union (1 294 000 habitants), la première par son industrie, l'une des premières par son commerce (céréales, huiles de pétrole, bois, etc.). Fondée en 1681 par William Penn, qui colonisa la Pensylvanie, elle fut en 1776 le siège du Congrès qui proclama l'indépendance des colonies anglaises de l'Amérique du Nord et resta jusqu'en 1810 la ville la plus peuplée de l'Union. La largeur de ses rues, la régularité de ses maisons bâties en briques et décorées de marbre blanc, ses nombreux monuments d'une architecture un peu lourde, lui donnent ce caractère de monotonie correcte si fréquent chez les villes américaines.

3° Les principaux débouchés du commerce de l'Atlantique, dans les *Etats du Sud,* sont :

Baltimore (Maryland), sur la baie de Chesapeake, le grand marché des farines et des tabacs; ville régulière, propre et monotone comme Philadelphie;

Wilmington, dans la Caroline du Nord;

Charleston (Caroline du Sud), dont le commerce a été atteint par les conséquences de l'insurrection des Etats du Sud, dont elle avait donné le signal; c'est encore un des marchés du coton;

Savannah (Géorgie).

4° Sur les côtes du golfe du Mexique, trois ports d'une importance inégale attirent à eux presque tout le commerce de la région méridionale et de la vallée du Mississipi ; ce sont :

Mobile (Alabama), à l'embouchure de la Mobile et de l'Alabama, un des marchés du coton ;

La **Nouvelle-Orléans** (Louisiane), fondée par les Français en 1717, et située dans le delta marécageux du Mississipi, à 130 kil. de la mer, entre le fleuve et le lac Pontchartrain. Elle s'étend en demi-cercle sur les deux rives du Mississipi, ce qui lui a valu le surnom de Cité du Croissant (*Crescent city*). Entrepôt des cotons, des sucres, des tabacs, des céréales, des viandes salées, que lui amènent un vaste réseau de chemins de fer et le système du Mississipi, c'est la capitale commerciale et le principal centre politique du groupe méridional de la Confédération ; cependant **Galveston** (Texas), tête de ligne des chemins de fer et des voies navigables du Texas, marché du coton, des céréales et du bétail, est dans une situation presque aussi favorable et moins insalubre.

Le mouvement total des ports des États-Unis dépasse actuellement plus de 40 millions de tonneaux ; mais il importe de remarquer que les Américains n'y entrent que pour une faible part ; le premier rang appartient à l'Angleterre.

New-York, le premier port de l'Union américaine, n'est inférieur qu'à Londres, Liverpool et Hambourg.

Communications intérieures. Voies navigables. — Les voies navigables des États-Unis peuvent se ramener à deux grands systèmes, celui des grands lacs et celui du Mississipi.

1° Le **système des lacs** *Supérieur, Huron, Michigan, Érié, Ontario,* appartient en partie au Canada (rive septentrionale), en partie aux États-Unis (rive méridionale).

Rochester et *Oswego* (New-York), sur le lac Ontario ; *Buffalo* (New-York), *Érié* (Pensylvanie), *Cleveland* (Ohio), *Toledo* (Ohio), sur le lac Érié ; *Détroit,* sur le lac Saint-Clair (Michigan) ; *Milwaukee* (Wisconsin), sur le lac Michigan, grands marchés de farines, de grains, de bestiaux, etc. ; *Sault-Sainte-Marie,* à l'entrée du lac Supérieur, et *Duluth,* à l'extrémité occidentale de ce lac, figurent parmi les grandes cités commerçantes de l'Union.

Mais la reine des lacs, l'entrepôt du commerce des grains et des salaisons, la rivale continentale de New-York, c'est cette ville de **Chicago** qui n'était en 1830 qu'un fort perdu au milieu des marécages, qui comptait, en 1837, 4 000 habitants, en 1855, 80 000, en 1880, 510 000 et, en 1900, 1 699 000.

Située sur la rive méridionale du lac Michigan, communiquant par les grands lacs et le Saint-Laurent avec l'Atlantique, par le canal de l'Illinois avec le Mississipi, par ses quinze lignes de chemins de fer avec tout le territoire de l'Union et le Canada, Chicago est la capitale de la région centrale des Etats-Unis. Ses élévateurs emmagasinent chaque année plus de 80 millions de boisseaux de céréales, ses abattoirs peuvent recevoir en même temps 25 000 bœufs, 22 000 moutons et 100 000 porcs, et le luxe de cette ville improvisée égale son activité industrielle et commerciale.

2° **Le système du Mississipi,** qui compte avec ses affluents un développement de 25 000 kilomètres navigables, a pour débouché la Nouvelle-Orléans; pour principales stations sur le fleuve : *Wiksbourg* (Mississipi), *Memphis* (Tennessee), *Cairo* (Illinois), au confluent de l'Ohio, *Davenport* (Iowa), *Saint-Paul* et *Minneapolis* (Minnesota), et pour centre **Saint-Louis,** ville d'origine française (Missouri), le point de départ des routes vers la Californie, et de la navigation du Missouri, la rivale de Chicago dont elle est loin d'égaler, malgré son admirable situation, la population et le commerce. Les principaux affluents navigables du Mississipi sont : à droite, la *Rivière Rouge,* l'*Arkansas,* le *Missouri*; à gauche, l'*Illinois* et l'*Ohio,* avec ses ports florissants de *Louisville* (Kentucky), de *Cincinnati* (Ohio), de *Pittsbourg* (Pensylvanie).

Plus de 8 000 kilomètres de canaux complètent ce vaste système de navigation intérieure et réunissent les grands lacs à l'Atlantique, par New-York et par Philadelphie, au Mississipi par l'Ohio et par l'Illinois. Cependant la batellerie des Etats-Unis, à qui les glaces imposent sur une grande partie du réseau navigable quatre ou cinq mois de chômage, lutte péniblement contre la concurrence des voies ferrées, et son tonnage reste stationnaire depuis dix ans.

Routes de terre. — Les routes les plus intéressantes sont celles qui rattachent le versant de l'Atlantique à celui du Pacifique, par le Mexique et la Californie. **Saint-Louis** est le centre du réseau : c'est de là que part la route de poste de San-Francisco, par la vallée de la Nébraska, et celle de Mexico, par le Kansas et le Nouveau-Mexique ; mais les lignes de chemins de fer ont enlevé à ces routes toute leur importance comme grandes voies commerciales.

Chemins de fer. — Le réseau des chemins de fer de l'Union compte aujourd'hui 290 000 kilomètres exploités, et rattache entre eux tous les centres considérables.

Les grands ports, Boston, New-York, Philadelphie, Baltimore, la Nouvelle-Orléans, San-Francisco, et dans l'intérieur les villes de Chicago et de Saint-Louis, sont les principaux points d'où rayonnent les voies ferrées.

Cinq lignes franchissent les Montagnes Rocheuses, celle du *Nord Pacifique*, de New-York à Olympia par Chicago ; celle du *Central Pacifique*, inaugurée en 1869, de New-York à San-Francisco par Chicago (5 600 kilomètres) ; la ligne qui passe à Saint-Louis se bifurque avant d'arriver aux Montagnes Rocheuses pour aboutir d'un côté à *los Angeles* (Californie) par Santa-Fé (Nouveau-Mexique), de l'autre au grand lac Salé et à *Ogden* (Utah), puis à *San-Francisco* ; enfin le *Sud Pacifique*, de la Nouvelle-Orléans à los Angeles par le Texas, le Nouveau-Mexique et la Californie méridionale. Ces lignes sont d'une médiocre importance pour le transit à travers le continent des marchandises venant de l'Asie ou de l'Océanie ; mais, si on réussit à ouvrir un canal interocéanique, elles lui feront pour les produits américains une redoutable concurrence. Le réseau des Etats-Unis est six fois et demi plus étendu que celui de la France : il ne transporte cependant que le double de voyageurs et le quadruple de marchandises. Les chemins de fer ont devancé les besoins du commerce, et la construction s'en est ressentie. On s'est préoccupé du bon marché et de la rapidité d'exécution beaucoup plus que des conditions de sécurité et de durée.

Lignes télégraphiques. — Un réseau télégraphique, desservi par plusieurs compagnies, sillonne tout le territoire et mesure plus de 350 000 kilomètres auxquels il faut ajouter les télégraphes des chemins de fer, ceux de l'Etat et ceux des particuliers. Dix câbles transatlantiques établissent entre les Etats-Unis et l'Europe une communication instantanée. Enfin les lignes téléphoniques ont un développement de plus de 450 000 kilomètres.

Commerce extérieur. — Le commerce extérieur des Etats-Unis, qui sous l'influence de la guerre civile s'était abaissé, en 1864, à 3 milliards, s'élevait, en 1860, à 4 milliards, sans y comprendre le numéraire et les métaux précieux, et à 4 milliards 380 millions, numéraire compris. Il s'est maintenu dans les dernières années entre 7 et 8 milliards.

D'après les statistiques américaines, l'*Angleterre* figure au premier rang pour plus de 3 milliards dont 900 millions à l'importation aux États-Unis; l'*Allemagne* pour 760 millions; la *France* pour 700 millions; l'*Amérique du Nord* anglaise pour près de 400; le *Brésil* pour 350; *Cuba* et *Porto-Rico* pour plus de 340; la *Chine* et le *Japon* pour plus de 230; les *Indes orientales anglaises* et l'*Australie* pour 200; les *Pays-Bas*, la *Belgique*, le *Mexique* pour 160 à 175 millions chacun; l'*Italie* pour 150.

Exportation. — Les exportations s'élèvent en moyenne à près de 4 milliards : les *cotons* y figurent pour une valeur de 1 180 millions.

Puis viennent les *grains*, les *farines* et les *riz* 650 millions); la *viande*, le *beurre* et le *fromage*, et les *animaux vivants* (600 millions); le *pétrole* (250 millions); les *fers* et les *cuivres* (145 millions); les *bois* exportés par New-York, Boston, Charleston, le *tabac* brut, les *peaux* et *fourrures*, etc. L'exportation des métaux précieux oscille entre 250 et 400 millions.

Les *objets manufacturés,* dont la valeur à l'exportation ne dépasse pas 560 millions, se bornent aux tissus de coton vendus en Chine, au Japon et dans l'Amérique du Sud; aux métaux travaillés, aux machines, aux mécaniques, à l'horlogerie, que les États-Unis expédient au monde entier.

Parmi ces divers produits, ceux qui représentent la presque totalité des échanges de la France avec les États-Unis sont les cotons, les céréales, les viandes fraîches ou salées, les huiles de pétrole, les tabacs, les bois et les métaux bruts ou travaillés (300 à 340 millions).

Importation. — La moyenne annuelle de l'*importation* s'est élevée dans les dernières années à plus de 3 600 millions.

Les *tissus de coton*, de lin et de laine, fournis par l'Angleterre, l'Allemagne, la Belgique, la France; les *soieries* françaises et belges représentaient une valeur d'environ 640 millions.

Les *sucres* du Brésil, des Antilles, etc..., venaient au second rang pour une valeur de 480 millions.

Viennent ensuite les cafés de l'Amérique du Sud et des Indes; les métaux travaillés de l'Angleterre et de l'Allemagne;

les produits chimiques; les peaux, les soies et les laines
brutes; le caoutchouc; la bijouterie; les ouvrages en bois et
en cuir; les thés de la Chine et du Japon; le tabac; la verrerie
belge, anglaise et française, la poterie d'Angleterre et de
France; les fruits frais ou conservés d'Espagne, de France et
de Turquie; les vins français et espagnols. Nos soieries, nos
lainages, nos ouvrages en peau et en cuir, nos vins, notre
verrerie et nos articles parisiens sont les principaux objets
de notre exportation qui varie de 250 à 280 millions.

Régime douanier. — Si le commerce et l'industrie
jouissent à l'intérieur de la plus complète liberté, il n'en est
pas de même des relations internationales. La Confédération
maintient des tarifs très élevés qui pèsent sur la plupart des
produits étrangers : tissus, spiritueux, fer en barres ou tra-
vaillé, ouvrages en peau et en cuir, etc... Ces tarifs ont
surtout pour but de protéger l'industrie nationale et de
fermer les marchés des Etats-Unis aux importations étrangères : la froideur avec laquelle la république américaine a
accueilli jusqu'ici les avances des Etats européens, qui ont
essayé d'obtenir des conditions plus favorables, laisse peu
d'espoir qu'elle se décide à atténuer les rigueurs de sa politique commerciale.

Les Etats-Unis sont un des plus vastes empires du monde
et déjà un des plus puissants, bien qu'ils datent d'hier et
qu'un tiers à peine de leur territoire soit exploité : sans
doute ils n'ont pas l'homogénéité de quelques-unes des
nations européennes : entre le planteur du sud, le fermier
du centre, le négociant et le manufacturier du nord-est, il y
a peu de sentiments et d'intérêts communs, et les Montagnes
Rocheuses seront toujours, malgré les chemins de fer, une
barrière entre les Etats du Pacifique et le reste de l'Union.
La république américaine n'échappera pas aux questions
sociales qui troublent et qui désorganisent la vieille Europe,
et elle aura, de plus, à résoudre les redoutables problèmes
qu'a soulevés l'émancipation des noirs du sud et leur admis-
sion aux droits de citoyens; mais, unis ou séparés, chacun des
groupes qui la composent sera, dans un siècle, l'égal, par la
richesse, par la civilisation et par le nombre des habitants,
des grands Etats européens; l'axe du monde civilisé sera
déplacé, et l'Amérique disputera à l'Europe la suprématie
matérielle et peut-être l'influence intellectuelle que celle-ci
exerce encore aujourd'hui.

Poids. Mesures et monnaies. — Les poids et
mesures aux États-Unis sont les mêmes qu'en Angleterre :
mais le système métrique est facultatif depuis 1866.

L'unité monétaire est le dollar (5 fr. 20 à 40 c.).

Il existe une monnaie de papier qui est aujourd'hui au
pair avec la monnaie métallique.

RÉSUMÉ

Région centrale.

Les États-Unis (superficie : 9 300 000 kilomètres carrés), formés par les anciennes colonies anglaises, indépendantes depuis
1776, et agrandis depuis cette époque par l'acquisition de la
Louisiane, de la Floride, du Texas et de la Californie, sont situés
entre l'Atlantique à l'est, le golfe du Mexique et le Mexique au
sud, l'océan Pacifique à l'ouest, l'Amérique anglaise au nord.
Ils forment une république fédérale, comprenant 44 États et
6 territoires et gouvernée par un président élu pour quatre ans,
et par un congrès composé d'un sénat et d'une chambre des
représentants.

Les États-Unis sont divisés par les *montagnes Rocheuses* et
les *Alléghanys* en trois versants : celui de l'océan Pacifique,
celui de l'océan Atlantique et celui du golfe du Mexique.

1° Le versant de l'océan Pacifique (région de l'ouest. États
de *Washington*, d'*Idaho*, d'*Orégon*, de *Californie*, de *Nevada*,
territoires d'*Alaska*, d'*Utah*, d'*Arizona*) est formé de plateaux
dominés par les montagnes Rocheuses, et arrosés par l'*Orégon*,
le *Rio-Sacramento*, le *Rio-Colorado* :

2° Le versant de l'Atlantique et du golfe du Mexique comprend, au nord-est, les *États du Maine, New-Hampshire, Massachusetts, Vermont, Connecticut, New-York, Rhode-Island,
New-Jersey, Pensylvanie, Delaware.* Les principaux fleuves
sont : l'*Hudson*, la *Delaware* et la *Susquehannah*.

Au centre, au delà des monts *Alléghanys*, et au sud des
grands lacs *Supérieur, Michigan* et *Érié*, sont situés les États
de *Kentucky, Ohio, Indiana, Michigan, Wisconsin, Illinois
Minnesota, Dakota* nord et sud, *Montana, Wyoming, Nebraska,
Iowa, Missouri, Kansas* : c'est le bassin supérieur et moyen du
Mississipi et de ses affluents dont les principaux sont, à gauche,
l'*Illinois* et l'*Ohio*; à droite, le *Missouri*, grossi de la *Nebraska*
et du *Kansas* ;

Au sud, les États de *Virginie orientale et occidentale, Maryland, Caroline du Nord, Caroline du Sud, Géorgie, Floride,
Alabama, Tennessée, Mississipi, Louisiane, Arkansas, Texas*,
le territoire du *Nouveau-Mexique*, de l'*Oklahoma* et le territoire

Indien, sont arrosés par le *Rio-del-Norte*, le *Rio-Colorado* du Texas, le *Mississipi* inférieur, avec ses grands affluents (*Arkansas* et *Rivière Rouge*), l'*Alabama*, tributaires du golfe du Mexique; la *Rivière James*, le *Potomac*, etc..., tributaires de l'Atlantique.

La population est de 76 295 000 habitants, en majorité protestants, dont 280 000 Indiens et 7 millions de nègres ou de mulâtres; le reste d'origine européenne (Anglais, Irlandais, Allemands, Français, et 100 000 Chinois).

La résidence du gouvernement fédéral est *Washington* (230 000 hab.), sur le Potomac.

Les principaux ports sont : sur l'océan Atlantique, du nord au sud, *Boston*, capitale du Massachusetts (450 000 habitants); *Providence*, dans le Rhode-Island; New-York (3 437 000 habitants avec ses annexes *Brooklyn*, *Jersey-City*, etc.), à l'embouchure de l'Hudson; *Philadelphie*, sur le Delaware (1 294 000 habitants), dans la Pensylvanie; *Baltimore* (500 000 habitants), dans le Maryland; *Charleston*, dans la Caroline du Sud; *Savannah*, dans la Géorgie;

Sur le golfe du Mexique, *Mobile*, dans l'Alabama; la *Nouvelle-Orléans* (250 000 habitants), à l'embouchure du Mississipi; *Galveston*, dans le Texas;

Sur l'océan Pacifique, *San-Francisco*, à l'embouchure du Sacramento (300 000 habitants);

Sur les grands lacs, *Chicago* (1 699 000 habitants, Illinois); *Milwaukee* (240 000 habitants, Wisconsin), sur le lac Michigan; *Détroit*, à l'entrée du lac Saint-Clair (197 000 habitants, Michigan); *Cleveland* (248 000 habitants, Ohio); et *Buffalo* (250 000 habitants, New-York), sur le lac Erié.

Les ports fluviaux sont : *Saint-Louis* (Missouri, 576 000 habitants), sur le Mississipi; *Pittsbourg* (Pensylvanie, 250 000 habitants); *Cincinnati* (306 000 habitants, Ohio); *Louisville* (Kentucky), sur l'Ohio; *Richmond*, capitale de la Virginie, sur la rivière James; *Sacramento*, capitale de la Californie, sur le Sacramento.

Les Etats-Unis produisent, dans le sud, le *coton* (plus de 10 millions de balles en Géorgie, Caroline, Louisiane, Alabama, Mississipi, etc.), le maïs (Texas, Arkansas, etc.), le tabac (Maryland, Louisiane), la canne à sucre (delta du Mississipi); dans le centre et le nord, le maïs, le froment et autres céréales (Illinois, Minnesota, Michigan, Iowa, Dakota, etc.), le tabac (Kentucky, Ohio); dans l'ouest, les céréales, la vigne, les arbres fruitiers (Californie). La production totale des céréales atteint 1 200 millions d'hectolitres, celle du tabac 250 millions de kilogrammes. Les pâturages de la Californie, du Texas et des Etats du nord-est et du centre nourrissent 53 millions de bœufs, 44 millions de moutons et 50 millions de porcs : les chevaux sont au nombre de près de 16 millions.

Les forêts produisent un revenu de 3 milliards.

L'or et l'argent sont exploités dans la région des montagnes Rocheuses (Californie, Nevada, Colorado, etc.), le cuivre, le fer, le plomb dans les Etats du nord et de l'ouest, le mercure en Californie, la houille (200 millions de tonnes) dans le centre et dans l'est, le pétrole en Pensylvanie.

L'industrie manufacturière, protégée par l'élévation des tarifs douaniers, a pris, surtout dans les Etats du nord et de l'est, un développement toujours croissant. Les grands centres industriels sont *New-York*, où toutes les industries sont représentées, *Philadelphie* (lainages, soieries, machines), *Boston* (tanneries, horlogerie, industries textiles et mécaniques), *Lowell* (cotonnades), *Pittsbourg* (industries métallurgiques), *Chicago et Cincinnati* (minoteries, distilleries, salaisons), *Providence* (orfèvrerie).

Les industries textiles et métallurgiques peuvent lutter avec celles de l'Europe, et les industries de luxe ont fait de sensibles progrès.

Le développement des chemins de fer (290 000 kilomètres exploités) ne laisse aux routes de terre qu'une médiocre importance. Cinq lignes de chemins de fer franchissent les montagnes Rocheuses (Nord Pacifique, Central Pacifique, 5 600 kilomètres de New-York à San-Francisco, lignes de Saint-Louis à San-Francisco et à los Angeles, et Sud-Pacifique de la Nouvelle-Orléans à los Angeles).

La navigation intérieure, grâce au système des grands lacs, dont Chicago est le principal port, à celui du Mississipi et de ses affluents et à un réseau de canaux de 8000 kilomètres qui réunit les grands lacs aux ports de l'Atlantique et au Mississipi, rivalise avec les chemins de fer, mais les glaces l'arrêtent pendant 4 ou 5 mois dans toute la région septentrionale.

Le mouvement de la navigation maritime, sans compter le cabotage, est de plus de 40 millions de tonneaux, et la marine marchande comprend plus de 24000 navires dont beaucoup à vapeur.

Le commerce extérieur des Etats-Unis est d'environ 4 milliards à l'exportation (cotons, grains et farines, viande, beurre et fromages, pétrole, métaux précieux, bois, tabacs). Les produits manufacturés figurent pour 550 à 560 millions. L'importation, qui consiste surtout en produits manufacturés européens, sucres et cafés de l'Amérique du Sud et des Antilles, thés et soies de Chine et du Japon, vins de France et d'Espagne, s'élève à plus de 3 milliards 600 millions. La France importe aux Etats-Unis 250 millions environ de vins, de soieries et autres produits fabriqués. Elle exporte pour 300 à 340 millions de cotons, de céréales, de pétrole, etc.

Les Etats-Unis, qui dominent le Nouveau Monde, sont appelés à jouer, même dans l'ancien, un rôle de plus en plus important,

Exercices.

Carte physique des Etats-Unis.
Carte politique des Etats-Unis en 1783 et en 1891.
Carte des principaux gisements de métaux précieux, de houille et de pétrole.
Carte agricole des Etats-Unis.

Lectures.

Lanier. *Choix de lectures géographiques.* Amérique.
E. Reclus. *Géographie universelle*, t. XVI.
C. Jannet. *Les Etats-Unis contemporains.* 2 vol. in-18.
X. Marmier. *Lettres sur l'Amérique.* 2 vol. in-18.
Simonin. *A travers les Etats-Unis.* 1 vol. in-18.
De Molinari. *Lettres sur les Etats-Unis et le Canada.* 1 vol. in-16.

CHAPITRE III

(Région méridionale).

Mexique, Amérique centrale, Antilles

I

MEXIQUE.

Bornes. — Le **Mexique** (1 987 000 kilomètres carrés) est borné au nord par les Etats-Unis, dont il est séparé par le *Rio-del-Norte*, à l'est par le *golfe du Mexique* et le canal de *Yucatan*, au sud par l'Amérique centrale, à l'ouest par l'océan Pacifique, qui forme, entre le continent et la presqu'île de *vieille Californie*, la *mer Vermeille* ou golfe de *Californie*.

Notions historiques. — Le Mexique était un pays civilisé avant la découverte de l'Amérique. Les *Toltèques* et les *Aztèques* ont laissé des monuments gigantesques (ruines de *Tula*, à 20 lieues au nord de Mexico, de *Comalcalco*, dans la province de Tabasco, de *Palenqué*, dans celle de Chiapas) et avaient organisé des empires puissants. Le dernier souverain national fut renversé en 1521 par l'Espagnol Fernand Cortez, et le Mexique devint une possession de l'Espagne. Il se souleva contre la métropole en 1810 et réussit à conquérir son indépendance en 1821. Une tentative provoquée par la France, pour faire de la république mexicaine un empire gouverné par un archiduc autrichien, n'a abouti après quatre ans d'une guerre sanglante (1863-67) qu'à la retraite des troupes françaises et à la mort tragique du nouvel empereur.

Géographie politique. — Le Mexique est aujour-

Fig. 28. — L'aqueduc de Chapaltepec, près de Mexico.

d'hui une république fédérale divisée en 27 États et deux territoires (Basse-Californie et Tepic) (1), et dont la constitution

(1) Les 27 États sont au NORD : 1° *Sonora*, v. pr. Guaymas, sur le Pacifique; 2° *Chihuahua*; 3° *Coahuila*, cap. Saltillo; 4° *Nouveau-Léon*, cap. Monterey.

A l'EST, sur le golfe du Mexique : 5° *Tamaulipas*; 6° *Vera-Cruz*; 7° *Tabasco*; 8° *Campêche*; 9° *Yucatan*.

Au SUD : 10° *Chiapas*; 11° *Oaxaca*; 12° *Guerrero* (nom d'un des libérateurs du Mexique, fusillé en 1831).

A l'OUEST, sur le Pacifique : 13° *Michoacan*, cap. Morelia; 14° *Colima*; 15° *Jalisco*, cap. Guadalajara; 16° *Sinaloa*.

Au CENTRE : 17° *Durango*; 18° *Zacatecas*; 19° *San-Luis Potosi*; 20° *Aguas calientes*; 21° *Guanajuato*; 22° *Queretaro*; 23° *Hidalgo* (nom d'un curé mexicain qui fut un des premiers chefs de l'insurrection contre l'Espagne, 1811); 24° *Tlascala*; 25° *Puebla*; 26° *Morelos* (nom d'un des chefs de l'insurrection mexicaine, 1812); 27° *Mexico*.

reproduit à peu près celle des Etats-Unis. Le Congrès se compose également d'un sénat élu pour quatre ans (2 sénateurs par Etat) et d'une chambre élue pour deux ans. Le président est nommé pour quatre ans.

La capitale est **Mexico** (340 000 hab.), située à 2 300 mètres d'altitude, l'antique résidence des chefs de l'empire mexicain. Assise entre deux lacs à demi desséchés, au pied de montagnes volcaniques, Mexico, avec ses rues droites, ses maisons basses et peintes de couleurs claires, sa majestueuse cathédrale, sa riante promenade de l'Alaméda, est une des villes les mieux construites et les plus animées de l'Amérique espagnole.

La plus grande ville maritime est *Vera-Cruz*, fondée à la fin du seizième siècle, sur le golfe du Mexique, à l'endroit où avait débarqué Fernand Cortez. Les villes les plus importantes de l'intérieur sont : *Puebla* (112 000 hab.), célèbre par le siège soutenu contre les Français en 1863, *Mérida*, capitale du Yucatan, *Oaxaca*, au sud de Mexico, *Colima*, dans les terres chaudes, non loin du Pacifique, *Guadalajara* (100 000 hab.), sur le lac Chapala, *Morelia*, à l'ouest de Mexico, *Durango*, *San-Luis de Potosi* (65 000 hab.), *Zacatecas* (75 000 hab.), *Guanajuato*, *Queretaro*, où fut pris et fusillé l'archiduc Maximilien, empereur du Mexique (1867), sur les hauts plateaux au nord de Mexico.

La population totale est d'environ 12 000 000 d'habitants, dont 2 200 000 blancs, 4 400 000 Indiens et plus de 5 millions de métis.

L'espagnol est la langue nationale, mais les dialectes indiens sont encore très répandus. Le catholicisme est la religion de l'immense majorité.

Le budget des recettes est d'environ 180 millions et la dette publique de 600 millions.

Le service militaire est obligatoire pour tout citoyen du Mexique de 20 à 50 ans. L'effectif de guerre est d'environ 160 000 hommes.

L'instruction publique est assez mal dotée ; chaque village a cependant son école et le nombre des illettrés est peu élevé.

Géographie économique. — Le Mexique est un plateau dominé par des massifs isolés, dont les points culminants sont les pics volcaniques d'*Orizaba* et du *Popocatepetl*, et couvert en partie, surtout dans le nord, de déserts sablonneux ou de terrains incultes. La région maritime, brûlante et insalubre (*terres chaudes*), est un pays de cultures tropicales : elle produit le coton, l'*istle* dont les filaments souples et résistants sont employés dans la corderie, les bois de teinture (bois de campêche) et d'ébénisterie (acajou), la canne à sucre, le cacao, le café, la vanille, l'aloès, le nopal où vit la cochenille.

La région des plateaux (1000 à 2000 mètres, *terres tempérées*) possède les céréales, surtout le maïs, la vigne, les légumes, les arbres fruitiers, le café, le tabac, l'agave qui fournit à la fois des fibres textiles et une liqueur fermentée connue sous le nom de *pulque*, et nourrit de grands troupeaux de bœufs, de chevaux (3 millions) et de mulets.

Les hautes terres (*terres froides* au-dessus de 2000 mètres) offrent une végétation analogue à celle de l'Europe tempérée : le froment, la pomme de terre, les forêts de chênes et de sapins, les pâturages; mais le Mexique tire peu de parti de ses richesses agricoles : les produits de l'agriculture représentent à peine 25 pour 100 de ses exportations.

Parmi les richesses minérales, mines de fer, de cuivre, de plomb, de mercure, gisements de houille et de pétrole, les seules qui soient sérieusement exploitées sont le *soufre* et surtout l'or et l'argent. Le produit des mines d'or de la Sonora et de la Basse-Californie est en décroissance, mais les mines de Zacatecas, de Guanajuato, de Saint-Louis de Potosi, fournissent 1 200 000 kilogrammes d'**argent,** plus du quart de la production totale du globe.

On pêche encore des perles dans le golfe de Californie.

L'industrie manufacturière est peu développée : cependant quelques grandes villes, Mexico, Guadalajara, Puebla, fabriquent des cotonnades, des lainages grossiers, des savons, des objets de sellerie, des chapeaux et des pièces d'orfèvrerie.

Les ports mexicains, *Matamoros* à l'embouchure du Rio-del-Norte, *Tampico,* la *Vera-Cruz,* l'un des foyers de la fièvre jaune, *Campêche* dans le Yucatan sur le **golfe du Mexique,** *Mazatlan, San-Blas,* et *Manzanillo* sur l'**océan Pacifique,** sont d'un accès difficile, peu sûrs, et très mal outillés; un seul, *Acapulco,* ouvre aux navires une des plus belles rades du Pacifique, mais c'est une fournaise : le thermomètre s'y maintient entre 35 et 45 degrés.

Le mouvement de la navigation maritime (y compris le cabotage) est de 3 800 000 tonneaux, environ le quart de celui de New-York.

Les communications intérieures sont très imparfaites : le Mexique n'a pas de cours d'eau navigable, à l'exception du *Rio-del-Norte*, et les routes sont rares et mal entretenues. Le réseau des chemins de fer est d'environ 11 500 kilomètres : la principale ligne se détache du Sud-Pacifique des États-Unis à *Paso* sur le Rio-del-Norte, traverse les hauts plateaux jusqu'à Mexico et vient aboutir à la Vera-Cruz ; deux embranchements communiquent avec le Texas. L'isthme de Tehuantepec, qu'il a été question plus d'une fois de couper pour réunir par un canal les deux Océans, est traversé par une voie ferrée de Minatitlan sur le golfe du Mexique à Salina-Cruz près de Tehuantepec sur le Pacifique.

Le réseau télégraphique dépasse 47 000 kilomètres.

Le commerce extérieur du Mexique approche de 500 millions, dont près de 200 à l'exportation. L'argent, l'or et le cuivre représentent 72 pour 100 de cette exportation ; les produits agricoles, matières textiles, café, citrons, tabac, vanille, etc., 25 p. 100 ; la pêche des perles, 3 p. 100.

Les exportations se répartissent entre les États-Unis (67 pour 100), l'Angleterre (20 pour 100), la France (6 pour 100), l'Allemagne et l'Espagne.

Les importations consistent en objets manufacturés de toute sorte, en particulier des tissus de coton, de laine et de soie et produits européens.

La France, serrée de près par les États-Unis et l'Angleterre, a conservé le premier rang parmi les pays importateurs (28 à 30 millions). Elle le doit surtout aux 18 000 ou 20 000 Français qui résident au Mexique et qui contribuent largement à maintenir notre influence commerciale.

Le système légal de poids et mesures est le système métrique, mais on compte souvent par *arrobes* de 12 kilogrammes, par quintal de quatre arrobes, etc... L'unité monétaire est la *piastre* ou *dollar* de 5 francs divisée en *centavos* (centièmes de piastre).

II

AMÉRIQUE CENTRALE

Géographie physique. Productions. — On donne le nom d'**Amérique centrale** à ce grand isthme qui joint les deux Amériques et qui se termine par l'isthme plus étroit de *Panama*. C'est la continuation des plateaux mexicains et des chaînes volcaniques du Mexique, qui prennent le nom de *Cordillère de Guatemala*, et qui s'abaissent peu à peu jusqu'à la dépression de Panama. On y trouve plusieurs lacs : les principaux sont ceux de *Managua* et de *Nicaragua*, qui communiquent avec la *mer des Antilles*, par la rivière *Saint-Jean*. Aucun des cours d'eau assez nombreux de l'Amérique centrale n'est navigable.

Le climat offre de grandes analogies avec celui du Mexique, bien que les contrastes y soient moins tranchés, les plateaux étant moins élevés. Les richesses naturelles sont les forêts d'acajou, les bois de teinture, les plantations de café, de cacao, de canne à sucre, de tabac, d'indigo et de coton ; le bétail est assez nombreux sur les plateaux ; l'industrie est à peu près nulle, comme dans toutes les républiques espagnoles.

Nous avons déjà signalé l'importance de cet isthme, qui sépare les deux Océans, et des dépressions naturelles qui semblent tracer une voie de communication entre l'Atlantique et le Pacifique. Des nombreux projets de canaux maritimes, un seul a reçu un commencement d'exécution, celui qui consiste à rattacher les deux mers par la vallée de la rivière *Saint-Jean* et le lac de *Nicaragua*. D'après un traité conclu entre les Etats-Unis et la république de Nicaragua, les Etats-Unis se chargeraient des frais de construction et abandonneraient la moitié des droits de transit, mais à condition de recevoir en toute propriété une bande de terre de 3 milles de large le long du canal et d'avoir la haute main sur la navigation.

Etats de l'Amérique centrale. — L'Amérique centrale se divise en cinq républiques indépendantes, dont les efforts pour s'organiser en confédération n'ont pu aboutir jusqu'à présent (superficie totale, 445000 kilom. carrés ; population, 3 500 000 hab.) :

1° Le **Guatemala,** qui touche aux deux mers ; capitale *Guatemala*, sur le plateau, villes principales, *Livingston*, à l'embouchure du Rio Dulce (mer des Antilles), *Yzabal*, sur le lac auquel cette rivière sert de déversoir, *Champerico* et *San-José*, sur le Pacifique (1 500 000 hab.).

2° Le **San-Salvador,** sur l'océan Pacifique ; capitale *San-Salvador*, ports principaux : la *Union*, la *Libertad* et *Acajutla* (780 000 hab.).

3° Le **Honduras**, sur les deux mers; capitale *Tegucigalpa*, ports : *Port Cortès* et *Truxillo*, sur l'Atlantique, *Amapala*, sur l'océan Pacifique (385 000 hab.);

4° Le **Nicaragua**, sur les deux mers; capitale *Managua*, sur le lac du même nom; ports principaux, *Grey-Town*, ou *Saint-Jean du Nord*, sur la mer des Antilles, *Saint-Jean du Sud* et *Corinto*, sur l'océan Pacifique; *Grenade*, sur le lac de Nicaragua, *Léon* (300 000 hab.);

5° **Costa-Rica**, sur les deux mers; capitale *San-José*; ports principaux, *Limon*, sur la mer des Antilles, *Punta-Arenas*, sur l'océan Pacifique (220 000 hab.).

L'Angleterre possède sur le golfe de *Honduras*, au nord du Guatemala, la colonie de *Balize*, riche en acajou et en bois de teinture (30 000 hab.).

La majorité de la population de l'Amérique centrale est de race indienne ou métisse. Les blancs, presque tous d'origine espagnole, sont peu nombreux, mais leur langue et la religion catholique qu'ils ont apportée dans le pays se sont imposées même aux indigènes. L'agriculture et l'industrie sont, du reste, peu avancées, les communications difficiles (1 000 kilomètres de chemins de fer), et l'insalubrité du climat, au moins sur la côte, contribue à éloigner l'émigration européenne.

Le commerce total des cinq républiques est d'environ 260 millions. L'Angleterre, les États-Unis et l'Allemagne y prennent une part plus active que la France. L'Amérique centrale manque encore de voies de communication.

L'unité monétaire est la piastre de 5 francs divisée en centavos. Les poids et mesures sont ceux de notre système métrique.

III

ANTILLES OU INDES OCCIDENTALES

On appelle **Antilles** ou Indes occidentales cette longue chaîne d'îles presque toutes volcaniques qui s'étendent entre les deux Amériques, depuis le littoral de l'Amérique du Sud jusqu'au canal de *Bahama*, en face de la *Floride*, et qui sont baignées à l'est par l'océan Atlantique, à l'ouest par la mer des Antilles.

Principales divisions. — Les principales divisions des Antilles sont :

1° Au nord-est, l'archipel madréporique des *Lucayes* ou **Bahama,** terres basses, où l'eau est rare et la végétation assez pauvre. Les Lucayes appartiennent à l'Angleterre : la capitale est *Nassau,* dans l'île de la Providence. C'est dans cet archipel que Christophe Colomb débarqua en 1492, à *Guanahani* ou *San-Salvador,* aujourd'hui *Watlings ;*

2° Au centre, les **Grandes Antilles,** qui comprennent **Cuba, Porto Rico,** la **Jamaïque** et **Haïti ;**

3° Au sud, les **Petites Antilles.**

Grandes Antilles. — **Cuba** (119 000 kil. car.), colonie des États-Unis, nourrit une population de 1 500 000 habitants, dont près d'un million de race blanche et environ 500 000 noirs ou hommes de couleur, parmi lesquels un certain nombre de travailleurs chinois. C'est une des premières terres visitées par Colomb, et une des premières colonies espagnoles en Amérique.

L'île de Cuba, longue et étroite, est couverte à l'est par un massif montagneux qui se termine sur les bords de la mer par une zone de plaines basses et marécageuses.

La culture de la canne à sucre (1 million de tonnes), du tabac, du coton, du café, les bois d'ébénisterie, l'éducation du bétail, des mines de fer et de cuivre, telles sont les ressources de cette riche contrée depuis longtemps agitée par des révoltes et que tous les efforts de l'Espagne, malgré la guerre de 1898, n'ont pas réussi à maintenir dans sa dépendance.

Des salines, de belles pêcheries, apportent leur contingent au commerce de Cuba : mais l'industrie ne s'applique qu'à l'exploitation des produits agricoles ; la construction des navires, autrefois très active, est aujourd'hui abandonnée.

Les principaux articles d'exportation (valeur d'environ 330 millions) sont les *sucres,* les *tabacs* en feuilles et les *cigares,* le *rhum,* le *café,* le cacao, le coton, destinés à l'Europe ; le *miel* et la cire blanche, à l'Amérique du Sud ou au Mexique ; les bois d'acajou et les minerais de cuivre, à l'Angleterre.

A l'importation (environ 400 millions), le premier rang appartient aux tissus anglais, français et allemands ; le second, aux céréales et au riz fournis par les États-Unis et par l'Espagne ; le troisième, aux vins français et espagnols ; le quatrième, aux bois des États Unis et du Canada. Puis viennent les salaisons des États-Unis et de la Plata, la houille anglaise, les peaux ouvrées, les modes, la carrosserie, la verrerie de France, la quincaillerie anglaise et allemande, etc...

La France entretient avec Cuba des relations suivies. Les paquebots de la Compagnie transatlantique, qui partent de Saint-Nazaire ou du Havre pour la Vera-Cruz, touchent à la Havane.

Les trois principaux débouchés du commerce de Cuba sont :

La **Havane** (250 000 hab.), capitale de l'île, étrange assemblage de luxe et de misère, de maisons monumentales et de taudis infects, l'un des plus beaux ports et l'une des villes les plus sales du Nouveau Monde ; *Matanzas*, *Sagua la Grande*, *Nuevitas*, sur la côte septentrionale ; *Santiago de Cuba*, sur la côte méridionale, en face de la Jamaïque et de Haïti, et *Las Tunas*.

Environ 1 600 kilom. de chemins de fer mettent en communication les principaux centres de commerce et de culture.

Porto-Rico. — Porto-Rico, la quatrième des Grandes Antilles par son étendue et l'une des plus fertiles, possède environ 850 000 habitants, dont moitié de noirs. Le *sucre* et le *café* sont ses deux grandes cultures, et cette dernière y est même beaucoup plus florissante qu'à Cuba.

Saint-Jean de Porto-Rico, la capitale de l'île, *Mayaguez*, le marché des cafés, sont les principaux ports de commerce, et ces deux villes servent de station aux lignes françaises et anglaises qui desservent les Antilles.

Le commerce extérieur s'élève en moyenne à plus de 165 millions de francs, dont moitié à l'exportation.

Les États-Unis, l'Espagne, l'Angleterre occupent les premiers rangs, la *France* les suit de loin comme à Cuba.

La **Jamaïque**, au sud de Cuba, est une île montagneuse dont le climat presque tempéré dans les hautes vallées est accablant sur la côte. Le principal port est *Kingston*. La Jamaïque est une possession anglaise depuis le milieu du dix-septième siècle (635 000 habitants, presque tous noirs ou mulâtres). Le commerce le plus actif est celui du sucre, du rhum et du tabac.

Haïti, entre Cuba et Porto-Rico, est, par l'étendue, la seconde des Grandes Antilles. C'est un massif de montagnes, entrecoupé de savanes et de plaines fertiles (la Vega real) qu'arrosent de nombreux torrents. Le pic le plus élevé, le Cibao, atteint 2 200 mètres. Découverte en 1492 par Christophe Colomb, cette île, qui porta d'abord le nom

Fig. 30. — Le théâtre Tacon à la Havane.

d'*Hispaniola*, fut le siège des premiers établissements espagnols en Amérique. La partie occidentale de l'île fut cédée à la France en 1697 et devint une de ses colonies les plus florissantes; mais l'abolition de l'esclavage provoqua une révolte des noirs qui chassèrent ou massacrèrent les colons (1793) et réussirent, malgré une expédition envoyée contre eux en 1802, à maintenir leur indépendance. Aujourd'hui, l'île se divise en deux républiques constituées par les nègres et les gens de couleur, après le massacre ou l'expulsion des blancs, français et espagnols : la république de *Haïti* (partie française, 960 000 habitants), à l'ouest, et la république de *Saint-Domingue* (partie espagnole, 420 000 habitants) à l'est.

Le commerce de Saint-Domingue a cinq débouchés principaux :

Dans la république de Haïti, *Port-au-Prince* (60 000 hab.), la capitale, sur la côte ouest de l'île ; le *Cap Haïtien,* sur la côte nord, desservi par la Compagnie française transatlantique, et *Jacmel,* sur la côte sud, le second marché de l'île pour les cafés ;

Dans la république dominicaine, *Saint-Domingue*, la capitale (20 000 hab.), et *Puerto-Plata.*

Le mouvement total de la navigation de Haïti varie entre 1 300 000 et 1 400 000 tonneaux ; celui de la république dominicaine, entre 250 000 et 260 000 tonneaux. La France entre dans ce mouvement pour 86 000 tonneaux et 160 à 200 navires, presque tous partis du Havre et de Marseille.

Le commerce extérieur de la république de Haïti s'élève en moyenne à 100 millions ; il a diminué de près d'un quart depuis 1863, diminution qu'il faut attribuer en partie aux troubles politiques, en partie aux opérations de contrebande qu'il est impossible de constater.

Les États-Unis et l'Angleterre se disputent le premier rang. La France et l'Allemagne viennent au second, avec un chiffre d'échanges à peu près égal.

Le principal article d'exportation est le *café* (67 000 tonnes environ). Viennent ensuite les bois d'*acajou* et de *campêche,* les *cotons*, le cacao, le tafia, le sucre, les peaux et les cuirs, les écailles de tortue, et autres articles moins importants.

La France renvoie en échange, pour une valeur de quelques millions, des vins, des huiles et des farines, par Marseille ; des ouvrages en peau et en cuir, de la verrerie, des porcelaines, par Le Havre et Nantes : mais la plus grande partie des tissus, des outils, des machines sont fournis par l'Angleterre et les États-Unis.

Le commerce de la république dominicaine varie entre 20 et 25 millions : la France n'y prend qu'une part très restreinte.

Petites Antilles. — Les principales sont :

Aux **Anglais** : La *Trinité*, avec le port de Spanish-Town, la *Grenade*, *Saint-Vincent*, *Sainte-Lucie*, *Tabago*, la *Barbade*, la *Dominique*, *Antigoa*, *Barboude*, *Montserrat*, *Saint-Christophe*, *Nevis* et les *îles Vierges* (superficie totale, 8 520 kilomètres carrés ; population, 660 000 habitants).

Aux **Hollandais** : *Curaçao*, *Bonaire*, *Arouba*, *Saint-Eustache*, *Saba*, et une partie de *Saint-Martin* (superficie totale, 1 130 kilomètres carrés ; population, 50 000 habitants).

Aux **Danois** : *Sainte-Croix*, *Saint-Jean* et *Saint-Thomas*, dont le port, le premier que les navires rencontrent en venant d'Europe, est un des plus fréquentés des Antilles (superficie totale, 360 kilomètres carrés ; population, 34 000 habitants).

Aux **Français** : La **Guadeloupe**, divisée en deux parties, Basse-Terre et Grande-Terre, par un étroit bras de mer, la Rivière-Salée. Cette île offre tous les contrastes des terres volcaniques : au nord, une plaine aride ; au centre, des montagnes couronnées de forêts ; sur les côtes, des terrains fertiles et bien arrosés. Sa superficie est de 138 000 hectares et sa population de 160 000 habitants, dont un quinzième de race blanche, et les autres noirs, mulâtres ou immigrants chinois.

Le siège du gouvernement est *Basse-Terre* (12 000 hab.), mais la principale place de commerce est le port de *Pointe-à-Pitre* (26 000 habitants), l'un des plus vastes et des plus sûrs de l'archipel, exposé toutefois à ces terribles tremblements de terre qui ravagent périodiquement les Antilles.

Les industries agricoles sont les seules qui méritent d'être citées, et malgré les crises désastreuses que lui ont fait traverser, ainsi qu'à nos autres colonies, les guerres maritimes et l'émancipation des noirs, la Guadeloupe doit encore ce qui lui reste de son ancienne prospérité à ses plantations de sucre, de café, de tabac et de coton.

Le commerce de la Guadeloupe, favorisé ainsi que celui

PETITES ANTILLES
ET NORD DE L'AMÉRIQUE MÉRIDIONALE
PETITES ANTILLES
MER DES ANTILLES
VENEZUELA
ÉTATS-UNIS DE COLOMBIE
CARACAS
la Martinique (F.)
la Guadeloupe (F.)
Porto Rico

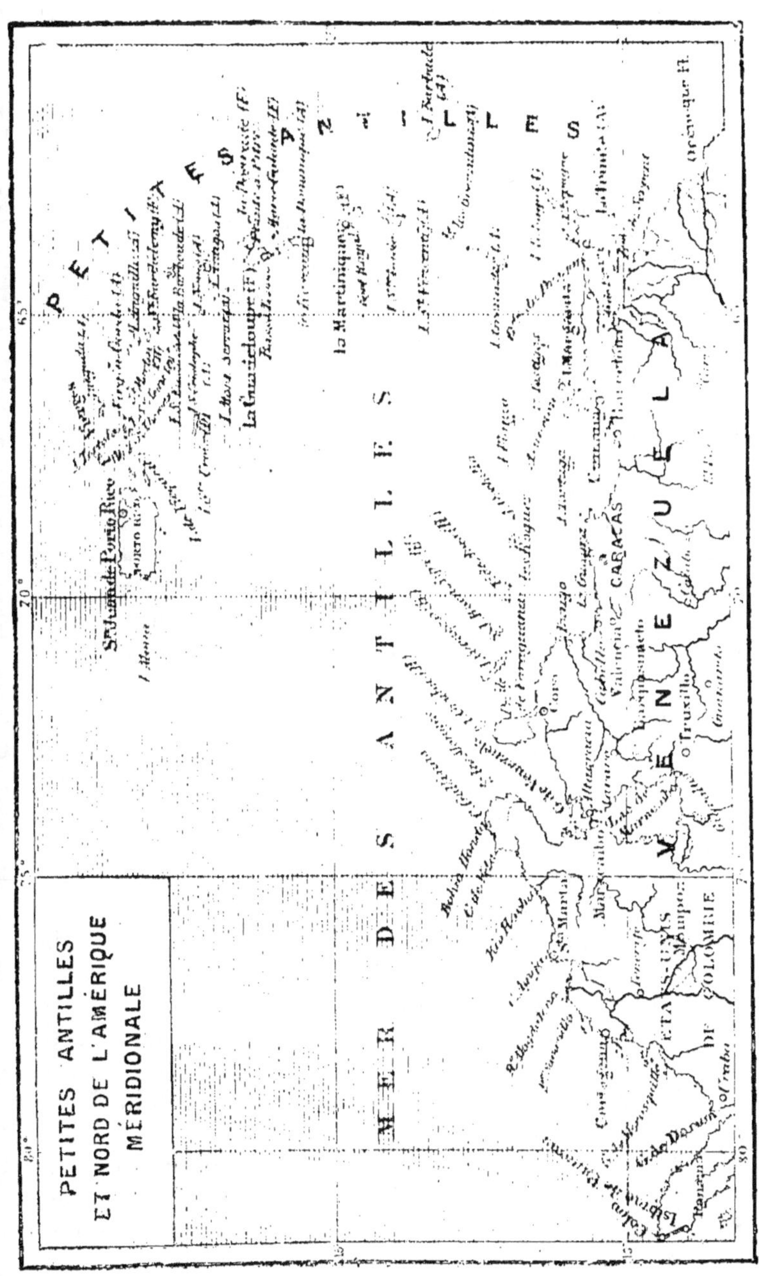

Carte XII.

de la Martinique par les services réguliers de la Compagnie transatlantique, s'élève à plus de 50 millions, et le mouvement de ses ports dépasse 850 navires.

La *Désirade*, *Marie-Galante* et le groupe des *Saintes*, qui comptent 15 à 16 000 habitants, et qui dépendent du gouvernement de la Guadeloupe, n'ont pas d'importance commerciale. L'île *Saint-Barthélemy* (21 kilom. carrés, 2 400 habitants) a été rétrocédée en 1878 à la France par la Suède. L'eau est rare et le sol peu fertile.

La France possède une partie de l'île *Saint-Martin* qu'elle partage avec la Hollande ; la région française, qui compte 4 000 habitants, produit du sucre et du café.

La **Martinique**, située à 110 kilomètres au sud de la Guadeloupe, forme un gouvernement distinct. Sa superficie est de 99 000 hectares et sa population de 175 000 habitants, dont 24 000 de race blanche, et 151 000 noirs ou métis. Couverte au centre de montagnes, de volcans éteints et de forêts impénétrables, mais fertile sur les côtes, la Martinique possède deux ports qui figurent parmi les meilleurs des Antilles, *Saint-Pierre*, chef-lieu d'un des deux arrondissements (29 000 habitants), et *Fort-de-France* (15 000 habitants), chef-lieu du gouvernement.

L'industrie est, comme à la Guadeloupe, exclusivement agricole : la production du sucre est évaluée à 40 millions de kilogrammes en moyenne ; la culture du café, presque complétement abandonnée, tend à se relever ; celle du cacao et du coton a pris un certain développement. Le commerce s'élève à environ 55 millions, et le mouvement de la navigation à plus de 1 000 navires.

Productions. — Les Petites Antilles produisent presque toutes, outre le *maïs*, le *manioc*, les *patates* et autres plantes alimentaires, qui suffisent à peine à nourrir la population, le café, le sucre, le cacao, le coton, les bois de teinture et d'ébénisterie, le tabac ; on y fabrique, en distillant la canne à sucre, les liqueurs si connues sous le nom de rhum et de tafia.

Les avantages d'un sol fertile y sont malheureusement compensés par un climat brûlant, des ouragans terribles et des tremblements de terre qui ont plus d'une fois bouleversé les villes et décimé les populations.

RÉSUMÉ.

Région méridionale.

I

Mexique (1 987 000 kilomètres carrés et 12 millions d'habitants d'origine espagnole ou indienne). — Le Mexique est borné au nord par les États-Unis, dont il est séparé par le *Rio-del-Norte*, à l'est par le *golfe du Mexique*, au sud par l'Amérique centrale, à l'ouest par l'océan Pacifique, qui forme entre le continent et la presqu'île de *Vieille-Californie* le golfe de *Californie*.

Le Mexique est un plateau dont les points culminants atteignent 5 500 mètres. La région maritime y est brûlante et insalubre (terres chaudes), la région des plateaux (terres tempérées et terres froides), saine et tempérée.

Conquis de 1519 à 1521 par Fernand Cortez, le Mexique a appartenu à l'Espagne jusqu'en 1821. Il forme aujourd'hui une république fédérale dont la constitution est à peu près calquée sur celle des *États-Unis*.

La capitale est Mexico (340 000 habitants). Les principaux ports sur l'océan Pacifique sont : *Mazatlan, Manzanillo* et *Acapulco* ; sur l'océan Atlantique, *Matamoros*, à l'embouchure du Rio-del-Norte, *Tampico, Vera-Cruz*, et *Campêche*, dans la presqu'île de *Yucatan*. Les villes les plus importantes de l'intérieur sont : *Puebla, Saint-Louis de Potosi, Zacatecas, Queretaro, Guadalajara, Guanajato* et *Oaxaca*.

Le Mexique produit, outre les plantes tropicales (canne à sucre, café, cacao, vanille, etc.), presque tous les végétaux de l'Europe tempérée et nourrit de nombreux troupeaux de chevaux et de bœufs. Il exporte surtout l'argent (mines de Zacatecas, Guanajato, etc.), l'or, le cuivre, les perles, les bois de teinture et d'ébénisterie, le cacao, les plantes textiles (agave, etc.), le tabac, les peaux brutes. Son commerce atteint 500 millions.

Il n'a pas de cours d'eau navigable, mais le réseau des chemins de fer a un développement de 11 500 kilomètres.

II

Amérique centrale. — On donne le nom d'Amérique centrale à ce grand isthme qui joint les deux Amériques et qui se termine par l'isthme plus étroit de *Panama*. Il est formé par la *Cordillère de Guatemala*. On y trouve plusieurs lacs, dont le principal est celui de *Nicaragua*, qui communique avec la *mer des Antilles* par la rivière *Saint-Jean*, et dont l'altitude n'est que de 33 mètres. Des travaux ont été entrepris pour ouvrir par cette voie un canal entre les deux océans.

L'Amérique centrale se divise en cinq républiques indépendantes, dont la population est en majorité d'origine espagnole ou indienne (444000 kilomètres carrés, 3 500 000 habitants).

1° Le GUATEMALA, qui touche aux deux mers; capitale *Guatemala*.

2° Le SAN-SALVADOR, sur l'océan Pacifique; capitale *San-Salvador*, port principal *la Union*.

3° Le HONDURAS, sur les deux mers; capitale *Tegucigalpa*.

4° Le NICARAGUA, sur les deux mers; capitale *Managua*, ports principaux, *Grey-Town*, sur la mer des Antilles, et *Saint-Jean du Sud*, sur l'océan Pacifique.

5° Le COSTA-RICA, sur les deux mers; capitale *San-José*.

L'Angleterre possède sur le golfe de *Honduras*, au nord du Guatemala, la colonie de *Balize*, riche en acajou et en bois de teinture.

L'Amérique centrale produit surtout le café, le cacao, la canne à sucre, l'indigo, le tabac, les bois d'ébénisterie et de teinture et nourrit beaucoup de bétail. L'ensemble du commerce atteint 260 millions. Les États-Unis veulent construire un canal à travers le Nicaragua. Les chemins de fer mesurent 1 000 kilom.

III

ANTILLES. — On appelle ANTILLES ou Indes occidentales une chaîne d'îles volcaniques, qui s'étendent entre l'Amérique du Sud et l'Amérique du Nord, depuis les bouches de l'*Orénoque* jusqu'au canal de *Bahama*, et qui sont baignées à l'est par l'océan Atlantique, à l'ouest par la mer des Antilles.

Les principales divisions des Antilles sont :

1° Au nord-est les îles *Lucayes* ou *Bahama*, possession anglaise.

2° Au centre les GRANDES ANTILLES, qui comprennent : l'île de CUBA (1 500 000 habitants, dont 1 million de blancs), capitale *la Havane* (250 000 hab.), villes principales *Matanzas* et *Santiago*, appartenant aux ÉTATS-UNIS (1 600 kilomètres de chemins de fer; commerce extérieur de 730 millions).

L'île de PORTO-RICO, possession des États-Unis; capitale *Saint-Jean*.

L'île de la JAMAÏQUE, au sud de Cuba; capitale *Kingston*, possession anglaise.

L'île HAÏTI, entre Cuba et Porto-Rico (1 380 000 habitants), ancienne colonie espagnole, devenue en partie française en 1697, et divisée depuis le commencement de notre siècle en deux républiques indépendantes, fondées par les nègres et les hommes de couleur : à l'ouest, la république de HAÏTI (partie française, 960 000 habitants), capitale *Port-au-Prince;* villes principales, *le Cap* et *Jacmel:* à l'est, la république de SAINT-DOMINGUE, cap. *Saint-Domingue.*

3° Au sud les PETITES ANTILLES, dont les principales sont:

Aux ANGLAIS: La *Trinité, Grenade, Saint-Vincent, Saint-Lucie, Tabago,* la *Barbade,* la *Dominique, Antigoa, Barboude, Montserrat, Saint-Christophe* (660 000 habitants).

Aux FRANÇAIS: La *Martinique* (175 000 habitants); capitale *Fort-de-France,* ville principale *Saint-Pierre:*

La *Guadeloupe* (160 000 habitants), divisée en deux parties, *Basse-Terre* et *Grande-Terre,* par le détroit de la rivière Salée; capitale *Basse-Terre,* ville principale *Pointe-à-Pitre:*

Les petites îles de la *Désirade,* de *Marie-Galante,* des *Saintes,* de *Saint-Barthélemy,* et une partie de l'île *Saint-Martin* dépendent du gouvernement de la Guadeloupe.

Aux HOLLANDAIS: *Curaçao, Saint-Eustache, Saba* et une partie de l'île *Saint-Martin.*

Aux DANOIS: *Sainte-Croix, Saint-Jean* et *Saint-Thomas,* capitale *Saint-Thomas,* port franc.

La population se compose, sauf à Cuba et Porto-Rico, d'un petit nombre de blancs et d'une immense majorité de noirs ou de métis, descendants des anciens esclaves.

Les Antilles produisent le café, le sucre, le cacao, le coton, les bois de teinture et d'ébénisterie, le tabac, et fabriquent le tafia et le rhum (eaux-de-vie de canne à sucre). Ce sont les Etats-Unis, l'Angleterre, l'Espagne, la France et l'Allemagne, qui entretiennent avec les Antilles les relations les plus actives.

Exercices.

Carte physique et politique du Mexique.
Carte de l'Amérique centrale.
Principaux projets de canaux interocéaniques (isthme de Tehuantepec, lac de Nicaragua).
Carte des Antilles.

Lectures.

LANIER. *Lectures géographiques. L'Amérique.*
E. RECLUS. — *Géographie universelle,* t. XVII.
CHARNAY. *Le Mexique.* 1 vol. in-8°.
BELLY. *A travers l'Amérique centrale.* 2 vol. in-8°.
V. MEIGNAN. *Aux Antilles.* 1 vol. in-8°.
PIRON. *Cuba.* 1 vol. in-18.
HUC. *La Martinique.* 1 vol. in-8°.

DEUXIÈME PARTIE

AMÉRIQUE DU SUD

CHAPITRE PREMIER

(Région septentrionale)

Colombie. Équateur. Vénézuéla. Guyanes.

I

L'Amérique du Sud se divise, au point de vue politique, en onze pays :

Au **nord,** la Colombie, l'Equateur, le Vénézuéla et les Guyanes ;

À l'**est** et au **centre,** le Brésil ;

Au **sud-est,** le Paraguay, l'Uruguay et la République Argentine ;

À l'**ouest,** le Chili, la Bolivie et le Pérou.

II

COLOMBIE

La république de Colombie, qui a porté jusqu'en 1861 le nom de Nouvelle-Grenade, est une ancienne possession espagnole, émancipée au commencement du dix-neuvième siècle. Elle est bornée au nord par l'Amérique centrale (Costa-Rica), le golfe de *Darien* et la mer des Antilles, à l'est par le Vénézuéla, au sud par la république de l'Equateur et le Pérou, à l'ouest par l'océan Pacifique qui forme le *golfe de Panama*.

La superficie est de 1 330 000 kilomètres carrés. En partie couverte par la triple chaîne des Andes, arrosée par la *Magdalena* et le cours supérieur des affluents de l'Orénoque et de l'Amazone, la Colombie présente les mêmes contrastes que toute la région occidentale de l'Amérique du Sud : à l'ouest ies montagnes, les vallées profondes, les plateaux enfermés entre les rameaux des Cordillères ; à l'est des plaines immenses, les *llanos*, sablonneuses pendant la saison sèche, couvertes de hautes herbes après la saison des pluies, parcourues par des troupeaux à demi sauvages et par des Indiens nomades et encore indépendants.

La république est divisée en neuf départements et gouvernée par un Sénat, une Chambre des représentants et un président élu pour six ans.

La capitale est *Santa-Fé-de-Bogota* (110 000 habitants, située sur les hauts plateaux et réunie à la Magdalena par

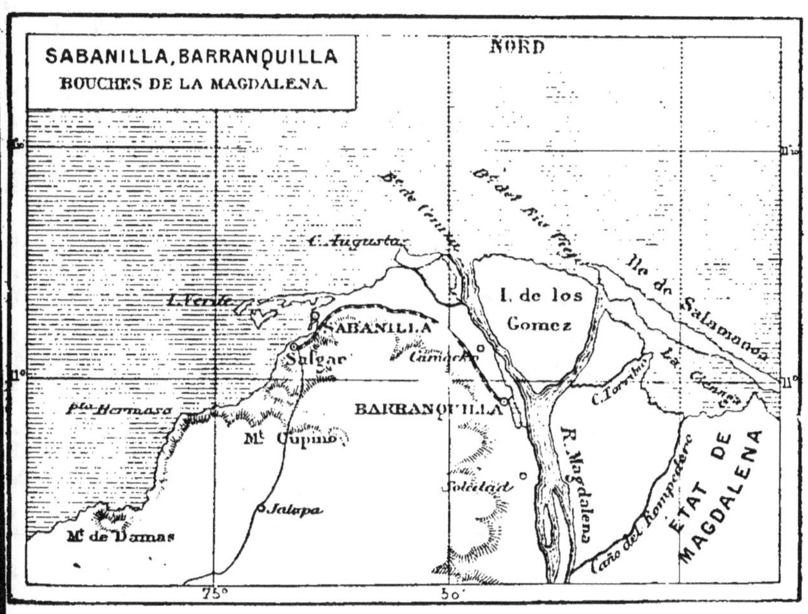

Carte XIII.

un chemin de fer. Les principaux ports sont, sur la mer des Antilles : *Sabanilla* qu'un chemin de fer rattache à *Barranquilla*, situé sur la Magdalena, à peu de distance de son embouchure ; *Sainte-Marthe*, et *Carthagène*, bien déchue de son ancienne prospérité. Ces ports, desservis par la Compagnie transatlantique (Saint-Nazaire, Havre, Bordeaux), servent d'entrepôts aux cafés, au cacao, aux bois de teinture, aux plantes médicinales, aux tabacs, aux peaux de bœufs, aux minerais de cuivre, qui représentent les principales productions du pays. *Colon* ou *Aspinwall*, sur la mer des Antilles, ville malsaine et à peine ébauchée, est réunie par un chemin de fer de 72 kilomètres à *Panama*, sur le Grand Océan, point de départ des lignes de navigation du Pacifique, entrepôt du transit entre les deux océans, et qui devait servir de débouché au canal maritime de Panama.

La ville la plus importante de l'intérieur après Bogota est *Medellin*, située entre la vallée de la Magdalena et celle de son affluent le Rio Cauca.

La population est d'environ 3 320 000 habitants, d'origine espagnole ou indienne, presque tous catholiques.

Le commerce extérieur, qui s'élève à 140 millions, est fait par l'Allemagne qui occupe le premier rang, puis par les États-Unis, l'Angleterre et la France.

L'unité monétaire est le peso (5 francs). La principale circulation est celle du papier-monnaie.

III

ÉQUATEUR

La **république de l'Equateur** (300 000 kilom. carrés, 1 200 000 hab., dont la moitié de race blanche, en comptant 200 000 Indiens indépendants), bornée au nord par la Colombie, à l'est et au sud par le Pérou, à l'ouest par le Pacifique, est, comme la Colombie, un pays de savanes et de forêts vierges à l'est, de montagnes granitiques dans sa partie occidentale que traversent les *Andes* dites de *Quito* avec leur double chaîne hérissée de cimes volcaniques : le *Chimborazo*, le *Cotopaxi*, l'*Antisana*, le *Pichincha*, etc.

La capitale est *Quito* (80 000 hab.), située sur les plateaux à plus de 2 800 mètres d'altitude ; le principal port *Guayaquil*, sur un golfe du Pacifique, entrepôt du quinquina, du cacao, du café, du caoutchouc, de l'ivoire végétal, seules richesses exploitées du pays. Le commerce extérieur ne dépasse pas 120 millions.

IV

VÉNÉZUÉLA

La république fédérale du **Vénézuéla** (1 000 000 de kilom. carrés) est bornée au nord par la mer des Antilles et l'Atlantique, à l'est par les Guyanes, au sud par le Brésil, à l'ouest par la Colombie.

Arrosé par un des plus grands fleuves du monde, l'*Orénoque*, couvert en partie de forêts ou de llanos brûlés par le soleil, le Vénézuéla est propre à toutes les cultures tropicales : café, cacao, sucre, coton, tabac, maïs, qui forme la nourriture de la masse de la population. Les llanos nourrissent 5 ou 6 millions de bœufs, et on exploite des mines d'or et de cuivre.

Le Vénézuéla comprend neuf États et quatre territoires.

La capitale est *Caracas* (75 000 habitants), dont le port est la *Guayra*, sur la mer des Antilles ; les autres débouchés du commerce sont *Bolivar*, sur l'Orénoque, *Puerto-Cabello*, *Carupano* et *Maracaïbo*, sur la mer des Antilles.

La population est d'environ 2 320 000 habitants, Indiens, nègres ou descendants des conquérants espagnols ; l'immense majorité est catholique.

Le commerce dépasse 185 millions : les États-Unis, l'Angleterre, la France et l'Allemagne y occupent les premiers rangs.

L'unité monétaire est le *bolivar* = 1 franc.

Les trois républiques ont adopté le système métrique.

V

GUYANES

On donne le nom de **Guyanes** à un vaste territoire qui s'étend sur le littoral de l'Atlantique, entre les bouches de l'Orénoque et celles de l'Amazone, région arrosée par l'*Essequibo*, la rivière de *Surinam*, le *Maroni*, l'*Oyapock*, couverte de forêts et de marécages, et dont l'intérieur est mal connu, malgré les explorations de *Crevaux* et de M. *Coudreau*. Elle comprend trois divisions :

1° A l'ouest la **Guyane anglaise**, capitale *Georges-Town* (221 000 kilom. carrés, 282 000 hab. dont 220 000 noirs) ; le commerce extérieur s'élève à 90 millions.

2° Au centre la **Guyane hollandaise**, capitale *Paramaribo*, ou *Surinam*, sur le fleuve Surinam (130 000 kilom. carrés, 69 000 hab.) ;

3° A l'est la **Guyane française**, bornée au sud par le Brésil, au nord et à l'ouest par la Guyane hollandaise, à l'est par l'océan Atlantique, qui baigne ses côtes sur une étendue de 500 kilomètres. Le territoire contesté entre l'Oyapok et l'Amazone a été par un arbitrage attribué au Brésil.

La Guyane est une colonie pénitentiaire; mais on n'y envoie plus aujourd'hui que des condamnés appartenant à la population indigène de nos colonies. Sa superficie est d'environ 121 000 kilom. carrés, dont 72 000 explorés et organisés. La population totale est de 30 000 hab., parmi lesquels 2 800 transportés, 22 000 noirs ou mulâtres descendants des anciens esclaves, 2 000 immigrants noirs, indous ou chinois, et 2 000 blancs, commerçants ou planteurs.

La côte insalubre, marécageuse, bordée de palétuviers, est cependant la seule région occupée et cultivée : dans l'intérieur, qu'arrosent de nombreux cours d'eau, le Maroni, l'Oyapock, errent, au milieu de forêts immenses, des tribus indiennes, encore sauvages, et dont on ignore le nombre.

L'unique débouché commercial de la Guyane est le cheflieu de la colonie, *Cayenne*, mauvais port dans une île marécageuse.

La Guyane produit toutes les plantes des tropiques : maïs, sucre, café, riz, épices, plantes aromatiques, coton, gommes, indigo, cacao, etc. ; les forêts y occupent la moitié de la superficie et les savanes offrent au bétail d'excellents pâturages; enfin des gisements aurifères assez riches sont exploités dans la Guyane hollandaise et dans la Guyane française, mais le manque de bras et de capitaux, et l'insalubrité du climat offrent aux progrès de la culture et de l'exploitation des richesses naturelles, de sérieux obstacles.

RÉSUMÉ

I

L'Amérique du Sud se divise en onze régions :

Au NORD, la *Colombie*, l'*Equateur*, le *Vénézuéla* et les *Guyanes*.

A l'EST et au CENTRE, le *Brésil*.

Au SUD-EST, le *Paraguay*, l'*Uruguay* et la *République Argentine*.

A l'OUEST, le *Chili*, la *Bolivie* et le *Pérou*.

II

La république de *Colombie,* ancienne colonie espagnole (1 330 000 kilomètres carrés, 3 320 000 habitants d'origine espagnole et indienne), est bornée au nord par l'Amérique centrale, le golfe de *Darien* et la *mer des Antilles*; à l'est par le Vénézuéla et le Brésil; au sud par la république de l'Equateur; à l'ouest par l'océan Pacifique et le golfe de *Panama*.

Elle est arrosée par la *Magdalena*, par le cours supérieur des affluents de l'Orénoque et de l'Amazone, et traversée du nord au sud par les *Cordillères*.

La capitale est *Santa-Fé de Bogota*; les principaux ports sont : sur la mer des Antilles, *Sabanilla* et *Barranquilla*, ce dernier sur la Magdalena, *Sainte-Marthe*, *Carthagène*, et *Colon* ou *Aspinwall* (isthme de Panama); sur l'océan Pacifique, *Panama* réuni à Colon par un chemin de fer et qui devait servir de débouché au canal interocéanique commencé par M. de Lesseps.

Le commerce extérieur est d'environ 140 millions.

III

La république de l'EQUATEUR, ancienne colonie espagnole (300 000 kilomètres carrés, 1 200 000 habitants espagnols ou indiens, et 200 000 indigènes insoumis), est située entre la Colombie au nord, le Pérou au sud et l'océan Pacifique à l'ouest. La capitale est *Quito* : le principal port *Guyaquil*.

Le commerce extérieur ne dépasse pas 120 millions.

IV

La république fédérale du VÉNÉZUÉLA, ancienne colonie espagnole (1 000 000 kilomètres carrés, 2 320 000 habitants), est bornée au nord par la mer des Antilles et par l'Atlantique, à l'est par la Guyane anglaise, au sud par le Brésil, à l'ouest par la Colombie. Elle est arrosée par l'*Orénoque*.

La capitale est *Caracas*, avec le port de *la Guayra* : les principaux ports sont : *Maracaïbo*, et *Puerto-Cabello*, sur la mer des Antilles, *Bolivar*, sur l'Orénoque.

Le commerce extérieur est d'environ 185 millions.

V

On donne le nom de GUYANES (461 000 kilomètres carrés) à un vaste territoire qui s'étend sur le littoral de l'Atlantique entre les bouches de l'Orénoque et celles de l'Amazone, région couverte de forêts et de marécages, et dont les divisions sont :

1° A l'ouest, la GUYANE ANGLAISE, capitale *Georges-Town* sur l'Essequibo (282 000 habitants).

2° Au centre, la GUYANE HOLLANDAISE, capitale *Paramaribo* ou *Surinam*, sur le fleuve Surinam (69 000 habitants).

3º A l'est, la GUYANE FRANÇAISE, colonie pénitentiaire (30 000 habitants), capitale *Cayenne*, dans une île insalubre.

Les principales productions de la région septentrionale de l'Amérique du Sud sont : le café, le cacao, le tabac, le sucre, le coton, les bois de teinture, d'ébénisterie et de construction, le caoutchouc, et les minerais d'or et de cuivre. Les voies de communication y sont encore très imparfaites et l'industrie presque nulle.

Exercices.

Carte physique et politique de la Colombie, du Vénézuéla, etc..
Carte de l'isthme de Panama. — Tracé du chemin de fer et du canal.

Lectures.

LANIER. *Lectures géographiques. Amérique.*
E. RECLUS. *Voyage à la Sierra Nevada de Sainte-Marthe.* 1 vol. in-18.
Le Tour du Monde (Voyages de MM. E. André, Crevaux, A. Reclus, Saffray, Er. Charton, Chaffanjon).
COUDREAU. *La France équinoxiale.*

CHAPITRE II

(Régions de l'est et du centre)

États-Unis du Brésil

Notions historiques. — La république fédérale du Brésil est une ancienne colonie portugaise, découverte en 1500 par l'Espagnol Vincent Yanez Pinson et par le Portugais Alvarez Cabral, que suivirent de près des navigateurs français, disputée au seizième siècle entre les Portugais et les Français, un moment conquise au dix-septième siècle par les Hollandais, et qui en 1822 se sépara de la métropole. Le nouvel État se donna une constitution monarchique et prit le nom d'empire du Brésil. L'empire a été renversé en 1889 par une insurrection du parti républicain. La constitution de 1890 a décidé que les États-Unis du Brésil seraient gouvernés par un Sénat élu pour 9 ans à raison de 3 sénateurs par État, par une Chambre élue pour 3 ans par le suffrage direct des citoyens et par un président élu pour six ans par le Congrès formé des deux Chambres. Les États, qui sont au nombre de vingt, ont des chambres particulières et jouissent d'une très large autonomie.

Géographie physique et politique. — Le
Brésil est situé entre 4° de latitude nord et 33° 35' de latitude sud, 37° et 74° de longitude ouest. Sa superficie est de près de 8 millions et demi de kilomètres carrés : il est borné au nord par la Colombie, le Vénézuéla et les Guyanes, à l'est par l'océan Atlantique, au sud par l'*Uruguay*, le *Paraguay*, la *Confédération argentine*, à l'ouest par la *Bolivie* et le *Pérou*.

Arrosé par le fleuve des *Amazones*, dont il possède tout le cours moyen et inférieur, par ses affluents : le *Rio-Negro* à gauche; le *Purus*, la *Madeira*, le *Chingou*, à droite; par les fleuves *Para* ou *Tocantins*, *Parnahyba*, *Saint-François*, par le cours supérieur du *Parana*, de l'*Uruguay* et du *Paraguay*, le Brésil devrait, avec son immense réseau navigable, et ses 7 000 kilomètres de côtes, le disputer aux États-Unis, si son climat ne détournait le courant de l'émigration européenne.

La région orientale, méridionale et centrale est accidentée, coupée de vallées fertiles, où croissent les plantes tropicales et celles des régions tempérées, de nombreuses chaînes de montagnes, dont l'altitude moyenne ne dépasse pas 2 000 mètres, de plateaux arides, mais qui se prêtent au développement de l'industrie pastorale. La région septentrionale, qui forme le bassin de l'Amazone, est plate et couverte de savanes, de marécages et de forêts, qui servent de refuge aux Indiens insoumis et où abondent les essences les plus précieuses.

Le Brésil est divisé en 20 États (1). La capitale fédérale

1. Les vingt États sont les vingt anciennes provinces : au NORD : 1° *Amazonas*, cap. Manaos, sur l'Amazone; 2° *Para*, cap. Para ou Belem, sur le Tocantins (65 000 hab.); 3° *Maranhao*, cap. Saô Louiz (Saint-Louis) de Maranhao (40 000 hab.), dans l'île du même nom, sur l'Atlantique; 4° *Piauhy*, cap. Therezina, sur le Parnahyba; 5° *Ceara*, cap. Ceara ou Fortaleza (35 000 hab.), sur l'Atlantique; 6° *Rio-Grande do Norte*, cap. Natal, sur l'Atlantique; 7° *Parahyba*, cap. Parahyba (40 000 hab.), sur l'Atlantique.

A l'EST : 8° *Pernambuco*, cap. Pernambuco ou Recife (190 000 hab.), sur l'Atlantique; 9° *Alagoas*, cap. Macceïo, sur l'Atlantique; 10° *Sergipe*, cap. Aracaju; 11° *Bahia*, cap. San-Salvador de Bahia (80 000 hab.), sur l'Atlantique; 12° *Espirito Santo*, cap. Victoria; 13° *Rio de Janeiro*, cap. Nictheroy, sur la baie de Rio Janeiro, en face de la capitale fédérale; 14° *San-Paulo* (Saint-Paul), cap. Saint-Paul (35 000 hab.);

Au SUD : 15° *Parana*, cap. Curitiba; 16° *Santa-Catarina*, cap. Desterro, dans l'île de Sainte-Catherine; 17° *Rio-Grande do Sul* (du Sud), cap. Rio-Grande, sur l'Atlantique;

Au CENTRE et à l'OUEST : 18° *Minas-Geraës*, cap. Ouro Preto; 19° *Goyaz*, cap. Goyaz; 20° *Matto-Grosso*, cap. Cûyaba, sur un affluent du Paraguay.

est **Rio-Janeiro** (522 000 hab.), le plus beau port de l'Amérique du Sud, sur une admirable baie bordée de jardins, de villas et de collines verdoyantes.

La population, presque toute catholique, et dont la langue est le portugais, est de 17 millions environ, dont moins de six millions de blancs, Portugais d'origine, le reste noirs, Indiens ou métis. L'esclavage des noirs a été définitivement aboli en 1888.

L'immigration européenne varie annuellement entre 25 000 et 98 000 individus. Les Italiens, les Portugais, les Espagnols, les Allemands et les Français y figurent dans des proportions très inégales, mais les Européens de langue latine, en particulier les Italiens, en représentent à eux seuls les 91 centièmes.

Le budget des recettes et des dépenses s'élève à 380 millions environ : le capital de la dette est d'environ 1150 millions en 1890.

Le service militaire est obligatoire en principe pour tout citoyen brésilien : il dure 3 ans dans l'armée active, et autant dans la réserve. L'effectif de paix ne dépasse pas 35 000 hommes. La flotte se compose de 54 navires à vapeur (dont 10 cuirassés), portant 235 canons, et montés par 6 000 hommes.

L'entretien des établissements d'enseignement primaire et secondaire est à la charge des Etats : l'enseignement supérieur relève seul du gouvernement fédéral. On évalue à plus de 350 000 le nombre des élèves des écoles primaires.

Géographie économique. — Le Brésil comprend, au point de vue agricole, quatre grandes zones différentes d'aspect et de climat : la *région des forêts amazoniennes* (provinces d'Amazonas et de Para), celle du *littoral septentrional et oriental*, et celle des *plateaux du centre*, qui appartiennent toutes trois au climat tropical, mais où la chaleur et le régime des pluies varient suivant les altitudes ; et celle des *plateaux du Sud*, qui appartient au climat tempéré, et qui rappelle par bien des traits l'Europe méridionale.

Les grandes cultures sont celles du *café* (provinces de Rio Janeiro, de Minas-Geraës, de Saint-Paul, de Bahia, de Céara), dont la récolte annuelle est évaluée à 480 millions de kilogrammes, la moitié de la production du monde entier, de la *canne à sucre* (exportation de 250 millions de kilogrammes de sucre brut), du *cacaoyer* dans la région de l'Amazone et sur le littoral septentrional. Le *manioc*, dont la fécule torréfiée produit le *tapioca*, réussit dans les régions du centre et du nord, ainsi que le *riz* et le *maïs*, qui forment la nourriture des habitants. Dans le sud, le *blé*, le *maté* ou thé américain, la vigne et les arbres fruitiers d'Europe croissent presque sans travail. Le *tabac* (50 millions de kilogrammes) et le *coton* (40 millions de kilogrammes) sont cultivés dans les provinces du nord et de l'est. Les forêts de l'Amazone abondent en bois de teinture, d'ébénisterie, en essences résineuses, parmi lesquelles le *caoutchouc*, en plantes médicinales, etc.

Les savanes nourrissent de grands troupeaux de bœufs, de moutons, de chevaux qui errent en liberté dans ces plaines sans limites.

Les mines sont abondantes, mais assez mal exploitées : on évalue à 4 millions la production de *l'or* dans les provinces de Minas-Geraës et de Matto-Grosso, de 8 à 10 millions celle des *diamants* de Matto-Grosso, de Minas-Geraës et de Saint-Paul. Le fer, le cuivre, les marbres se rencontrent dans les régions montagneuses ; enfin, on a découvert dans les provinces de Rio-Grande du Sud, de Saint-Paul et de Minas, des gisements de houille qui affranchiraient, s'ils étaient exploités, le Brésil du tribut qu'il paye à l'étranger.

Quant à l'industrie, si l'on en excepte les fonderies et les forges de la province de Minas-Geraës, quelques fabriques de cotonnades et quelques manufactures concentrées dans les grands ports, elle se borne aux objets de consommation quotidienne et mérite à peine une mention.

Principaux ports. — L'intercourse entre le Brésil et la France représente un mouvement de 250 000 tonneaux, dont 150 000 couverts par le pavillon français. Tous nos grands ports, surtout Le Havre, Bordeaux et Marseille, sont en relations suivies avec les ports brésiliens ; la ligne des Messageries, qui part de Bordeaux, communique par Lisbonne avec Pernambuco, Bahia et Rio en 25 ou 26 jours. Trois autres lignes régulières, celles des Chargeurs-Réunis, des Transports maritimes à vapeur et de la Compagnie de navigation à vapeur, ont pour points de départ Le Havre et Marseille.

Les principaux débouchés du commerce sont, à partir de l'embouchure de l'Amazone, *Para* ou *Belem*, sur le Tocantins ; *Saint-Louis de Marañhao* (Maragnan), *Ceara* ou *Forta-*

leza; *Parahyba*; **Pernambuco** ou *Recife*, la première relâche des paquebots anglais, allemands, des Messageries françaises et des vapeurs de New-York, le grand marché des sucres et des cotons; **Bahia** ou *San-Salvador*, l'ancienne capitale et la troisième place de commerce du Brésil; **Rio-Janeiro**, le premier port du Brésil; *Santos*, le débouché maritime de la province de Saint-Paul, et *Rio-Grande du Sud*, principal marché de la province de Rio-Grande.

On évalue le mouvement de la navigation à plus de 9 millions et demi de tonneaux, dont 5 millions pour le commerce avec l'étranger.

Communications intérieures. Le fleuve des Amazones. — Les communications intérieures sont encore très imparfaites, malgré le merveilleux réseau de voies navigables qui comprend pour le bassin de l'Amazone plus de 50 000 kilomètres, et dont la nature a fait tous les frais. Quelques centaines de barques et une trentaine de vapeurs font le trajet de *Belem* à *Mañaos* sur l'Amazone, ville destinée à devenir le Saint-Louis de l'Amérique du Sud, et de *Mañaos* à *Tabatinga* sur la frontière du Pérou : ils remontent même la *Madeira* et les grands affluents du fleuve : la navigation intérieure est ouverte aux pavillons étrangers.

Quelques belles routes sur la côte, et 13 000 kilomètres de chemins de fer exploités ou en construction, mettent les ports en communication avec les marchés intérieurs de la région maritime : *Saint-Paul,* au sud-ouest de Rio-Janeiro, *Ouro-Preto,* dans la province de Minas-Geraës; mais les provinces du centre, du nord et de l'ouest ne sont sillonnées que par de véritables sentiers de caravanes, dont le parcours exige des mois entiers et n'est pas sans danger.

Commerce extérieur. — Le commerce extérieur du Brésil, qui s'élevait en 1857 à 715 millions, atteint aujourd'hui près de 2 milliards; le chiffre des importations est inférieur à celui des exportations.

D'après les statistiques brésiliennes, les Etats-Unis figurent au premier rang pour 350 millions, dont les deux tiers à l'exportation.

La Grande-Bretagne et ses possessions occupent le second rang avec 320 millions, dont près de moitié à l'importation;

Puis viennent l'Allemagne et la France, avec 130 millions, dont moitié à l'importation.

On trouve ensuite le Portugal et ses possessions, les Etats scandinaves, la Belgique et les républiques de l'Amérique du Sud.

L'*exportation* consiste uniquement en matières premières ou denrées alimentaires : *cafés, sucres, spiritueux, cotons, cuirs bruts, tabacs, caoutchouc,* bois de teinture et d'ébénisterie, graines oléagineuses, laines en masse, cacao, métaux précieux et diamants.

L'*importation* consiste en objets manufacturés et denrées alimentaires. L'Angleterre l'emporte sur nous pour les cotonnades et les métaux travaillés; les Etats-Unis pour les farines, le Portugal pour les huiles d'olive; mais pour les nombreux articles sortis de nos manufactures : lainages, soieries, vêtements confectionnés, modes, chapellerie, ouvrages en peau et en cuir, et pour les vins, les beurres, les sels, la France occupe encore une place privilégiée sur le marché du Brésil, bien qu'elle soit menacée par la concurrence des Etats-Unis, de l'Angleterre et de l'Allemagne.

Le Brésil a adopté le système métrique des poids et mesures. La monnaie de compte est le *milreis* = 2^{fr},50 à 2^{fr},55 en monnaie d'argent et 2^{fr},80 en monnaie d'or. Les monnaies réelles sont des pièces de 20 000 = 56^{fr},20 : 10 000 = 28^{fr},10, et de 5 000 reïs = 14^{fr},05 (or) : et de 2 000 = 5^{fr}, 1 000 = 2^{fr},50, et 500 reïs = 1^{fr},25 (argent).

Les espèces sont du reste assez rares, et le papier-monnaie émis par le gouvernement ou les banques autorisées représente la plus grande partie de la circulation.

RÉSUMÉ

Régions de l'est et du centre. — Le Brésil.

Les ETATS-UNIS DU BRÉSIL, ancienne colonie portugaise indépendante depuis 1822, la contrée la plus vaste de l'Amérique du Sud, ont une superficie de plus de 8 millions et demi de kilomètres carrés. La population est de 17 millions d'habitants, Portugais d'origine, Indiens et noirs. Le Brésil a formé jusqu'en 1889 un empire constitutionnel. Il s'est constitué aujourd'hui en république fédérale. La république brésilienne se compose de 20 Etats. Elle est gouvernée par un Sénat, une Chambre des représentants et un Président élu pour 6 ans.

Le Brésil est borné au nord par la Colombie, le Vénézuéla et les Guyanes, à l'est par l'océan Atlantique, au sud par l'*Uru-*

guay, le *Paraguay* et la *Confédération Argentine*, a l'ouest par la *Bolivie* et le *Pérou*.

Outre la plus grande partie du cours de l'Amazone et de ses affluents, il possède le *Tocantins*, le fleuve *Saint-François* et le cours supérieur de l'*Uruguay*, du *Parana* et du *Paraguay*.

La région orientale et méridionale est accidentée, coupée de chaines de montagnes, et de plateaux arides. La région septentrionale et occidentale, qui forme le bassin de l'Amazone, est couverte de savanes, de marécages et de forêts.

La capitale du Brésil est Rio-Janeiro (522 000 habitants), le plus beau port de l'Amérique du Sud.

Les principaux ports de commerce sont, du nord au sud : *Para* ou *Belem*, sur le Tocantins ou Rio-Para ; *Saint-Louis de Maragnan*, *Recife* ou *Pernambuco*, *Bahia* ou *San-Salvador*, *Santos* et *Rio-Grande du Sud*.

Les villes les plus importantes de l'intérieur sont : *Mañaos*, sur l'Amazone ; *Saint-Paul*, *Ouro-Preto*.

Les principales productions du Brésil sont : le café, le sucre, le coton, le tabac, le cacao, les bois de teinture, le caoutchouc, les peaux brutes, les laines, les diamants, les minerais d'or, de fer et de cuivre.

Son commerce s'élève à près de 2 milliards. Les Etats-Unis, l'Angleterre, la France et l'Allemagne y prennent la plus grande part.

<h3 style="text-align:center">Exercices.</h3>

Carte physique et politique du Brésil.

<h3 style="text-align:center">Lectures.</h3>

LANIER. *Lectures géographiques. Amérique.*
AGASSIZ. *Voyage au Brésil.* 1 vol. in-12.
P. MARCOY. *Voyage du Pacifique à l'Atlantique.* 2 vol. in-8º.
MARCEL MONNIER. *Des Andes au Para.* 1 vol. in-8º.

CHAPITRE III

(Région du sud-est)

Bassin du Rio de la Plata

I

PARAGUAY

Le bassin du Rio de la Plata comprend trois Etats : le Paraguay, la République Argentine et l'Uruguay.

Entre le Brésil au nord-est, la Bolivie au nord, la République Argentine au sud et à l'ouest, est situé le **Paraguay**, république indépendante, arrosé par le *Paraguay* et par le *Pilcomayo*, affluent de droite du Paraguay, qui le séparent de la République Argentine du côté de l'ouest, et par le *Parana* qui le sépare du Brésil et de la République Argentine du côté de l'est. Ces trois cours d'eau sont navigables dans toute l'étendue du territoire du Paraguay. La capitale est *Assomption*, sur le Paraguay (25 000 hab.), les villes principales : *Conception*, sur le Paraguay, *Carapagua*, *Villa-Rica* et *Humaita*, théâtre de combats sanglants en 1868. Le Paraguay, dont l'origine remonte aux missions fondées par les Jésuites au dix-septième siècle, appartint à l'Espagne jusqu'en 1811. Gouverné successivement par les dictateurs Francia et Lopez, ce pays a soutenu, de 1865 à 1869, contre le Brésil, l'Uruguay et la Confédération Argentine, une guerre qui a dévasté son territoire et décimé sa population. (Population, en 1865, 1 300 000 habitants ; 460 000 habitants aujourd'hui, en grande partie Indiens ou métis ; superficie, 253 000 kilom. carrés.)

Les principales cultures sont le maïs, le maté, les oranges, le tabac : le pays est en partie couvert de forêts et nourrit un assez grand nombre de bœufs et de chevaux. Son commerce ne dépasse pas 25 millions.

II

RÉPUBLIQUE ARGENTINE

Les **Provinces-Unies de la Plata** ou **République Argentine,** ancienne colonie espagnole indépendante depuis 1810, bornées au nord par la Bolivie, à l'ouest par les Andes qui les séparent du Chili, au sud par le détroit de Magellan, à l'est par l'Atlantique, l'Uruguay, le Brésil et le Paraguay, sont un pays de forêts et de pampas, arrosé par le *Parana* et par ses affluents, et comprenant en outre les bassins secondaires du *Rio Colorado*, du *Rio Negro*, du *Chubut*, etc., tributaires de l'Atlantique. Elles se divisent en 14 provinces ou Etats et 9 territoires, y compris la Patagonie et la partie orientale de la Terre de Feu. La superficie totale est d'environ 4 500 000 kilom. carrés.

La République Argentine est gouvernée par un président élu pour 6 ans, par un Sénat élu pour 9 ans et une

Chambre des députés élue pour 4 ans. La capitale fédérale est *Buenos-Ayres* (660 000 hab.), sur le Rio de la Plata. habitée par de nombreux émigrants français, italiens et allemands; les villes principales : *La Plata* 50 000 hab. , au sud-est de Buenos-Ayres, et *Rosario* (45 000 hab.), sur le Rio de la Plata; *Santa-Fé*, sur la rive droite du Parana; *Parana*, sur la rive gauche; *Tucuman* (40 000 hab.), *Cordoba* (68 000 h.), dans l'intérieur, *Mendoza*, au pied des Andes [1].

La population dépasse 4 millions et demi d'habitants. créoles espagnols, immigrants européens, indiens et métis.

Le budget national, sans compter le budget des Etats, est d'environ 300 millions, la dette publique de 1 600 millions. L'armée active compte plus de 1 280 officiers pour 7 000 sous-officiers et soldats; la marine de guerre se compose de 32 navires à vapeur portant 70 canons.

La Confédération Argentine peut se diviser en trois régions : celle de la côte, qui produit en abondance les fruits, les céréales, le tabac et le lin; celle des Andes, riche en forêts et où réussissent également les céréales, le tabac, la vigne et même la canne à sucre, et celle des *pampas* ou des pâturages qui nourrissent 18 millions de bœufs, 120 millions de moutons et 14 millions de chevaux. — On exploite dans la région des Andes l'or, l'argent, le cuivre et le fer; l'or et la houille ont été signalés en Patagonie, mais les seules industries qui aient pris quelque développement sont celles qui se rattachent à la culture ou à l'élevage : minoteries, tanneries, préparation des conserves de viande, etc.

Le grand débouché de la République Argentine est le port de **Buenos-Ayres,** situé sur la rive droite du Rio de la

1. Les quatorze provinces de la République Argentine sont, au NORD, celles : 1º de *Jujuy*, capitale Jujuy; 2º de *Salta*, capitale Salta; 3º de *Tucuman*, cap. Tucuman; — à l'OUEST, celles : 4º de *Catamarca*, cap. Catamarca; 5º de *Santiago*, cap. Santiago; 6º de *La Rioja*, cap. La Rioja; 7º de *San-Juan*, cap. San-Juan; — au SUD, celles : 8º de *Mendoza*, cap. Mendoza; 9º de *San-Luis*, cap. San-Luis; — au CENTRE, celles : 10º de *Buenos-Ayres*, cap. La Plata; 11º de *Cordoba*, cap. Cordoba; 12º de *Santa-Fé*, cap. Santa-Fé; — à l'EST, celles : 13º d'*Entre-Rios*, cap. Concepcion, et 14º de *Corrientes*, cap. Corrientes. — Les territoires sont, au nord, ceux de *Formosa* (ville sur le Paraguay) ou du *Rio Vermejo* et du *Gran-Chaco*; au nord-est, celui des *Missions*, entre l'Uruguay et le Parana, au nord de la province de Corrientes; au sud, ceux de *la Pampa*, du *Rio Negro*, du *Neuquen* (affluent de gauche du Rio Negro). du *Chubut*, de *Santa-Cruz*, ou de la *Patagonie* et de la *Terre de Feu*.

Plata, à 320 kilom. de son embouchure, et desservi par les Messageries de Bordeaux, les paquebots de Southampton, de Liverpool, du Havre, d'Anvers, de Hambourg, etc.

Si la ville de Buenos-Ayres, avec ses quais couverts de constructions innombrables où se heurtent tous les styles, le mouvement de ses rues, bordées, il est vrai, de maisons basses, mais sillonnées de chemins de fer et de tramways, la beauté de ses promenades, l'accroissement rapide de sa population, rappelle quelque peu New-York, le port de la grande cité argentine n'a malheureusement rien de commun avec celui de la métropole américaine. Le niveau inconstant du fleuve qui laisse sa rive droite ou sa rive gauche à sec suivant que souffle le pampéro ou le vent du nord, la pente insensible de la plage qui force les navires à mouiller en pleine rade et à transborder les marchandises et les voyageurs, sont des inconvénients d'autant plus graves que le trafic grandit chaque jour. On essaie d'y remédier en construisant dans le lit même du Rio de la Plata une digue de 4500 mètres de long qui permettra de disposer pour les bassins et les docks d'une superficie de 400 000 mètres carrés.

En même temps a été construit, à 50 kilomètres au sud-est de Buenos-Ayres et à 8 kilomètres de *la Plata*, capitale de la province de Buenos-Ayres, dans la baie de l'Enseñada, un port commencé en 1885, qui aura, quand tous les travaux seront achevés, 16500 mètres de quais, 350000 mètres carrés de docks et de magasins, 55 kilomètres de voies ferrées, et qui pourra suffire à un mouvement de 8 millions de tonneaux. Le port de *Rosario* (à 421 kilomètres au-dessus de Buenos-Ayres), où s'arrête la navigation maritime, est plus profond et plus sûr que celui de la capitale.

Le mouvement total de la navigation internationale est d'environ 11 600 000 tonneaux chargés, dont plus de 700 000 sont couverts par le pavillon français. La marine marchande argentine ne jauge pas plus de 60 000 tonneaux.

La navigation fluviale du Rio de la Plata, du Parana, de l'Uruguay, représente un mouvement de plus de deux millions et demi de tonneaux. Des lignes régulières de vapeurs remontent le Parana jusqu'à Corrientes, et l'Uruguay jusqu'à Concordia, dans la province d'Entre-Rios.

Les chemins de fer de la République Argentine ont un développement de 8 700 kilomètres, sans compter 7 000 kilo-

mètres de lignes en construction. Les deux lignes principales sont celles de Buenos-Ayres à *Jujuy*, par Rosario, Cordoba et Tucuman, route du commerce avec la Bolivie, et de
Buenos-Ayres à Mendoza et à *Uspallata* dont le tunnel inachevé établira la communication avec Valparaiso et réu-
nira les deux versants des Andes.

Les routes de terre, bien qu'elles soient parcourues par de
nombreux services de messageries, sont assez mal entretenues, dans la plupart des provinces, et celles qui franchissent les Andes ne sont que des chemins muletiers.

Le commerce extérieur de la République Argentine
s'élève environ à 1 500 millions, dont 850 à l'exportation,
qui consiste en laine, cuirs secs ou salés, suifs, viandes
sèches ou salées, extraits de viande, crins et poils, céréales,
lin, etc.

Deux puissances européennes prennent à ce commerce une
part prépondérante, l'Angleterre pour 400 millions, dont plus
des trois quarts à l'importation; la France pour 300, dont plus
de 130 représentent la valeur des marchandises exportées en
France, laines, peaux, graisses, etc., et 109 à 110 la valeur
de nos importations : vins, spiritueux; tissus de laine, de
soie et de coton, mercerie, lingerie, livres, cristaux et porcelaines, quincaillerie, machines, etc.

La prospérité de la République Argentine avait pris dans
ces dernières années un essor qui pouvait justifier toutes les
espérances : l'immigration avait sextuplé en dix ans; de
41 000 immigrants en 1880, elle avait passé à plus de
260 000 en 1889 (90 000 Italiens, 70 000 Espagnols, 27 000
Français, etc.) : les capitaux européens et surtout anglais
s'étaient jetés avec emportement dans toutes les entreprises : les banques s'étaient multipliées; les spéculations
sur les terrains avaient atteint des proportions gigantesques; les émissions de papier-monnaie, les emprunts de
villes et de provinces se succédaient avec une rapidité verti-
gineuse; la fièvre du jeu tournait toutes les têtes. Ce mouvement prématuré a abouti à une catastrophe financière dont
l'Europe a payé les frais, et qui retardera, sans l'arrêter, le
progrès de la jeune république. Il lui reste ses ressources
naturelles que le temps et une exploitation mieux dirigée
mettront nécessairement en valeur. La France, qui compte
dans la République Argentine plus de 100 000 de ses nationaux pour la plupart d'origine basque, est particulière-

ment intéressée à l'avenir d'un pays où son commerce n'a pas cessé de grandir, malgré la concurrence de l'Angleterre et de l'Allemagne.

Le système métrique décimal des poids et mesures est obligatoire depuis 1879.

L'unité monétaire est le *peso* national = 5 francs, divisé en *centavos*.

Les monnaies d'or sont les pièces de 5 et de 2 $^1/_2$ pesos ; les monnaies d'argent, les pièces d'un peso, de 50, de 20, de 10 et de 5 centavos ; les monnaies de cuivre, les pièces d'un et de 2 centavos ; mais la monnaie courante est la monnaie de papier, qui subit une dépréciation considérable.

III

URUGUAY

La république orientale de l'Uruguay, ancienne colonie espagnole, indépendante depuis 1825, est bornée : au nord, par le Brésil ; à l'ouest, par la Confédération Argentine ; au sud, par le Rio de la Plata ; à l'est, par l'Atlantique.

Sa superficie est d'environ 187000 kilom. carrés, sa population de 700000 habitants, dont 200000 étrangers, Français (25000), Espagnols (50000), Italiens (45000), etc. L'immigration est en moyenne de 16000 personnes par an. L'Uruguay est gouverné par un Sénat élu pour 7 ans, une Chambre des députés élue pour 3 ans, et un président élu pour 4 ans. Le budget est d'environ 80 millions, la dette publique de 420 millions.

L'Uruguay se divise en dix-neuf départements. La capitale est *Montevideo* (180000 hab.), sur l'estuaire du Rio de la Plata.

Les richesses du pays sont l'éducation du gros bétail (10 millions de têtes), des moutons (20 millions) et des chevaux, la culture des céréales, de la vigne, de l'olivier et du tabac. La seule grande industrie est la préparation des extraits de viande, qui se fait sur une échelle gigantesque à *Fray-Bentos*, sur l'Uruguay.

Le grand débouché du commerce est le port de **Montevideo,** desservi par les Messageries maritimes françaises, les paquebots anglais de Southampton, etc. (mouvement de 2400 navires et 4300000 tonneaux, pour la navigation au long cours). Les routes sont aussi primitives que dans la République Argentine, mais le réseau des chemins de fer dépasse 800 kilomètres.

Le commerce extérieur atteint 350 millions, et la France qui occupe le second rang y participe pour plus de 60 millions, dont 25 millions à l'importation.

Les importations anglaises, qui consistent surtout, comme les nôtres, en objets manufacturés, dépassent d'un ou deux

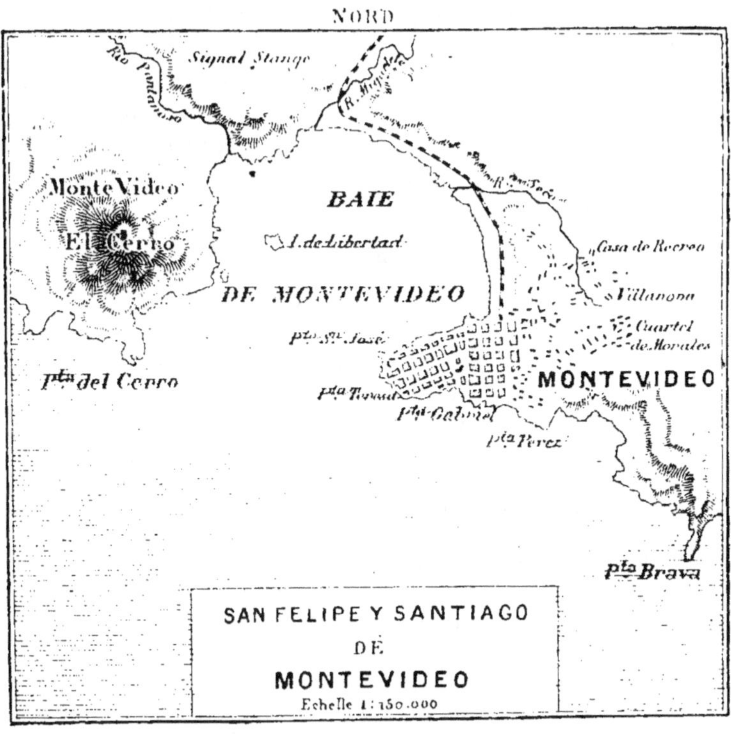

Carte XIV.

millions le mouvement total de notre commerce ; celles de l'Allemagne et de l'Italie se rapprochent peu à peu des nôtres, et dépassent 16 millions.

On compte à Montevideo, comme à Buenos-Ayres, par *pesos* nationaux de 5 francs à 5fr,38. Le papier-monnaie en circulation représente une valeur nominale de trois millions.

IV

Les îles Falkland. — A l'est du détroit de Magellan, les Anglais ont colonisé les îles *Falkland* ou *Malouines*, un moment occupées au XVIIIe siècle par les Français et les Espagnols. C'est un archipel composé de deux grandes îles, aux côtes profondément découpées, au sol accidenté, au climat humide mais salubre, et d'un grand nombre d'îlots rocheux, et presque tous inhabités (12 532 kilomètres carrés, 2 000 habitants). On y cultive la pomme de terre, les légumes, et les pâturages nourrissent d'assez nombreux bestiaux. Les îles Falkland sont surtout importantes par leur position sur la route du cap Horn, et servent de relâche aux pêcheurs des mers Australes.

RÉSUMÉ

Région du sud-est.

Le bassin du Rio de la Plata, composé en partie de *pampas* où paissent les innombrables troupeaux de bœufs (30 millions de têtes), de chevaux (18 millions) et de moutons (120 millions à 130 millions), qui font la richesse de cette région, comprend :

1° Entre le Brésil au nord-est, la République Argentine au sud et à l'ouest, la Bolivie au nord, le PARAGUAY (253 000 kilomètres carrés, 460 000 habitants), ancienne possession espagnole, république indépendante depuis 1811, arrosé par le Paraguay, son affluent le Pilcomayo, et le Parana; capitale *Assomption*, sur le Paraguay. Les principales richesses sont le bois, le tabac, le maté et l'élevage du bœuf et du cheval.

2° La RÉPUBLIQUE ARGENTINE, ancienne colonie espagnole, indépendante depuis 1810 (4 500 000 kilom. carrés, 4 millions et demi d'habitants, parmi lesquels de nombreux émigrants italiens, espagnols, français et allemands), est bornée au nord par l'Uruguay, le Brésil, le Paraguay et la Bolivie, à l'ouest par le Chili, au sud et à l'est par l'Atlantique. Elle se divise en 14 États et 9 territoires. La capitale et le principal port est *Buenos-Ayres* (660 000 habitants), la plus grande ville de l'Amérique du Sud, sur le Rio de la Plata, à 320 kilomètres de son embouchure. Les villes principales sont *la Plata* et *Rosario*, sur le Rio de la Plata, *Parana*, sur la rive gauche, et *Santa-Fé*, sur la rive droite du Parana. *Mendoza*, *Cordoba*, *Tucuman*, dans l'intérieur.

Les richesses de la République Argentine sont l'éducation du mouton, du bœuf et du cheval, la culture des céréales, du blé, de la vigne, des arbres fruitiers, auxquelles se prête son climat tempéré ; celle de la canne à sucre et du coton dans le nordouest, et l'exploitation des mines d'or, d'argent et de cuivre. L'industrie est peu développée. Le réseau des chemins de fer dépasse 8'700 kilomètres et franchira prochainement les Andes. Le commerce extérieur dépasse un milliard. L'Angleterre et la France se disputent le premier rang.

3° La République de l'Uruguay (187 000 kilomètres carrés, 700 000 habitants, dont 200 000 étrangers, italiens, espagnols, français, etc., ancienne possession espagnole, Etat indépendant depuis 1825, est située entre le Brésil au nord, l'Atlantique à l'est, le Rio de la Plata au sud, et la Confédération Argentine à l'ouest; capitale *Montevideo*, port à l'embouchure du Rio de la Plata. Les produits sont à peu près les mêmes que ceux de la République Argentine. Le commerce extérieur s'élève à 350 millions environ. La France y figure au second rang, après l'Angleterre.

4° A l'est du détroit de Magellan, les Anglais ont colonisé les îles *Falkland* ou *Malouines*.

Exercices.

Cartes physiques et politiques de la République Argentine, de l'Uruguay et du Paraguay.

Lectures.

Lanier. *Amérique.*
E. Daireaux. *La vie et les mœurs de la Plata.* 2 vol. in-18. — *Buenos-Ayres, la Pampa et la Patagonie*, in-16 (2e édition).
E. de Bourgade la Dardye. *Le Paraguay,* in-18, 1889.
Tour du Monde. (Voyages de MM. *Crevaux, Thouar, H. Hyades.*)

CHAPITRE IV

(Région de l'ouest)

Chili. Bolivie. Pérou

I

CHILI

Géographie physique et politique. — La république du Chili, ancienne colonie espagnole, découverte et conquise au seizième siècle, est devenue indépendante depuis 1810.

C'est une bande de terre longue de 4 000 kilomètres, limitée au nord par la Bolivie et le Pérou, au sud par le détroit de Magellan et resserrée entre les Andes et l'océan Pacifique.

La région occidentale de la Terre de Feu et du littoral de la Patagonie qui borde le détroit de Magellan font partie du territoire chilien, ainsi que l'archipel magellanique, l'île Wellington, les îles Chonos, l'île Chiloé, Juan-Fernandez et l'île de Pâques. La superficie totale est de 776 000 kilomètres carrés.

La République est gouvernée par un Président élu pour 5 ans, un Sénat élu pour 6 ans et une Chambre des députés élue pour 3 ans.

Mieux administré et plus tranquille que les autres républiques espagnoles, le Chili a su organiser une armée et une marine militaire qui ont fait leurs preuves dans la guerre contre la Bolivie et le Pérou, de 1879 à 1883. Le budget se solde par des excédents, la dette est relativement peu élevée, l'instruction assez développée (près de 1 400 écoles primaires, 20 lycées, une université à Santiago); mais ces traditions de sagesse et d'économie ont été compromises par des succès trop rapides : une guerre civile a éclaté en 1891 et depuis des agitations politiques ont pendant quelque temps retardé le développement économique du Chili.

La population s'élève à près de 3 200 000 habitants. Les blancs d'origine espagnole en forment la majorité : les métis sont beaucoup moins nombreux que dans le reste de l'Amérique du Sud. Quant aux indigènes, les Indiens *Araucans*, refoulés dans les Andes, ont conservé jusqu'au milieu de notre siècle une demi-indépendance, mais aujourd'hui la soumission est complète et la race disparaît peu à peu ; les *Fuégiens* (habitants de la Terre de Feu) ont moins d'avenir encore ; leur petit nombre (à peine un ou deux milliers) et leur civilisation inférieure les condamnent à une rapide extinction. L'immigration européenne au Chili, malgré la salubrité du climat, est peu active : c'est à peine si on compte sur tout le territoire chilien 90 000 étrangers, et les Européens n'en représentent guère que le tiers. Les Allemands (7 000 à 8 000), les Anglais (6 000 à 7 000) et les Français (4 000 environ) sont les plus nombreux.

La religion catholique est presque la seule qui soit pratiquée.

Le Chili se divise en 21 provinces et 3 territoires. La capitale est **Santiago** (336 000 habitants), au pied des Andes. La monotonie de ses rues droites et de ses maisons basses est corrigée par son admirable situation, par ses innombrables jardins et par le goût de ses habitants pour les couleurs vives et les décors variés. Les toits sont couverts en tuiles rouges, les maisons peintes en jaune, en blanc et en bleu, les façades ornées de colonnes doriques, d'attiques florentins, de balcons mauresques, de fenêtres ogivales, le tout sculpté dans le bois, le stuc ou le plâtre, car la plupart des constructions sont en brique ou en pisé. Les villes principales sont *Valparaiso* (105 000 habitants), la seconde ville et le port le plus actif du Chili, bâtie aux bords d'une baie qui se creuse en demi-cercle et que dominent des falaises et des rochers sans verdure, *Arica* et *Iquique* qui exportent le salpêtre; *Antofagasta*, d'où part un chemin de fer qui pénètre en Bolivie jusqu'à *Oruro*. La *Serena* ou *Coquimbo* et *Caldera*, sur le Pacifique, port de *Copiapo*, deux des débouchés de la région minière du Chili septentrional; *Chillan*, dans la plaine centrale, au sud de Santiago; *Conception* (25 000 habitants); *Valdivia*, sur un cours d'eau, à peu de distance de la mer, l'un des centres les plus importants des provinces méridionales, enfin, *Punta-Arenas*, qui sert de dépôt de charbon sur le détroit de Magellan.

Géographie économique. — Le Chili, qui s'étend du 18ᵉ au 55ᵉ degré de latitude méridionale, présente une extrême variété de climats, qu'on peut cependant ramener à trois grandes *zones* : au nord celle des chaleurs tropicales, de la sécheresse et de la stérilité; au centre, du 29ᵉ au 38ᵉ degré, une région plus tempérée et moins sèche, moitié plaine, moitié montagne, propre à la culture des céréales et à l'élève du bétail; au sud un pays de forêts et de prairies dont l'humidité contraste avec l'aridité de la région septentrionale.

Le froment (6 à 7 millions d'hectolitres), l'orge, le maïs, la pomme de terre, les légumes secs sont cultivés avec succès dans les grandes fermes de la région du centre et commencent à se répandre dans celle du midi; la culture de la vigne et celle des arbres fruitiers ont fait des progrès considérables; les bœufs, les chevaux, les moutons se sont multipliés dans les prairies méridionales et dans les pâturages des Andes; de belles forêts assez mal exploitées couvrent les flancs des montagnes; mais la principale richesse du Chili,

celle du moins sur laquelle se concentrent aujourd'hui ses
efforts, ce sont ses mines de cuivre (1 600 mines exploitées
produisant environ 50 millions de kilogrammes de cuivre pur,
surtout dans les provinces du nord, *Atacama*, *Coquimbo*,
Copiapo, etc...), ses mines d'argent *Caracolès* et désert
d'Atacama) qui produisent de 150 000 à 160 000 kilogrammes; ses mines d'or peu abondantes; ses gisements de
houille à *Lota*, non loin de Concepcion; ses dépôts de nitrate de soude (salpêtre), dans les provinces enlevées à la Bo-

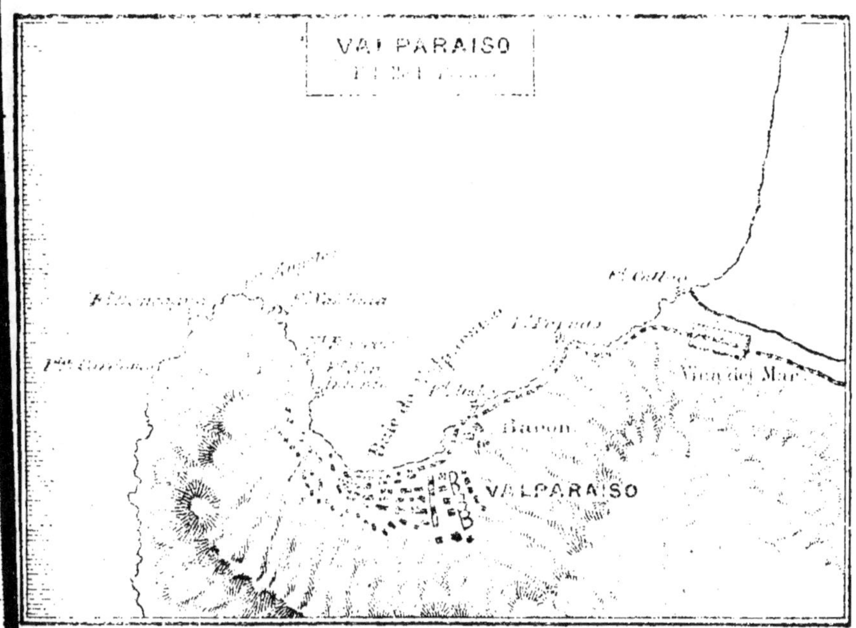

Carte XV.

livie et au Pérou, et le guano qui se trouve encore dans les
îlots du Pacifique ou même sur les rochers du littoral.

Les industries textiles sont peu développées, mais la
métallurgie du cuivre et de l'argent, la fabrication des produits chimiques, en particulier de l'iode, les brasseries, les
tanneries peuvent rivaliser avec l'industrie européenne.

Le grand marché du Chili, la principale station des paquebots anglais, allemands et américains du Pacifique, est le
port de **Valparaiso**, dont la rade est cependant dangereuse
par les vents du nord.

Les ports du nord, *Arica*, *Iquique*, pour les salpêtres et les guanos, *Antofagasta*, *Coquimbo*, pour les métaux ; ceux du sud, *Talcahuano*, port de Concepcion, *Coronel*, à quelques kilomètres de *Lota*, *Ancud* (île Chiloé), pour les céréales, les laines et la houille, partagent avec Valparaiso le commerce du Chili. *Punta-Arenas*, sur le détroit de Magellan, sert de relâche aux vapeurs qui suivent cette route, au lieu de franchir le cap Horn, comme le font les voiliers.

Le mouvement de la navigation dépasse 22 000 navires et 20 millions de tonneaux. L'effectif de la marine marchande est de 90 000 tonneaux environ.

Le Chili possède près de 3 000 kilomètres de chemins de fer exploités. La principale ligne dessert toute la plaine centrale au nord et au sud de Santiago.

Le commerce extérieur s'élève en moyenne à 600 millions, dont plus de la moitié pour l'exportation.

L'Angleterre figure dans ce mouvement pour 350 millions environ, l'Allemagne pour près de 100, la *France* pour 30, dont plus de moitié à l'importation.

Le cuivre (70 millions), l'argent (30 millions), le nitrate de soude (170 millions), les grains, les laines, les peaux brutes, la houille, le guano représentent la presque totalité des objets exportés. Les produits miniers y figurent pour les neuf dixièmes.

A l'importation, les draps fins, la chapellerie, les vêtements confectionnés, la lingerie, la mercerie, la ganterie, la papeterie et la librairie, les vins sont encore en partie de provenance française ; mais l'Angleterre l'emporte pour les cotonnades, les machines, la quincaillerie, et la concurrence allemande devient de jour en jour plus active.

L'adoption du système métrique français a été décrétée à partir du 1er juin 1865.

Le système décimal est également adopté pour les monnaies, dont l'unité est la piastre ou peso = 5 francs ; mais le papier, qui subit une dépréciation considérable, est à peu près la seule monnaie courante.

II

BOLIVIE

La république du **Haut-Pérou** ou **Bolivie,** séparée du Pérou en 1825, doit son nom au héros des guerres de l'indépendance contre l'Espagne, Simon Bolivar. Elle est bornée : au nord et à l'est par le Brésil ; au sud par le Paraguay, la Confédération Argentine et le Chili ; à l'ouest par le Chili et le Pérou. Elle est en grande partie couverte par les Andes et arrosée par le cours supérieur du *Pilcomayo* et de la *Madeira* qui sort par plusieurs branches des massifs de Sorata et d'Illimani. Sa superficie est de 1 330 000 kilomètres carrés, et sa population d'environ 2 millions d'habitants, dont les trois quarts d'Indiens civilisés ou sauvages. La Bolivie se divise en 8 départements.

Une étroite bande de terrain sur le littoral de l'océan Pacifique, nu et désert, dominé par de gigantesques plateaux, mais qui renferme des gisements d'argent et de salpêtre, appartenait à la Bolivie : ce territoire désert d'Acatama a été annexé au Chili en 1882 avec les seuls ports boliviens, *Cobija* et *Antofagasta*. La région des plateaux, froide et stérile, où sont situées les villes les plus peuplées, *la Paz* (60 000 hab.), capitale politique et commerciale du pays, *Chuquisaca* (*Sucre*), *Potosi*, *Cochabamba*, est riche en mines d'or, d'argent, de cuivre, d'étain et nourrit des troupeaux de moutons, de chèvres, de lamas et d'alpacas.

Les plaines orientales, couvertes de forêts vierges où l'on récolte encore le quinquina et le caoutchouc, d'admirables pâturages, des terres fertiles où croissent la canne à sucre, le café, le coton, le cacao, le maïs, ont pour débouchés les grands fleuves du Brésil et de la Confédération Argentine, où la navigation est jusqu'à présent sans importance.

La plupart des échanges avec l'Europe ont lieu par les ports d'*Arica* et d'*Iquique* ; les routes sont, du reste, très mal entretenues. Un chemin de fer va du port chilien d'*Antofagasta* à *Oruro*.

Le commerce extérieur de la Bolivie, difficile à apprécier, est d'environ 230 millions ; l'influence allemande a fait de très grands progrès dans ce pays : les métaux précieux, le cuivre, l'étain, la laine d'alpaca, le quinquina, le caoutchouc, le coton, le café, etc., forment la base des exportations ; les liquides, les tissus et la quincaillerie, celle des importations.

L'Allemagne, l'Angleterre, les États-Unis, l'Espagne se partagent ce trafic, où la France n'entre que pour un chiffre insignifiant, qui serait beaucoup plus élevé si nos commerçants tenaient plus de compte des goûts et des habitudes nationales.

L'unité monétaire est le boliviano de 3 francs 13 centimes.

III

PÉROU

Géographie politique. — La république du Pérou, entre l'Équateur au nord, le Brésil et la Bolivie à l'est, le Chili au sud, et l'océan Pacifique à l'ouest, est traversée par la chaîne des Andes avec ses larges plateaux, ses volcans et ses lacs, dont le plus important est celui de *Titicaca* : elle est arrosée par le cours supérieur du fleuve des *Amazones* et de ses affluents. Le Pérou fut comme le Mexique, avant la découverte du Nouveau Monde, le siège d'un puissant empire, celui des *Incas*. Conquis par l'Espagnol François Pizarre, de 1531 à 1533, il se souleva contre l'Espagne en 1821, et ce fut sur son territoire que les généraux Bolivar et Sucre remportèrent les dernières victoires de la guerre de l'indépendance, *Junin* et *Ayacucho* (1824). La guerre de 1879-1883 avec le Chili a désorganisé et ruiné la république péruvienne qui a dû céder la province de *Tarapaca* et celle de *Tacna*, une des plus riches et des plus peuplées. La superficie est d'environ 1 135 000 kilom. car., la population de 3 millions d'habitants, dont plus de 2 millions et demi d'Indiens et de métis, et 80 000 noirs. Les étrangers sont au nombre d'environ 80 000, dont plus de 50 000 Chinois et 20 000 Européens (Italiens, Français, Espagnols et Allemands).

Le Pérou se divise en 19 départements. La capitale est **Lima**, avec le port de *Callao*. Lima, fondée par Pizarre, sur les bords d'un torrent, le *Rimac*, qui descend de la Cordillère de la côte, a plus de 100 000 habitants ; ses élégantes maisons de style mauresque, ses riches églises, ses nombreux couvents, ses monuments surchargés de sculptures l'ont fait passer longtemps pour la plus belle ville de l'Amérique du Sud, et la douceur de son climat en ferait une des plus agréables, si la fréquence des tremblements de terre n'inspirait à ses habitants des craintes trop justifiées. Un chemin de fer, qui dessert les mines du Cerro de Pasco, unit Lima au port de *Callao* (35 000 hab.), sur le Pacifique, rade médiocre transformée par des travaux gigantesques. Les villes les plus importantes sont *Arequipa* (30 000 hab.), dans une région volcanique, à 2 500 mètres au-dessus de l'Océan ; *Cuzco*, l'antique capitale des Incas, sur les hauts

Fig. 33. — Vue de Lima.

plateaux, encore dominée par les ruines imposantes de **sa** vieille citadelle ; *Puño*, sur les bords du lac Titicaca, et *Caja-marca*, qui a conservé comme Cuzco de nombreuses ruines de monuments antérieurs à la conquête espagnole.

Géographie économique. — Le Pérou comprend trois régions : la côte (*valles*), presque sans pluies, souvent sans végétation, brûlée par le soleil des tropiques, et qui n'est cultivée que dans quelques vallées étroites arrosées par les torrents andins ; la *sierra*, moins sèche, plus tempérée et moins stérile, mais dont les âpres plateaux se prêtent difficilement à la culture, et la *montaña* ou la forêt sur le versant oriental des Andes, humide, sillonnée par les affluents du haut Amazone, et d'une fertilité merveilleuse, mais dont le climat chaud et insalubre ne convient pas au travailleur européen. Le riz, le manioc, la canne à sucre, le café, le cacao, l'indigo, le coton, réussissent dans les terres chaudes ; l'olivier, la vigne, le maïs, dans les vallées des terres tempérées ; le froment et le seigle sur les plateaux où d'abondants pâturages favorisent l'éducation du mouton, du lama, de l'alpaca, de la vigogne et du mulet. Les forêts produisent le quinquina, le coca, le caoutchouc, l'ivoire végétal ou corozo ; enfin des mines d'argent, de cuivre, de mercure et des gisements aurifères, sont exploités dans la Cordillère, surtout aux environs du cerro de Pasco.

Le Pérou conserve encore de riches dépôts de guano et de nitrate de soude, bien que les plus importants, ceux des provinces de Tarapaca et de Tacna aient été cédés au Chili et que le guano des îles *Chincha* et *Lobos* soit à peu près épuisé.

L'industrie est insignifiante et ne suffit pas à la consommation. Les seuls produits qu'elle exporte sont les chapeaux dits de Panama qui se fabriquent en partie dans la province de Moyobamba. A l'exception de *Callao*, les ports du Pacifique, *Mollendo*, *Islay*, *Trujillo*, *Payta*, ne sont que des rades ouvertes et peu fréquentées par la grande navigation.

Malgré ses 2 600 kilomètres de voies ferrées, le Pérou n'a pas de grandes voies de communications intérieures ; ses chemins de fer sont incomplets ; aucun ne met le bassin de l'Amazone en relations avec le Pacifique. Trois routes principales, qui ne sont pas des routes, mais des sentiers de mulets, aboutissent aux ports de l'Ucayali et du rio Huallaga. La plus méridionale et la plus longue part d'Islay et suit la voie ferrée de Mollendo à Arequipa et à Puño sur le lac Titicaca ; le chemin de fer se continue d'un côté sur Cuzco, de l'autre sur Puno et la Paz en Bolivie ; mais la navigation du haut Ucayali est dangereuse même pour de simples pirogues.

La seconde part de Callao, atteint Lima, suit la voie ferrée jusqu'à Cerro de Pasco et gagne le rio Huallaga semé de rapides et à peine navigable pour des canots indiens. La troisième part de Trujillo et aboutit sur le Huallaga, au point où commence la navigation à vapeur. C'est la plus fréquentée, mais elle n'est praticable que pour des bêtes de somme. Les chemins de fer péruviens ne seront de véritables routes commerciales que quand ils atteindront les affluents navigables de l'Amazone, le bas Huallaga, le moyen Ucayali ou le Purus.

Le commerce extérieur du Pérou ne dépasse guère 130 millions, dont une quarantaine à l'exportation qui consiste surtout en nitrate de soude, en métaux (cuivre, argent et or), guano, laines d'alpaca et de vigogne, sucre, riz, quinquina, coton, etc. Les objets manufacturés de toute sorte, en particulier les tissus, représentent les quatre cinquièmes des importations. La France n'y prend qu'une part très faible, suivie d'assez près par l'Allemagne et devancée de fort loin par l'Angleterre.

Le Pérou a adopté le système métrique comme les autres républiques espagnoles. L'unité monétaire est le *sol* (soleil) d'argent = 3 fr. 25 à 3 fr. 80. Le papier-monnaie a cessé de circuler.

RÉSUMÉ.

Région du sud-ouest et de l'ouest.

1° La RÉPUBLIQUE DU CHILI, ancienne colonie espagnole, indépendante depuis 1810 (776 000 kilomètres carrés, 3 200 000 habitants), est située entre la Bolivie et le Pérou au nord, la République Argentine, dont elle est séparée par les Andes à l'est, et l'océan Pacifique au sud et à l'ouest. Les deux tiers de la Terre de Feu, les îles Wellington, Chiloé, Juan Fernandez, l'île de Pâques, dépendent du Chili. La capitale est *Santiago* (336 000 hab.) ; les villes principales : *Concepcion, Chillan, Valdivia ;* les ports sur le Pacifique : *Arica, Iquique, Antofagasta, Coquimbo, Valparaiso* (105 000 hab.), le plus grand centre commercial du Chili, et *Talcahuano.*

Les provinces du nord exploitent des mines d'argent et de cuivre (Atacama), des gisements de salpêtre et de guano (Tarapaca); celles du centre cultivent les céréales et la vigne, et nourrissent d'assez nombreux troupeaux; celles du sud, plus humides et plus froides, sont la région des forêts et exploitent des mines de houille.

Le commerce du Chili s'élève à plus de 600 millions. L'Angleterre, l'Allemagne et la France y prennent la plus large part.

2° La République de Bolivie, séparée du Pérou en 1825 (1350000 kilomètres carrés, 2000000 d'habitants), est située entre le Brésil au nord et à l'est, la République argentine et le Chili au sud, le Pérou à l'ouest. Elle est arrosée par le cours supérieur du *Purus*, de la *Madeira*, et du *Pilcomayo*, qui descendent des massifs les plus élevés des Andes. La capitale est *la Paz*; les villes principales, *Sucre (Chuquisaca)*, *Potosi*, sur les plateaux. Les mines d'argent, d'étain et de cuivre, la laine et le quinquina sont les principaux produits de la Bolivie.

3° La République du Pérou formait autrefois l'empire des *Incas*, qui fut détruit par l'Espagnol Pizarre au seizième siècle. Le Pérou est indépendant de l'Espagne depuis 1821. (1135000 kilomètres carrés, 3000000 d'habitants, en comptant 350000 Indiens sauvages.) Il est situé entre l'Équateur au nord, le Brésil et la Bolivie à l'est, le Chili au sud, et l'océan Pacifique à l'ouest. Le littoral du Pacifique est sec et stérile, les hauts plateaux se prêtent mieux à la culture et à l'élevage du bétail, mais la partie la plus fertile est le versant oriental des Andes, en partie couvert de forêts et arrosé par le cours supérieur du fleuve des *Amazones* et par ses affluents. La capitale est *Lima* (100000 hab.), avec le port de *Callao*; les villes principales, *Cuzco*, *Puno* et *Aréquipa*, dans l'intérieur, *Mollendo*, *Trujillo*, et *Payta* sur la côte. Le Pérou possède des gisements de guano et de salpêtre, des mines d'argent et de cuivre, cultive la canne à sucre, le coton et le quinquina, et nourrit des troupeaux de lamas, d'alpacas et de moutons.

Son commerce ne dépasse pas 130 millions.

Exercices.

Carte physique et politique du Chili. — du Pérou, — de la Bolivie. — Carte des chemins de fer du Pérou et de la Bolivie.

Lectures.

LANIER. *Lectures géographiques. Amérique.*
WIENER. *Le Chili.* 1 vol. in-8.
WIENER. *Bolivie et Pérou.* 1 vol. in-4°.
D'URSEL. *Sud-Amérique.* 1 vol. in-18.

LIVRE IV

AUSTRALASIE. — PRINCIPAUX ARCHIPELS DU PACIFIQUE (sauf l'Insulinde).

CHAPITRE PREMIER

Caractères généraux de l'Océanie.

Étendue de l'Océanie. — On désigne sous le nom général et tout à fait conventionnel d'**Océanie**, un ensemble d'îles et d'archipels dispersés dans le Grand Océan entre l'Asie et l'Amérique, mais présentant des différences très marquées, au point de vue de l'étendue, de la formation géologique, de l'aspect du sol, des populations, du climat et des ressources économiques.

On ne comprend dans cette dénomination ni les îles voisines des côtes occidentales d'Amérique, ni celles qui bordent le littoral de l'Asie, telles que les Kouriles, les îles japonaises, Formose et Haï-nan.

Les terres océaniennes sont dispersées sur un espace énorme, depuis les îles Sandwich jusqu'aux petites îles placées au sud de la Nouvelle-Zélande, et depuis l'île de Pâques jusqu'à l'Australie; mais, à part l'Australie, la Nouvelle-Zélande, la Nouvelle-Guinée et quelques îles de l'archipel Malais, elles ne comprennent guère que de très petites îles, et leur *superficie totale* ne dépasse pas 11 millions de kilomètres carrés, c'est-à-dire environ la *quinzième partie* des terres du globe.

Découverte de l'Océanie. — **Magellan,** qui dans son célèbre voyage autour du monde (1519-1521), après avoir découvert le détroit qui porte son nom, traversa l'Océan Pacifique et aborda aux îles Mariannes, inaugura vraiment la découverte de l'Océanie.

Pendant le seizième siècle, les *Portugais* découvrirent la

Nouvelle-Guinée, les Carolines; Mendana aborda aux îles Marquises, à Taïti et aux Nouvelles-Hébrides.

En 1606, **Torrès** franchit pour la première fois le détroit qui sépare la Nouvelle-Guinée de l'Australie et qui porte aujourd'hui son nom.

Pendant le dix-septième siècle, les découvertes sont dues principalement aux Hollandais établis dans la Malaisie. **Dick Hartog,** le premier, aborda en Australie (1616); après lui, **Tasman** visita la côte occidentale de cette grande île et découvrit la Tasmanie.

Mais c'est surtout au dix-huitième siècle que les voyageurs anglais et français, tout en recherchant les terres polaires australes, complétèrent et précisèrent les connaissances encore très vagues que l'on possédait sur les archipels océaniens. Dans ses trois voyages (1770-1779), le *capitaine* **Cook** visita la Nouvelle-Zélande, Taïti, aborda à la côte sud-est de l'Australie, et découvrit enfin la Nouvelle-Calédonie et les îles Sandwich; **La Pérouse,** qui périt sur les récifs de Vanikoro, et d'Entrecasteaux révélèrent encore des îles nouvelles.

Les explorations de Wallis, de Carteret, de Bougainville, et de **Dumont d'Urville,** qui visita les îles Fidji et parcourut l'océan antarctique, complétèrent la connaissance de l'Océanie. L'Australie et la grande île de la Nouvelle-Guinée contiennent encore de vastes régions inexplorées.

Océan Pacifique et Océan Indien. — Les terres océaniennes sont baignées par deux océans qu'elles contribuent à séparer : l'Océan Pacifique, ou Grand Océan, et l'Océan Indien, qui communiquent surtout par les détroits de Malacca et de Torrès.

L'Océan Pacifique a une étendue énorme; il faut remarquer le caractère volcanique de la plupart des îles qui en sillonnent la partie occidentale et les immenses profondeurs qui existent à l'est des Kouriles et du Japon (fosse de Tuscarora, 8600 m.). Des profondeurs également considérables ont été constatées dans les fosses de Challenger et de Pisani (8000 m., au nord de la Nouvelle-Guinée, et dans les fosses de la Gazelle et de Thomson (5000 m.), entre l'Australie et la Nouvelle-Zélande. Au contraire, des mers et des détroits peu profonds séparent les îles occidentales de la Malaisie.

L'Océan Indien, qui continue le Grand Océan, à l'ouest de l'Australie, ne possède des îles importantes que dans sa partie occidentale, vers le littoral africain.

Les îles de l'Océanie. — Loin d'être disséminées au hasard, les îles de l'Océanie, de Sumatra à la Nouvelle-Zélande, décrivent une *vaste courbe* autour des côtes septentrionales et orientales d'Australie, et sont le plus souvent disposées en rangées parallèles.

Deux modes de formation très différents apparaissent dans ces îles : d'un côté les *îles montagneuses*, comme les îles de la Sonde, la Nouvelle-Zélande, les îles Sandwich, etc., couvertes en général de volcans actifs ou éteints; l'activité volcanique a produit sur leurs côtes des découpures très accentuées et parfois bizarres comme dans l'île Célèbes.

Les *îles basses* ou *atolls*, que l'on rencontre surtout dans le nord et l'est de l'Océanie, sont, au contraire, formées de *récifs de coraux*. Ces récifs, émergeant faiblement au-dessus des anciens volcans engloutis, se sont peu à peu accrus des dépôts accumulés par les vagues; ainsi s'est constituée len-

Fig. 31. — Ile entourée de récifs de corail.

tement une île, de forme circulaire, dont le centre est occupé par un bassin, appelé *lagon*, qui communique parfois par d'étroits passages avec l'Océan; parfois le dessèchement progressif du lagon ou un faible soulèvement des terres complète la formation de l'île basse.

Colonies européennes. — Depuis l'annexion récente des îles Sandwich aux Etats-Unis (1898), il n'existe qu'un très petit nombre d'îles que l'on puisse qualifier d'indépendantes. Le *partage de l'Océanie* entre les puissances européennes ou étrangères est, à l'heure actuelle, un fait à peu près accompli.

L'**Angleterre** a les possessions les plus vastes : l'Australie, la Nouvelle-Zélande, une partie de la Nouvelle-Guinée, de Bornéo et un très grand nombre d'îles et d'archipels secondaires.

Les **Hollandais** ont conservé leur empire colonial des Indes néerlandaises, comprenant presque toutes les îles de la Sonde, les Célèbes, les Moluques, une partie de Bornéo et de la Nouvelle-Guinée.

A part la Nouvelle-Calédonie et Taïti, la **France** ne possède que quelques groupes d'îles sans grande valeur à l'heure actuelle.

L'**Allemagne**, nouvelle venue comme puissance coloniale, a occupé depuis 1884 une partie de la Nouvelle-Guinée et des îles Salomon, l'archipel Bismarck, les îles Marshall, enfin les îles Mariannes et Carolines achetées à l'Espagne (1899).

Les **Etats-Unis** ont acquis les Philippines sur l'Espagne (1898) et annexé en 1899 les îles Sandwich. Enfin le **Japon** possède en Océanie l'archipel Bonin-Sima, et le **Chili** a occupé l'île de Pâques.

Populations. — La population de l'Océanie, qui ne présente une assez grande densité que dans les îles voisines de l'Asie, appartient à *quatre races* : les Malais, les Nègres, les Chinois et les Européens.

Les **Malais**, de race olivâtre, sont nombreux dans les îles situées au sud de la presqu'île de Malacca, comme dans la presqu'île même. De petite taille, ils présentent d'étroites ressemblances avec les populations de l'Asie orientale et s'adonnent avec activité au commerce.

Les **Nègres** se divisent en deux familles très distinctes : les **Mélanésiens** et les **Polynésiens**. Les premiers ont comme les nègres des autres parties du monde la peau noire, les cheveux laineux et crépus ; cruels et féroces, parfois même anthropophages, ils considèrent les blancs comme des ennemis. Les Papous de la Nouvelle-Guinée présentent exactement les caractères physiques et moraux de cette race.

Les Polynésiens, au contraire, au teint plus clair, aux cheveux lisses et ondulés, aux mœurs plus douces, ont en général bien accueilli les Européens au contact desquels leur race ne cesse de dépérir et de diminuer. Tels sont les habitants des îles Sandwich, de Taïti et les Maoris de la Nouvelle-Zélande.

Appelés pour cultiver le sol ou exploiter les mines dans les îles voisines de l'équateur, à la place des indigènes qui ne veulent pas travailler et des blancs qui ne le peuvent point, les **Chinois** forment un élément important dans les îles de la Sonde, à Bornéo et aux Philippines : ils apportent dans cette invasion des terres océaniennes toutes les qualités inhérentes à leur race, l'honnêteté, la persévérance et une résistance invincible à toutes les vexations que l'on ne cesse de leur infliger.

Les **Européens,** maîtres de la plus grande partie de l'Océanie, ont beaucoup de peine à s'acclimater dans les îles voisines de l'équateur. Ils ne peuvent vivre et coloniser qu'en Australie et en général dans les îles de l'hémisphère sud.

Climat de l'Océanie. — Le climat de la plus grande partie des terres océaniennes, si l'on en excepte l'Australie et la Nouvelle-Zélande, est en général un *climat tropical*. La chaleur, très intense (moyenne d'environ + 25°), est tempérée par des brises de mer. Les *vents alizés* y soufflent régulièrement du nord-est au sud-ouest et du sud-est au nord-ouest. Les *pluies*, très abondantes dans les grandes îles voisines du continent asiatique, sont au contraire fort rares dans les atolls. En outre, dans la plupart des îles, le versant exposé au vent est humide et possède une végétation magnifique, tandis que la sécheresse règne sur l'autre versant où l'on ne trouve guère que des savanes. Tel est le principe qui a amené à distinguer les îles du Vent et les îles Sous-le-Vent.

Ressources économiques. — La *faune* de l'Océanie est en général assez pauvre. Dans les îles de la Malaisie, on trouve encore les éléphants et les orangs-outangs. Mais dans les autres archipels on ne voit guère que des marsupiaux, des insectes, des oiseaux, si remarquables surtout dans la Nouvelle-Guinée.

Dans les îles malaises, le *climat tropical* entretient une végétation puissante caractérisée par les plantes des pays chauds et par de *vastes forêts* : les îles basses, au contraire, fort pauvres, ne possèdent guère que des cocotiers et l'igname.

Les *richesses minières* sont considérables : il suffit de rappeler les mines d'or, d'argent, de houille, de l'Australie et de la Nouvelle-Zélande, les mines d'étain des îles de la Sonde et de nickel de la Nouvelle-Calédonie. Dans beaucoup d'îles,

Fig. 3.. — Le kangourou
(1^m.50 à 2 mètres de hauteur).

les mines sont inexploitées, parfois même inexplorées.

Principales lignes de paquebots. — Des *lignes de paquebots* mettent en communication les pays d'Europe et d'Amérique avec les principales îles de l'Océanie.

Marseille est uni par des services de bateaux avec Batavia, et avec la Nouvelle-Calédonie par une ligne qui dessert l'Australie.

Rotterdam est en relations régulières avec Batavia, d'où une ligne allemande va à Finschafen, dans la Nouvelle-Guinée.

Parmi les lignes anglaises, il faut surtout citer celle du Cap à l'Australie et à la Tasmanie ; celle qui unit Londres à l'Australie et à la Nouvelle-Zélande, enfin celle qui, partant de Vancouver, touche aux îles Sandwich et va aboutir aux mêmes pays.

De Hong-Kong, des bateaux se rendent à Manille.

Enfin, une ligne américaine fait communiquer San-Francisco avec Sidney par les îles Sandwich.

L'établissement d'un canal à travers l'Amérique centrale

sera pour beaucoup de terres océaniennes une cause de grande prospérité. Aussi les Européens se sont-ils déjà préoccupés de s'assurer des positions qui pourront servir un jour à la fois de dépôts de charbon et de stations navales.

RÉSUMÉ

Caractères généraux de l'Océanie.

L'Océanie comprend les îles et archipels dispersés dans l'Océan Pacifique et dans l'Océan Indien depuis les îles Sandwich jusqu'à la Nouvelle Zélande et depuis l'île de Pâques jusqu'à l'Australie. La *superficie* des terres dont elle se compose équivaut environ à la *quinzième partie* des terres du globe.

Découverte par *Magellan*, l'Océanie a été explorée au dix-septième siècle par les *Hollandais*, au dix-huitième et au dix-neuvième par les *Anglais* et les *Français*.

L'*Océan Pacifique*, très profond à l'est du Japon et au nord de la Nouvelle-Guinée, a une étendue immense; dans l'*Océan Indien*, les îles importantes sont situées vers l'Afrique.

Les îles d'Océanie sont en général disposées avec une très grande régularité; il faut distinguer les *îles montagneuses*, très souvent volcaniques, et les *îles basses ou atolls*, formées de coraux et au centre desquelles s'étend un bassin appelé *lagon*.

A l'exception d'un très petit nombre d'îles, l'Océanie est aujourd'hui partagée entre les puissances européennes et les États-Unis.

Les terres de l'Océanie sont peuplées par les *Malais*, par les *nègres* divisés en deux groupes : 1° les *Mélanésiens*; 2° les *Polynésiens*; par les *Chinois* et par les *colons européens*.

Le *climat* est chaud; les pluies, abondantes dans l'Insulinde, sont rares dans les atolls.

La *faune* est en général assez pauvre; la *végétation*, intense dans les îles montagneuses; les *richesses minières* sont considérables.

De nombreuses *lignes de paquebots* mettent l'Europe en communication avec les îles d'Océanie, principalement avec l'*Australie*.

Exercices

Les lignes de paquebots entre l'Europe et l'Océanie.

Lectures

E. RECLUS. — *Géographie universelle*.

CHAPITRE II

Australasie. — Colonies anglaises.

Possessions anglaises en Océanie. — L'Angleterre possède, en Océanie, l'Australie avec la Tasmanie, la Nouvelle-Zélande, les îles Viti ou Fidji; ces trois colonies principales, confondues généralement sous le nom d'**Australasie britannique,** sont peuplées de près de 4 millions d'habitants, Européens pour la plupart, et ont réalisé au point de vue économique de merveilleux progrès. La domination anglaise s'étend encore sur une partie de Bornéo, de la Nouvelle-Guinée, et sur un grand nombre d'îles ou d'archipels dispersés dans le Pacifique et dont plusieurs n'offrent d'autre utilité jusqu'à ce jour que d'être des points de relâche, des stations navales ou des dépôts de charbon.

I. — Australie.

La découverte de l'Australie. — Les explorations faites en Australie jusque vers le milieu du dix-neuvième siècle ont eu d'abord pour objet la connaissance de sa structure physique générale; puis sont venues les grandes traversées du continent accomplies au prix de mille difficultés et de mille souffrances; enfin les récents voyages ont eu le but plus pratique de rechercher les terres susceptibles d'utilisation et de culture.

La découverte de ce continent est attribuée au Hollandais **Dick Hartog,** qui, en 1616, aborda à la côte occidentale; plus tard, **Abel Tasman,** envoyé par le gouverneur des îles de la Sonde, aperçut la Tasmanie, et donna à la grande île, sur les côtes de laquelle il avait également abordé, le nom de « Nouvelle-Hollande ».

Au dix-huitième siècle, **Cook** découvrit le littoral de la Nouvelle-Galles du Sud (1770); la première colonie de déportés ou « convicts » anglais fut installée en 1788 à Botany-Bay; et dix ans plus tard Bass, en découvrant le détroit qui a conservé son nom, révélait que la Tasmanie est une île.

Au dix-neuvième siècle, **Flinders,** après être parvenu

au golfe Spencer, proposa de donner au grand continent situé au sud de l'équateur, le nom d'Australie qui a fait fortune.

Puis le Murray fut découvert, et la région lacustre explorée par **Eyre** (1839-1840) et par **Stuart** (1856-1860).

Avec l'Allemand **Leichart,** qui franchit le désert de la côte du Queensland au golfe de Carpentarie (1844-1845), commencent les grandes traversées de l'Australie.

Dans une seconde tentative, il partit du Queensland (1847), mais il périt au centre même du continent qu'il avait voulu traverser cette fois de l'est à l'ouest.

Lorsque la découverte des mines d'or (1851) eut provoqué une émigration intense vers l'Australie, des expéditions s'organisèrent pour étudier la structure et la valeur économique des régions intérieures. **Burke** (1861), ayant avec lui des chameaux, alla de la côte méridionale au golfe de Carpentarie, mais il périt en voulant refaire le même voyage en sens contraire. **Mac-Kinlay,** envoyé à sa recherche (1861-1862), réussit à accomplir une nouvelle traversée de l'Australie, au moment même où **Mac-Donall-Stuart** trouvait dans le centre les montagnes auxquelles on a donné son nom (1862); c'est le long de la route suivie par ce voyageur que fut construite, en 1870, la ligne télégraphique qui traverse toute l'Australie, d'Adélaïde à Port-Darwin.

Plus tard, Giles s'aventura dans l'affreux désert où il découvrit le lac Amédée (1872); le colonel **Warburton** (1873-1874) réussit, en partant de la ligne télégraphique, à atteindre la côte occidentale à travers un désert d'une extrême aridité.

Enfin **David Lindsay,** après avoir révélé l'utilisation possible de certains districts de la terre d'Arnheim, accomplit une nouvelle traversée du continent (1887-1888), de Port-Darwin à Adélaïde, et **Von Lendenfeld** (1885-1886) visita les Alpes australiennes.

La dernière traversée de l'Australie, du sud au nord, a été faite à bicyclette par **M. Murif** (1898), qui éprouva les plus sérieuses difficultés à franchir les hautes herbes couvrant une partie du plateau intérieur.

I. — Géographie physique

Généralités. — **L'Australie,** la plus grande île du monde, mérite vraiment le nom de continent, car sa *superficie* représente à peu près les 3/4 de l'Europe et plus de 14 fois l'étendue de la France. On a dans sa traversée à franchir 3 600 kilomètres du nord au sud et 4 000 kilomètres de l'est à l'ouest.

La présence d'immenses déserts fait que, malgré l'immigration causée par la découverte de l'or, la *population* ne dépasse guère 3 145 000 habitants.

Par ses formes massives et assez rudimentaires, l'Australie ressemble quelque peu aux terres de l'hémisphère austral, l'Afrique et l'Amérique du Sud ; mais, si sa côte orientale est assez régulière, on remarque sur le littoral du sud et du nord-ouest des golfes nombreux et profonds et de vastes presqu'îles. Le relief, fort simple, est surtout constitué par une ligne montagneuse parallèle à la côte occidentale ; les fleuves, très rares, se distinguent par l'irrégularité de leur régime ; le plateau intérieur est presque tout entier un immense désert. La faune et la flore sont médiocres et peu variées ; mais dans la zone fertile de l'est sont acclimatées les cultures européennes, et les deux principales sources de richesses sont l'élevage des moutons et l'exploitation des mines.

Relief de l'Australie. — Au nord, dans la presqu'île d'York, se développe un plateau élevé d'environ 500 mètres auquel font suite les chaînes parallèles des **montagnes Bleues** (1 800 m.), dont les pentes, abruptes vers la mer, s'abaissent insensiblement vers l'intérieur ; là s'élève le *mont Morgan*, qui possède une mine d'or très productive.

Les **Alpes australiennes,** formées en général de granit et de schiste, présentent vers le sud quelques coulées volcaniques. Elles ont pour point culminant le *massif de Kosciusko* (2 240 m.). Ces montagnes, aux sommets arrondis et dénudés, sont dans quelques parties couvertes de neiges perpétuelles, mais les explorations de Lendenfeld ont démontré qu'il n'y existe plus de glaciers. Sur le versant occidental de ces montagnes s'étend le pays des Squatters, région de pâturages où l'on élève les moutons.

Les Alpes se prolongent vers l'ouest jusqu'à Murray, en s'abaissant par les **Pyrénées australiennes.**

Vers le centre du continent et près de la ligne télégraphique transcontinentale, se rencontre la ligne isolée des monts **Mac-Donall-Stuart.**

Côte orientale. — La côte orientale de l'Australie, découpée par des baies profondes qui constituent d'excellents abris, est malheureusement rendue d'accès difficile par la « *Grande-Barrière* », ligne de récifs de coraux que de loin en loin des passes permettent de franchir. **Brisbane** 75 000 hab.) est la capitale du Queensland, colonie dont la prospérité

est due à l'élevage des bestiaux et à ses mines très riches et très variées.

La côte sud-est est en général bordée de bancs de sable et de lagunes dans lesquelles finissent de petits cours d'eau dont l'embouchure est obstruée par une barre. **Newcastle** est le débouché du principal bassin houiller. Sur la rade très sûre du Port-Jackson, **Sidney** (386 000 hab.), capitale de la

Nouvelle-Galles du Sud, est un port prospère et de très grand avenir, desservi par de nombreuses lignes de paquebots, possédant une université, un vaste jardin botanique et qui exporte à la fois la laine et les produits des mines.

A *Botany-Bay*, plus au sud, fut fondé, en 1788, le premier établissement anglais.

Côte méridionale. — Sur la merveilleuse baie de Port-Philip, qui communique avec l'Océan par un étroit passage, **Melbourne** (490 000 hab.) est la ville la plus peuplée de l'Australie et la capitale de la colonie de Victoria qui a surtout grandi par l'exploitation des mines d'or. *Williamstown*, puis *Geelong*, qui possèdent des filatures et des usines, sont ses avant-ports. Au nord-ouest de Melbourne, dans l'intérieur, sont exploités les gisements aurifères de *Ballarat* et de *Sandhurst*.

Le principal fleuve de l'Australie, sujet comme les cours d'eau irréguliers de ce pays, que l'on désigne sous le nom de *creeks*, tantôt à des inondations terribles, tantôt à une disette d'eau excessive, est le *Murray* (1 600 kilom.). Plus long que le Rhin, il déverse par ses affluents, surtout par le *Darling*, la plus grande partie des eaux qui descendent des Alpes australiennes et des montagnes Bleues.

Il roule d'abord ses eaux abondantes sur des terrains imperméables ; puis, s'engageant dans une plaine arrosée par des pluies médiocres et soumis lui-même à une évaporation intense, il traverse la *région du Scrub* où les broussailles et les arbustes épineux succèdent aux prairies. Accessible aux petits bateaux à vapeur dans la partie inférieure de son cours, il finit dans une lagune obstruée par une barre difficile à franchir.

Des baies et des lagunes découpent ensuite profondément la côte. Sur le golfe Saint-Vincent, qu'abrite l'île des Kangourous, **Adélaïde** (130 000 hab.) a prospéré grâce à son climat, aux progrès de l'agriculture favorisés par de nombreuses irrigations, enfin à l'exploitation des mines d'or, d'argent et de cuivre.

Derrière le golfe Spencer commence la vaste dépression qui traverse tout le continent jusqu'à la côte nord.

Le long de la côte méridionale se développe ensuite la région désolée de *Nullarbor-Plain*, qui, dépourvue d'arbres comme l'indique son nom, est d'une aridité extrême, à cause de l'infiltration des eaux de pluie dans le sol calcaire.

Côte occidentale. — Très vaste et peu peuplée, l'Australie occidentale comprend deux régions distinctes : la côte, recevant des pluies encore assez abondantes, possède des cultures variées, de verdoyants pâturages. Mais le plateau qui se développe derrière le rivage, soumis à une sécheresse excessive, est un vaste désert parsemé de lacs salés et de broussailles épineuses. **Perth** 10000 hab., à l'embouchure de la rivière des Cygnes, est le principal port de cette région.

Côte septentrionale. — Plus découpée que les autres côtes, la partie septentrionale de l'Australie est encore imparfaitement connue. La *terre d'Arnheim* est un plateau assez élevé, bien arrosé par une multitude de rivières, qui paraît susceptible de culture et qui semble surtout convenir admirablement à l'élevage. **Palmerston** ou **Port-Darwin,** la seule ville importante, est le point d'arrivée de la ligne télégraphique transcontinentale qui vient d'Adélaïde.

Australie centrale. — Au centre du continent australien s'étend une vaste dépression, dans laquelle le seul relief appréciable semble être la chaîne des monts Mac-Donall-Stuart qui ne domine la plaine que de quelques centaines de mètres. Là s'élève, sur la ligne télégraphique, la station d'**Alice-Springs**.

Tout l'intérieur de l'Australie est un *vaste désert* d'une extrême sécheresse et qui présente deux aspects différents : au centre le désert pierreux, à la surface duquel s'étendent des lacs sans écoulement lacs Amédée, Eyre, Gairdner, Torrens), parfois privés d'eau durant les grandes sécheresses, et où s'accumulent des dépôts de sel. Dans le *lac Eyre* se déversent, après les pluies, quelques creeks comme le Barcou. Le long de leurs rives se développent d'énormes eucalyptus ; plus loin, le Scrub, et parfois des herbes plus hautes que l'homme. A l'ouest, le désert sablonneux est sillonné de dunes mouvantes et s'étend jusqu'au Nullarbor-Plain et jusqu'à la côte occidentale.

Tasmanie. — La Tasmanie n'est qu'un fragment de l'Australie, aujourd'hui séparé du continent par le *détroit de Bass*, parsemé d'îles. A l'intérieur se développent plusieurs chaînes de montagnes. Les côtes, assez découpées, possèdent des rades nombreuses et sûres. Le climat, doux et humide, rappelle celui de l'Angleterre ; les pluies abondantes alimentent de nombreux cours d'eau qui, bien que peu étendus, sont accessibles à la navigation.

Dans les plaines qui bordent les côtes on cultive le blé, l'avoine, et des vergers très riches produisent d'énormes quantités de fruits; les montagnes contiennent des mines d'or, de houille, de fer et d'étain.

Hobart-Town (25 000 hab.), au sud, est le principal port de l'île dont la population atteint à peine 147 000 habitants, appartenant tous à la race blanche.

II. — Géographie politique

Formation des colonies australiennes. — L'Australie fut d'abord peuplée par les convicts ou déportés, dont le premier convoi fut débarqué, en 1788, à Botany-Bay. Bientôt s'éleva Sidney ; des moutons furent importés du Cap et l'élevage prospéra rapidement. En 1803, la Tasmanie fut occupée.

La découverte des mines d'or, dont l'exploitation, jointe à l'élevage, devait faire la fortune de l'Australie, provoqua une immigration intense et développa la colonisation libre.

De la **Nouvelle-Galles du Sud**, « la **colonie mère** », constituée dès 1829, se détacha bientôt la colonie de **Victoria**, une des plus petites mais des plus prospères ; puis se formèrent les colonies de **Tasmanie**, de l'**Australie méridionale**, du **Queensland** et de l'**Australie occidentale** (1890).

La culture du sol, l'élevage et l'exploitation des mines développèrent en peu de temps la prospérité de ces six colonies.

En 1901 a été organisée le « **Commonwealth** » ou la République d'Australie administrée par un gouverneur assisté d'un premier ministre et d'un Parlement australien.

Populations. — La population de l'Australie, qui atteint aujourd'hui le chiffre de 3 145 000 *habitants*, est composée en très grande majorité d'*Européens*. Bien que l'on y trouve des représentants des différentes populations de l'Europe, l'élément anglais y prédomine. Les *Chinois* sont également fort nombreux.

Les *indigènes*, qui ont complètement disparu en Tasmanie, et dont le nombre diminue rapidement en Australie (il en reste à peine 50 000), appartiennent à la race nègre et présentent de grandes ressemblances avec les Papous. La plupart, inintelligents, arriérés, ont été traqués par les Anglais et refoulés dans les régions intérieures où, demeurés à l'état nomade, ils vivent de la chasse et pratiquent parfois l'anthropophagie.

III. — GÉOGRAPHIE ÉCONOMIQUE

Climat. — La diversité des climats permet de distinguer *deux zones* différentes en Australie. Le *long des côtes* règne un climat généralement tempéré et humide. Les Européens ont pu facilement s'acclimater sur le littoral de l'est et du sud-est, où la température rappelle celle de la France méridionale et de l'Italie; les pluies sont surtout abondantes en hiver. Sur la côte septentrionale la chaleur est plus intense; les écarts de température sont plus considérables et le thermomètre peut marquer à l'ombre jusqu'à + 40°. Là, tombent des pluies abondantes qui sont surtout des pluies d'été.

La *région intérieure* est soumise à un climat continental qui rappelle celui des déserts de l'Asie ou de l'Afrique. A des hivers rigoureux succèdent des étés torrides. Les écarts considérables de température et la rareté des pluies empêchent le développement de la végétation. Aussi toute l'Australie intérieure n'est-elle qu'un immense désert.

Agriculture. — L'Australie est un pays pauvre, ne possédant que des ressources médiocres, et les progrès économiques qu'elle a accomplis avec une merveilleuse rapidité sont dus aux colons européens.

En partant de la côte orientale pour se diriger vers l'intérieur on traverse successivement *trois zones diverses* : d'abord la *zone littorale*, qui possède un climat tempéré et très salubre; là, s'élèvent les grandes villes et les colons ont acclimaté la plupart des productions de l'Europe; puis la *zone des montagnes* où abondent les mines; enfin la *zone de l'élevage* qui occupe les pentes occidentales des montagnes; au delà, on entre dans le désert australien.

Les *forêts* couvrent les pentes des montagnes, où tombent des pluies abondantes; elles sont surtout magnifiques dans la Tasmanie.

La production des *céréales*, concentrée surtout dans les colonies de Victoria et de l'Australie méridionale, est loin de suffire à la consommation.

La culture de la *canne à sucre*, faite en grand dans le Queensland, n'en est encore qu'à ses débuts.

La *vigne* réussit dans les colonies du sud et du sud-est; mais, si elle donne des grappes énormes, le vin produit est âpre, de qualité médiocre ; d'ailleurs le phylloxera a fait son apparition dans les vignobles australiens.

L'*élevage* est au contraire une des plus sérieuses ressources, qui ne fera que croître dans l'avenir.

Les *moutons* sont élevés dans l'intérieur et la *laine* qu'ils fournissent doit, dit-on, à la sécheresse sa finesse, sa résistance et sa blancheur. L'Australie en exporte pour environ 550 *millions de francs* chaque année, et c'est la Nouvelle-Galles du Sud qui en fournit le plus.

On a également tenté d'élever l'autruche dans l'État de Victoria et le chameau dans l'Australie méridionale.

Industrie. — L'Australie est un des pays les plus importants du globe par ses *productions minières*. L'or est exploité au *mont Morgan* dans le Queensland ; à *Bathurst* dans la Nouvelle-Galles ; à *Ballarat* et à *Sandhurst*, dans la colonie de Victoria.

L'*argent*, dont l'exploitation est surtout active à *Silvertown*, est exporté par Adélaïde.

Le riche *bassin houiller* de *Newcastle* (Nouvelle-Galles du Sud) fournit déjà plus de 3 millions et demi de tonnes.

On trouve encore du fer, de l'étain et du cuivre. Le sel abonde autour des lacs intérieurs.

Les seules industries un peu développées sont les tanneries, les filatures, les tissages et les fabriques de noir animal.

Commerce. — L'Australie manque encore de voies de communication. Les fleuves, très irréguliers, ne sont navigables que dans leur cours inférieur et les routes ont été singulièrement négligées au profit des voies ferrées.

Plusieurs *tronçons de voies ferrées* joignent les ports à la région d'élevage ou aux centres miniers. Ces lignes partent surtout de Brisbane, de Newcastle, de Sidney, de Melbourne et vont jusqu'au delà des montagnes.

La *ligne des côtes* fait communiquer Brisbane avec Adélaïde, par Newcastle, Sidney, Melbourne et Ballarat;

Une voie ferrée unit Perth à Albany.

Outre les *lignes télégraphiques* transcontinentales d'Adélaïde à Perth et d'Adélaïde à Port-Darwin, des *câbles sous-*

marins unissent l'Australie d'un côté à Batavia et Singapoure, de l'autre à la Nouvelle-Zélande.

Enfin Sidney communique par des *services de bateaux* avec la Nouvelle-Zélande, avec Vancouver et avec l'Angleterre, soit par le Cap, soit par le canal de Suez, enfin avec la France.

Les progrès économiques de l'Australie ont eu pour conséquence le *développement rapide du commerce*, dont le chiffre dépasse déjà 3 *milliards*. L'Australie exporte la laine, l'or, les viandes, les peaux, les suifs; elle importe surtout les produits manufacturés, les denrées alimentaires et les produits coloniaux.

L'Angleterre fait à peu près la moitié du commerce de sa grande colonie d'Australie; après elle viennent l'Allemagne, la France, les États-Unis et la Chine.

Ainsi l'Australie, malgré les déserts et espaces inutilisables qui occupent une grande partie de son étendue, a réalisé depuis un siècle des progrès merveilleux qui lui assurent un brillant avenir.

II. — Nouvelle-Zélande.

Généralités. — Découverte en 1642 par *Tasman* qui lui donna le nom qu'elle a conservé, visitée par *Cook* dans ses divers voyages, la *Nouvelle-Zélande* fut occupée en 1840 par l'Angleterre, peu de jours avant l'arrivée d'un navire français envoyé pour en prendre possession.

Située à 400 lieues de l'Australie et grande comme les deux tiers de la France, elle se compose de deux grandes îles volcaniques : *Té-Ika-Na-moui*, ou l'île du Nord, et *Tawaï-Pounamou*, ou l'île du Sud.

On y rattache quelques îles ou archipels dispersés autour des deux îles principales.

Relief et hydrographie. — Séparées par le détroit de Cook, les deux îles sont traversées dans toute leur longueur par la chaîne volcanique des *Alpes néo-zélandaises* qui bordent généralement à pic la côte occidentale et s'abaissent en pente douce sur l'autre versant. Moins élevées dans l'île du Nord que dans l'île du Sud (*mont de Cook*, 3770 m.), ces montagnes sont parfois coupées de brèches qui permettent de communiquer d'un versant à l'autre. De fréquents tremblements de terre ont bouleversé ces îles où abondent les solfatares, les geysers, les volcans de boue et les sources thermales. Dans l'île du Sud, de vastes glaciers descendent jusqu'à une faible distance de la mer. Des pluies abondantes alimentent des torrents nombreux mais généralement assez courts.

Gouvernement; population; villes. — La Nouvelle-Zélande, administrée par un gouverneur général, est depuis 1853 dotée du *régime parlementaire*.

La *population*, qui atteint le chiffre de 668000 habitants, ne se compose guère que d'*Européens*; les *Maoris*, qui se rattachent à la race des nègres polynésiens, n'ont cessé de diminuer au contact des étrangers et ne dépassent pas aujourd'hui le chiffre de 40000. D'ailleurs la population n'augmente plus que lentement, car l'immigration est entravée par le mauvais état des finances de la colonie et par sa dette énorme.

Dans l'île du Nord, **Auckland** (65000 hab.), la ville la plus peuplée, est un port très sûr placé à l'entrée d'un isthme très étroit et hérissé de volcans. **Wellington** (30000 hab.) est la capitale de la colonie.

Climat et ressources de la Nouvelle-Zélande. — L'île du Nord a à peu près le climat de l'Italie; l'île du Sud, celui de l'Écosse. Grâce aux vents d'ouest qui dominent, les deux îles sont largement arrosées.

Le sol de la Nouvelle-Zélande, très propice à l'agriculture, produit le *blé* en abondance; le *phormium*, plante textile qui sert à fabriquer le papier, et le *tabac* sont les deux principales cultures industrielles. A l'intérieur, on exploite de vastes forêts de pins. L'*élevage des moutons* est très développé : la colonie exporte la laine et aussi les moutons congelés qui sont envoyés jusqu'en Angleterre.

A ces ressources viennent se joindre des *productions minières* abondantes; les *mines d'or* sont exploitées par les

Chinois ; il existe aussi des *mines d'argent* et de *cuivre*;
mais la houille extraite du côté d'Auckland est de qualité médiocre.

Des *voies ferrées* ont été commencées; elles joignent
entre elles les principales villes. La Nouvelle-Zélande est
rattachée par un *câble sous-marin* avec l'Australie; enfin
des *services de bateaux* l'unissent à Sidney et à San-Francisco.

Les Anglais ont donc établi des cultures, ont organisé l'exploitation des mines et créé un réseau de voies ferrées. Mais
le mauvais état financier de la colonie a été jusqu'à ce jour
le principal obstacle qui retarde ses progrès.

III. — Iles Viti ou Fidji.

L'archipel de Fidji. — Situées au nord-est de la
Nouvelle-Calédonie, les *îles Viti* ou Fidji, qui forment avec
l'Australie et la Nouvelle-Zélande l'Australasie britannique,
sont des îles volcaniques entourées, comme la plupart des
archipels polynésiens, de récifs de coraux.

Couvertes de montagnes où abondent les volcans éteints,
elles sont dans leur partie orientale arrosées par des pluies
abondantes qui produisent des rivières aux inondations soudaines et dangereuses.

Les deux races des *Papous* et des *Polynésiens* se sont rencontrées dans les îles Fidji; les indigènes, jadis féroces et
anthropophages, ont subi l'influence du christianisme; ils
se livrent aujourd'hui à l'agriculture ou à la pêche. L'élément européen a, depuis 1883, diminué dans des proportions considérables. **M'Bau** est le port de l'archipel.

Les îles produisent le sucre, le coton, les fruits et le café.

Autres possessions anglaises. — Les Anglais
possèdent encore en Océanie la *partie sud-est de la Nouvelle-Guinée* qui regarde le littoral australien, dans la grande île
de Bornéo le *territoire de Sarawak*, le protectorat du sultanat
de Bruneï et les *îles Labouan*. En 1885, ils ont partagé les
îles Salomon avec l'Allemagne et ont occupé successivement
plusieurs îles pouvant servir de stations navales ou de dépôts
de charbon : en 1888, l'*archipel de Cook*; en 1889, les îles
Souvarow, Humphrey, Phœnix qui pourront servir de stations
pour l'établissement d'un futur câble sous-marin; enfin,
en 1892, les *îles Gilbert*.

L'Angleterre possède enfin, avec l'Allemagne et les Etats-Unis, un droit de protectorat commun sur les îles Samoa et s'est efforcée récemment, mais en vain, de le remplacer par une annexion partielle que les Etats-Unis ont refusé de reconnaître.

RÉSUMÉ

Australasie. — Colonies anglaises.

L'*Australasie britannique* comprend l'Australie avec la Tasmanie, la Nouvelle-Zélande et les îles Viti.

Découverte par *Dick Hartog* et par *Tasman* (xviie siècle), l'Australie a été traversée à plusieurs reprises par *Leichart* (1844-45), *Burke* (1861), *Mac-Kinlay* (1861-62), *Mac-Donnal-Stuart* (1862), *Warburton* (1873-74) et *Lindsay* (1887-88).

Grande comme les trois quarts de l'Europe et peuplée de 3 145 000 *habitants*, l'Australie est sillonnée dans sa partie orientale par les *montagnes Bleues*, les *Alpes australiennes* (2240 mètres) et les *Pyrénées australiennes*; au centre s'élèvent les *monts de Stuart*.

Sur la côte est et sud-est, découpée de nombreux golfes, se trouvent les grands ports de Brisbane, Newcastle, Sidney (386 000 hab.) et Melbourne (490000 hab.). Au delà du *Murray*, fleuve au régime irrégulier que grossit le *Darling*, s'élève le port d'Adélaïde mis en relation par une ligne télégraphique transcontinentale avec Port-Darwin. Perth est le port de l'Australie occidentale. Le centre est un désert pierreux ou sablonneux parsemé de lacs (lacs Eyre, Gairdner, Torrens).

La Tasmanie, fragment du continent australien, a pour port Hobart-Town.

Dès 1788 les Anglais envoyèrent des déportés à *Botany-Bay*; puis à la déportation succéda la colonisation libre. De la *Nouvelle-Galles du Sud* se détacha la colonie de Victoria; puis se formèrent les colonies de *Tasmanie*, de l'*Australie méridionale*, du *Queensland* et de l'*Australie occidentale*.

En 1901 a été organisée la *république d'Australie*, dotée d'un régime autonome. La population comprend les *indigènes*, peu nombreux, des *Chinois* et des *Européens*.

Le *climat*, tempéré ou chaud et assez humide le long des côtes, est continental et très sec dans toute la partie intérieure.

Les ressources de l'Australie sont surtout la *laine* (exportation : 550 millions) et les *produits miniers* (or : mont Morgan, Bathurst, Ballarat et Sandhurst; argent à Silvertown; houille à Newcastle).

Les *chemins de fer* sont des voies de pénétration reliant les ports à la région d'élevage ou aux régions minières.

Le *commerce* dépasse 3 *milliards*.

La NOUVELLE-ZÉLANDE se compose de deux îles volcaniques séparées par le détroit de Cook.

Elle possède le régime parlementaire.

La *population* est surtout composée d'*Européens* : les *Maoris* sont aujourd'hui peu nombreux.

Les *ressources* sont les céréales, le phormium, les forêts, l'élevage et les produits miniers.

Les îles *Viti*, volcaniques, sont habitées par des nègres océaniens se livrant à l'agriculture et à la pêche.

Les Anglais ont occupé un grand nombre d'îles ou de stations, où ils ont établi des dépôts de charbon et qui servent de transition entre leurs colonies principales.

Exercices.

La découverte de l'Australie.
Carte de l'Australie.
Les chemins de fer de l'Australie.

Lectures.

A. METIN. — *Le socialisme sans doctrines*.
P. LEROY-BEAULIEU. — *Les Nouvelles Sociétés anglo-saxonnes*.
G. DE SÉGUR. — *Une saison en Nouvelle-Zélande*.

CHAPITRE III

Principaux archipels du Pacifique.

1º Colonies françaises.

La France possède en Océanie des îles et des archipels moins importants par leur étendue et par leur population (90 000 hab.) que par leur situation maritime.

Nouvelle-Calédonie — Occupée en 1853, la **Nouvelle-Calédonie** remplaça à partir de 1864 la Guyane comme colonie pénitentiaire.

Très longue, mais très étroite, l'île est environ deux fois grande comme la Corse.

A l'intérieur s'élèvent des massifs montagneux isolés (*Pic de Humboldt*, 1650 m.) ; les côtes sont très découpées au sud-ouest. Les rivières sont petites mais fort nombreuses.

L'île est complètement entourée d'*une ceinture de récifs madréporiques*, coupée de passes et qui préserve de la houle du large cette sorte de mer intérieure très calme qui fait le tour de l'île.

Nouméa, situé sur une rade très sûre que ferment la presqu'île Ducos, très découpée, et l'île Nou, est la capitale de la colonie.

A la Nouvelle-Calédonie se rattachent l'*île des Pins* et les *îles Loyalty*. Les Nouvelles - Hébrides, un moment occupées par la France, en 1886, ont été évacuées par elle sur la demande de l'Angleterre et, par une convention, les deux puissances se sont engagées réciproquement à respecter l'indépendance de cet archipel.

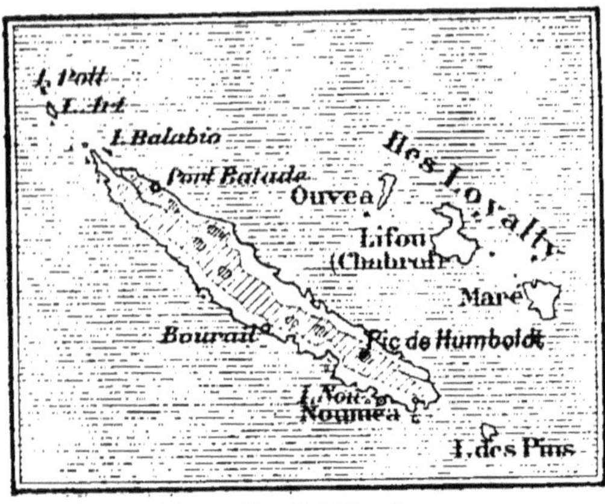

Nouvelle-Calédonie.

Le gouverneur est assisté d'un conseil privé et d'un conseil général élu.

La *population* de la Nouvelle-Calédonie et de ses dépendances est de près de 63 000 habitants ; les indigènes, appelés *Canaques*, appartiennent à la race nègre.

Malgré sa latitude, la Nouvelle-Calédonie a un *climat* doux, humide et très salubre, les chaleurs de l'été sont tempérées par la brise du sud-est ; la température varie entre $+12°$ et $+36°$; mais l'île a parfois à subir de terribles cyclones.

Les principales *productions agricoles* sont le maïs, le coton, la canne à sucre et le tabac. Les forêts contiennent le caoutchouc, le bambou et le bois d'ébène. On élève des bœufs et des chevaux importés d'Australie.

La Nouvelle-Calédonie a des *mines* de cuivre, d'or, de fer, de plomb, d'antimoine, de chrome, de cobalt. Il existe des gisements houillers, mais inexploités. Mais la principale production minière est celle du *nickel*, qui se trouve en abondance surtout au sud-est près de *Thio* et qui est fondu dans les hauts fourneaux de Nouméa.

Un *chemin de fer* est en construction de Nouméa à Bourail. Nouméa est uni par des *services de paquebots* avec l'Australie, avec Marseille et avec Saïgon. Des *vapeurs* desservent tous les points importants de la côte de l'île. Enfin un *câble sous-marin* va de Nouméa à Brisbane, rattachant ainsi la Nouvelle-Calédonie à la France.

Le *commerce* dépasse 18 *millions*; les exportations se composent de minerais, de peaux, de laines; les importations consistent en tissus, objets manufacturés, machines, vins et objets d'alimentation.

Taïti et dépendances. — Découvertes par *Wallis* (1767) et visitées ensuite par *Cook* (1769), qui leur donna le nom qu'elles portent en l'honneur de la Société de géographie de Londres, les *îles de la Société* se composent de deux groupes : les *îles du Vent* (Taïti, Moroëa) et les *îles Sous le Vent*.

Iles du Vent. Taïti. — Placée sous le protectorat français en 1842, Taïti a été annexée en 1880.

Elle est formée de deux parties réunies par un isthme étroit. A l'intérieur s'élèvent de *hautes montagnes* (*Pic d'Orohena*, 2240 m.) d'où descendent de nombreux torrents aux inondations parfois dangereuses.

Taïti.

La *population* est concentrée sur les côtes, qui présentent des abris très sûrs : **Papeïti,** la capitale, est un bon port sur la côte septentrionale et le centre du commerce. L'île est administrée par un gouverneur, assisté d'un conseil privé et d'un conseil général des établissements de l'Océanie.

La *population* de Taïti, qui a légèrement augmenté depuis vingt-cinq ans, est d'environ 11000 *habitants* : les *Tahitiens*, qui forment une belle race, sont doux, peu travailleurs et avides de plaisirs.

Le *climat* de Taïti est tempéré (température moyenne + 24°) et très salubre; les pluies tombent abondamment pendant les mois de novembre, décembre et janvier.

Les seules *cultures* importantes sont le coton, la canne à sucre, le cocotier et la vanille. Dans le domaine assez vaste d'Atimaono, on élève le bétail.

Il n'existe, comme *industrie*, que quelques usines à sucre, des usines à égrener le coton et pour la préparation de la fécule de coco, deux brasseries et une distillerie.

Le *commerce* est d'environ 9 *millions et demi*, mais il est fait principalement par les Allemands, les Américains et les Anglais.

Iles Sous-le-Vent. — La principale des îles Sous-le-Vent, *Raiatéa*, possède un très bon mouillage; malgré la convention de 1847, par laquelle la France et l'Angleterre s'interdisaient réciproquement l'occupation de ces îles, l'archipel a été, en 1887, annexé à la France avec le consentement de l'Angleterre.

Autres possessions françaises en Océanie. — Les **îles Marquises,** découvertes par l'Espagnol Mendana (1595), ont été annexées par l'amiral Dupetit-Thouars (1842).

Ces îles sont montueuses et volcaniques; la principale est **Nouka-Hiva,** qui offre de bons mouillages. Les habitants, au nombre d'à peu près 5000, sont doux, indolents, et ont été convertis au catholicisme. Le commerce, qui est évalué à 2 millions, se fait uniquement avec San-Francisco (exportation de nacre, de poisson salé, de tabac, de laine, de cocos, bananes, oranges, etc.).

La France possède encore *plusieurs groupes* d'îles annexées à diverses époques et dont l'importance grandira quand sera ouvert un canal à travers l'Amérique centrale. Ce sont les îles *Wallis* (1842), l'archipel *Pomotou* ou îles Basses (1859), les îles *Gambier* (protectorat en 1844; annexion en 1881), les îles *Toubouaï* (1882), les îles *Fotouna* (1887), enfin, vers l'Afrique, les petites îles *Saint-Paul* et *Amsterdam* (1892).

2° Colonies allemandes.

Nouvelle-Guinée. — L'Allemagne, qui s'est efforcée, depuis 1884, de se constituer un empire colonial, a occupé une partie de la *Nouvelle-Guinée*, s'est établie dans plusieurs autres archipels et exerce avec l'Angleterre et les Etats-Unis un droit de protectorat sur les îles Samoa.

En traversant le détroit qui a conservé son nom, *Torrés* démontra que la Nouvelle-Guinée, vaste terre à peine connue, était une île. Mais ce n'est que depuis une trentaine d'années qu'a commencé son exploration scientifique, qui est encore aujourd'hui fort incomplète.

Les *explorations* ont été rendues particulièrement difficiles par l'épaisseur des forêts, l'hostilité des populations et la grande variété des dialectes usités par les indigènes.

Malgré le partage politique qui a eu lieu entre la Hollande,

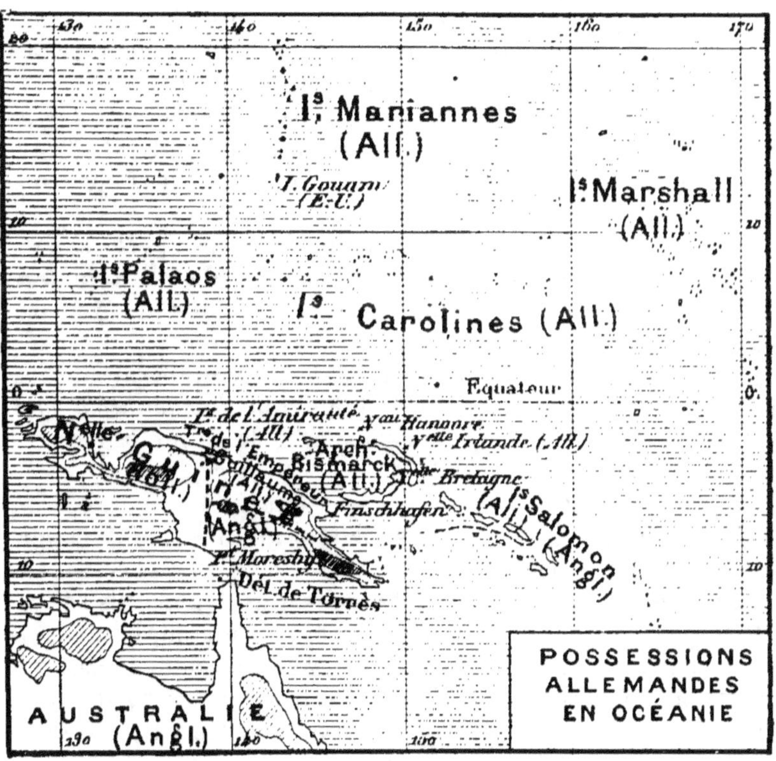

l'Angleterre et l'Allemagne, la *Nouvelle-Guinée*, île immense dont la superficie est beaucoup plus considérable que celle de la France, est encore presque complètement inconnue.

Très large dans sa partie centrale, l'île se termine à l'ouest et à l'est par deux étroites presqu'îles. Tandis que les plaines semblent diminuer dans l'ouest, des chaînes de montagnes aux pentes extrêmement rapides s'allongent parallèlement au rivage dans les parties nord-est et sud-est de l'île. On y remarque surtout les *monts Bismarck* (2 000 m.); dans le territoire anglais, les *monts Owen Stanley* (4 000 m.) contiennent les sommets regardés jusqu'à présent comme les plus élevés de l'île.

Les *fleuves Augusta* au nord et *Fly* au sud, navigables pendant des centaines de kilomètres, semblent pouvoir être utilisés comme voies de pénétration.

La *convention de* 1885 a ratifié le partage de la Nouvelle-Guinée entre trois puissances : les *Hollandais* conservent la partie occidentale où ils n'ont fondé aucun établissement ; leurs navires viennent seulement chaque année acheter aux indigènes les perles, la nacre, les écailles de tortue.

Pour répondre aux désirs des colons australiens, l'*Angleterre* a fait acte d'occupation dans la partie sud-est. **Port-Moresby,** qui est un bon port, est relié par un câble sous-marin avec l'Australie.

Enfin l'*Allemagne* a reçu la partie nord-est qui est devenue la *terre de l'Empereur-Guillaume*. Le port de **Finschafen,** bien abrité, est relié par un service de bateaux avec Sourabaya.

Le *climat*, chaud et humide, est défavorable aux Européens. C'est dans la partie allemande que l'*exploitation agricole* est le plus avancée. On y a planté la canne à sucre, le coton et le tabac.

L'intérieur est couvert d'épaisses forêts.

Une soixantaine de navires visitent annuellement les établissements allemands.

Autres îles allemandes. — Les Allemands se sont attribué une partie des archipels situés au nord-est de la Nouvelle-Guinée. L'*archipel Bismarck* comprend les îles de la Nouvelle-Poméranie, du Nouveau-Mecklembourg, du Nouveau-Lauenbourg et les îles de l'Amirauté. On y trouve quelques factoreries allemandes, dont la principale est celle de *Mioko* dans le Nouveau-Lauenbourg.

Les îles *Salomon* ont été partagées entre l'Allemagne et l'Angleterre (1886).

L'Allemagne a encore annexé, plus au nord, les *îles Marshall* (1886), dont le climat est sain et où a été installé un dépôt de charbon.

En 1899, elle a acheté à l'Espagne deux groupes d'îles : les *Carolines*, îles basses, d'origine madréporique, dispersées sur une longueur de 3 000 kilomètres ; et les *Mariannes*, orientées du nord au sud parallèlement aux îles Philippines et dont la faune et la flore sont très pauvres.

3º Colonies des Etats-Unis.

Depuis la récente guerre avec l'Espagne (1898), qui a achevé le démembrement de l'empire colonial de cette puissance, les Etats-Unis ont acquis deux importants archipels en Océanie, les *îles Philippines* et les *îles Hawaï* ou Sandwich.

Philippines. — Occupées sous le règne de Philippe II par les Espagnols qui y fondèrent *Manille* (1571), les *îles*

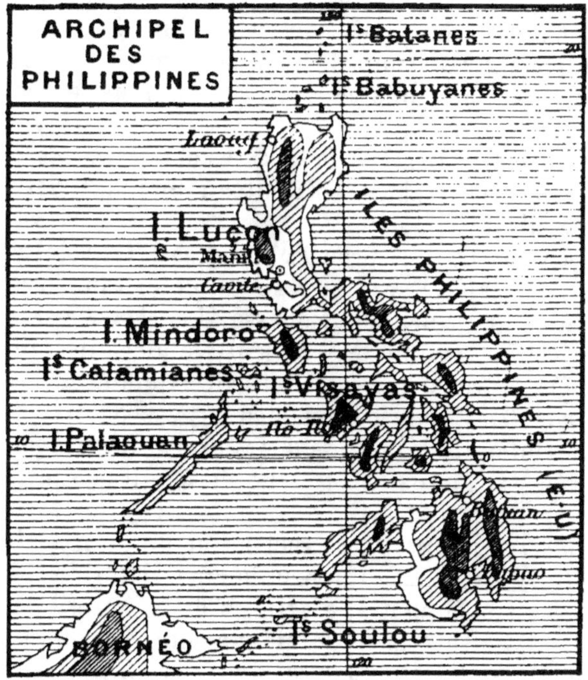

Philippines ont tenté, à plusieurs reprises, de secouer le joug de l'Espagne, avant de passer sous la domination des Etats-Unis, que les indigènes se sont efforcés de repousser (1900).

L'archipel, composé d'îles volcaniques en général, se développe sur une longueur d'environ 1 500 kilomètres, entre Formose et Bornéo à laquelle il est uni par un plateau sous-marin, recouvert d'une couche d'eau qui n'a pas 200 mètres de profondeur.

Les principales îles, *Luçon* et *Mindanao*, couvertes de volcans, sont dévastées par des tremblements de terre presque périodiques. **Manille,** souvent détruite et qui, avant la guerre qui l'a dépeuplée, avait 180000 habitants, s'élève sur une vaste rade, où l'on remarque également l'ancien arsenal de *Cavite* qui vit l'anéantissement de l'escadre espagnole en 1898.

La *population,* évaluée jadis à 6 *millions d'habitants,* se compose de *nègres* (négritos) qui formaient la race primitive; de *Malais* et de *Chinois;* les *Espagnols* étaient peu nombreux. L'annexion aux Etats-Unis a posé aux Philippines la *question chinoise.* A Manille « les Célestes » exerçaient l'industrie et le commerce, forçant les indigènes à émigrer devant une concurrence impossible à soutenir. Or, on sait qu'en Amérique les Etats-Unis se sont prononcés nettement contre l'immigration chinoise.

Le *climat* est tropical, à la fois très chaud et très humide; des typhons redoutables éclatent au moment des changements de saison.

La *végétation* est des plus riches. Les Philippines produisent le riz, le café, la canne à sucre, et surtout le *tabac* qui constituait leur principale richesse. Le *chanvre* de Manille ou *abaca* est fort estimé, et l'on cultive aussi les épices et le thé; les forêts très étendues sont peu exploitées.

Les *industries,* fabrication des cigares et des tissus de chanvre, sont entre les mains des Chinois. Les voies de communication, sauf dans la banlieue de Manille, sont des plus rares.

Le *commerce* comprend l'exportation du tabac, du sucre, du chanvre, du café, et l'importation des tissus de coton et de laine, de vins et liqueurs, d'articles de bijouterie. L'Angleterre, les Etats-Unis et l'Allemagne sont les puissances qui ont les relations les plus actives avec les Philippines.

Iles Hawaï ou Sandwich. — Découvertes par Cook en 1778, les **îles Hawaï** ont formé longtemps un Etat indépendant et fort civilisé; les Etats-Unis ont profité de la guerre engagée avec l'Espagne pour les annexer. Situé à peu près sous la latitude de la Chine méridionale, l'archipel est *volcanique.* Le sol, formé de laves et de basaltes, est dominé par plusieurs volcans actifs tels que le *Mauna-Kéa* (4250 m.) et le *Mauna-Loa* qui fit une éruption terrible en 1880.

Hawaï et *Oahou* sont les principales îles : dans cette dernière s'élève la capitale de l'archipel, **Honolulu,** belle ville et port très sûr.

La *population*, qui ne dépasse guère 90 000 habitants aujourd'hui, est composée de nègres polynésiens. Parmi les étrangers, les plus nombreux sont les Chinois et les Japonais ; ces derniers n'ont vu qu'à regret l'annexion de l'archipel par les Américains, qui y sont peu nombreux.

Les îles Hawaï ont un *climat* tempéré ; des pluies abondantes et des irrigations bien organisées donnent au sol une grande fertilité.

La *principale culture* est celle de la canne à sucre ; avant l'annexion, la majeure partie du sucre havaïen était envoyée aux Etats-Unis où elle entrait en franchise. Le riz, le coton, le tabac et le café ne sont que des cultures secondaires.

Le *commerce*, évalué au chiffre de près de 100 millions, dont 60 millions environ à l'exportation pour le sucre, se fait surtout avec les Etats-Unis qui fournissent aux indigènes le fer, les machines et les tissus.

Des chemins de fer et des télégraphes ont été construits dans les îles Hawaï. Le port d'**Honolulu** (23 000 hab.), desservi par les lignes de paquebots américains, qui vont de San-Francisco en Australie, est assez actif.

Autres colonies en Océanie. — Le *Portugal* possède une petite partie de l'*île de Timor*, avec l'établissement de Dili ; l'*archipel Bonin-Sima* dépend du *Japon*. Enfin le *Chili* a occupé, en 1888, l'*île de Pâques*, qui doit son importance à sa position dans l'Océan Pacifique, sur la route de Sidney à Panama.

4° Iles indépendantes.

Iles Samoa. — Parmi les îles qui, demeurées à peu près indépendantes, ont quelque valeur, on peut d'abord citer l'*archipel des Samoa*. Ces îles, au sol volcanique, sont fertilisées par des pluies abondantes. **Apia** est le port de commerce de l'archipel, qui est peuplé de 36 000 habitants.

L'*Angleterre*, l'*Allemagne* et les *Etats-Unis* ayant en même temps formulé des droits sur ces îles, la *convention de 1887* a proclamé leur indépendance sous la surveillance des trois puissances. L'Angleterre et l'Allemagne ont essayé de violer cette clause par une récente convention (1899) que les Etats-Unis ont refusé de reconnaître.

Les Allemands possèdent une grande partie du sol de ces îles, qui exportent surtout la coprah et importent quelques tissus et beaucoup d'alcool (commerce : environ 4 millions).

Nouvelles-Hébrides. — La France avait, en 1886, occupé les **Nouvelles-Hébrides**, placées au nord de la Nouvelle-Calédonie ; elle a cru devoir les évacuer, en 1888, sur les réclamations pressantes des colonies australiennes soutenues par l'Angleterre, et les deux puissances se sont interdit de les annexer tout en les faisant surveiller par une commission mixte.

Formées d'îles volcaniques et d'atolls, les Nouvelles-Hébrides sont peuplées d'environ 70 000 habitants.

Les indigènes, assez laborieux, fournissent des travailleurs à l'Australie, aux îles Fidji et à la Nouvelle-Calédonie.

Port-Havannah et *Port-Sandwich* sont les principaux établissements.

Les *îles Tonga*, ou des Amis, situées au sud de l'archipel des Samoa, peuvent encore figurer parmi les archipels indépendants, bien qu'en 1888 l'Angleterre ait pris possession de quelques îles.

RÉSUMÉ

Principaux archipels du Pacifique.

1° Colonies françaises.

La France possède en Océanie : la NOUVELLE-CALÉDONIE, TAÏTI et quelques autres archipels peuplés de 90 000 habitants.

La NOUVELLE-CALÉDONIE, longue et étroite, est entourée d'une ceinture de coraux. Elle a pour port et pour capitale NOUMÉA. On y rattache l'*île des Pins* et les *îles Loyalty*.

La *population* est composée de *Canaques*.

Le *climat* est assez chaud mais sain. L'île possède des *cultures*, des *forêts* et des *produits miniers* (nickel).

TAÏTI, composée de deux presqu'îles arrondies réunies par un isthme étroit, est montagneuse.

La *population*, formée de nègres polynésiens, est fort douce. Le *commerce* est fait par les puissances étrangères.

La France possède encore les *îles Sous-le-Vent*, les *îles Marquises*, les *îles Wallis, Pomotou, Gambier, Toubouaï*.

2° Colonies allemandes.

Depuis 1885, l'Allemagne a fondé des établissements en Océanie. La *Nouvelle-Guinée*, île très vaste mais fort peu connue, est partagée entre la Hollande, l'Allemagne et l'Angleterre.

Le climat est malsain pour les Européens ; l'intérieur de l'île est couvert de forêts.

Le principal établissement est le port allemand de *Finschafen*.

Les Allemands ont encore l'*archipel Bismarck*, une partie des *îles Salomon*, les *îles Mariannes* et *Carolines* achetées à l'Espagne.

3° Colonies des Etats-Unis.

Dans la guerre soutenue contre l'Espagne (1898), les *Etats-Unis* ont acquis l'*archipel des Philippines* qu'ils ont eu beaucoup de peine à pacifier.

La principale île est Luçon avec le port de MANILLE.

La *population* comprend des *nègres*, des *Malais*, des *Chinois*.

Le *climat* est tropical ; l'archipel fournit le *chanvre* et le *tabac*.

Aux Etats-Unis appartiennent les îles HAWAÏ ou Sandwich avec le port de HONOLULU. La principale culture est celle de la canne à sucre ; le commerce se fait surtout avec San-Francisco.

4° Iles indépendantes.

Les îles indépendantes ou placées sous la surveillance de plusieurs puissances sont les *îles Samoa* et les *Nouvelles Hébrides*.

Exercices.

Utilité des possessions françaises en Océanie.
Carte de la Nouvelle-Calédonie.
Partage politique de la Nouvelle-Guinée avec carte.
Les nouvelles colonies des Etats-Unis en Océanie.

Lectures.

Jules GARNIER. — *La Nouvelle-Calédonie.*
DARVILLE. — *Guide pratique du colon en Nouvelle-Calédonie.*
D'ALBERTIS. — *La Nouvelle-Guinée.*
VOYAGES DU CAPITAINE COOK (Bibliothèque des voyages).
G. MARCEL. — *La Pérouse* (Edition du Centenaire).

TABLE DES MATIÈRES

LIVRE I

Notions générales.

LIVRE II

Nouveau Continent. Terres arctiques. Géographie physique des deux Amériques.

LIVRE III

Géographie politique et économique des deux Amériques.
Première partie : Amérique du Nord.

Deuxième partie : Amérique du Sud.

LIVRE IV

TABLE DES CARTES

TABLE DES GRAVURES

SAINT-CLOUD. — IMPRIMERIE BELIN FRÈRES.